# 3DS Max
# Modelado

## Modelado, animación, tips y ejercicios

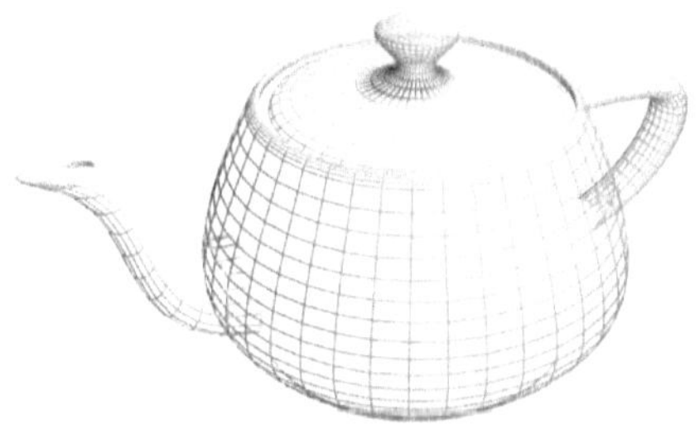

## Ing. Miguel D'Addario

ISBN: 9781796215151

Primera Edición

Comunidad Europea

2019

# Índice


**Acerca del autor** / *9*

**Acerca de 3DS Max** / *11*
    *El formato de 3DS MAX* / **12**
    *El Entorno*
    *Versiones de 3DS Max*

**Comenzando a usar 3DS Max** / *15*
    *Antes de empezar*
    *Interfaz 3DS Max* / **22**

**Coordenadas, guizmo y transformaciones** / *40*
    *Coordenadas*
    *El guizmo* / **41**
    *Transformaciones* / **42**

**Primitivas estándar y extendidas** / *46*
    *Primitivas estándar*
    *Primitivas extendidas* / **50**

**Splines estándar y extendidos** / *58*
    *Splines estándar*
    *Splines extendidos* / **66**

**Copiar y pegar** / *69*
    *Clonación*
    *Matriz* / **70**
    *Espaciado (spacing tool)* / **72**
    *Simetría* / **74**

**Alinear, snap y pivote de un objeto** / *75*
    *Alinear*
    *Snap* / **76**
    *Pivote de un objeto* / **78**

**Congelar, ocultar y aislar un objeto** / *82*
    *Congelar objeto*
    *Ocultar objeto* / **84**
    *Isolate (aislar objeto)*

**Modelado** / *85*
    *Editable mesh*
    *Modificador edit mesh* / **88**

*Editable poly* **I 89**
*Edit poly* **I 94**
*Editable spline* **I 96**
*Modificador extrude* **I 100**
*Modificador bevel* **I 102**
*Modificador bevel profile* **I 104**
*Modificador lathe* **I 106**
*Modificador shell* **I 109**
*Compound Objects. Loft* **I 111**
*Compound Objects. Boolean* **I 114**
*Compound Objects. Proboolean* **I 116**
*Modificador bend* **I 119**
*Modificador cross section* **I 119**
*Modificador lattice* **I 123**
*Modificador noise* **I 125**
*Modificador smooth* **I 127**
*Graphite Modeling Tools. Selección / Modelado* **I 129**
*Modificador push* **I 147**
*Modificador FFD box* **I 148**
*Modificador symmetry* **I 151**
*Modificador sweep* **I 152**
*Modificador turbosmooth* **I 155**
*Modificador wave* **I 157**

**Cámara en una escena** */ 160*

**Crear sistema de luz** */ 164*

**Aplicar materiales 1** */ 168*

**Aplicar materiales 2** */ 173*

**Ejercicio Animación 3D** */ 177*
*Ejemplo. Guion*
*Barra de tiempo* **I 179**
*Parámetros* **I 181**
*Colocar la cámara* **I 185**
*Keys* **I 187**
*Previsualuzación de la animación* **I 191**
*Previsualización de la animación creando un archivo* **I 191**
*Renderización de los cuadros (frame) definitivos* **I 195**

**Atajos del teclado** */ 200*
*Sin clasificar* **I 201**
*Alinear*
*Coordenadas*

*Copiar y pegar*
*Guizmo*
*Render* / **202**
*Selecciones*
*Snap*
*Texturización*
*Transformaciones* / **203**
*Visores*

**Listado de Modificadores** / *204*
*Anotaciones e índice*
*Funcionamiento*
*Lista de modificadores* / **205**
*Modelado básico*
*Texturizado*

**Ejercicios prácticos** / *206*
*Modelado de copa* / **206**
*Escritorio modelado* / **210**
*Columna modelada* / **218**
*Dado modelado* / **229**
*Sofá modelado* / **231**
*Silla modelada* / **234**
*Cortinas modeladas* / **239**
*Almohadilla modelada* / **242**
*Puerta modelada* / **246**
*Pantalla TV modelada* / **250**
*Escalera caracol modelada* / **253**
*Váter modelado* / **258**
*Lavabo modelado* / **265**
*Modelado de escritorio L* / **268**

**Glosario inglés / español** / *272*

**Conclusión y Recomendaciones** / *274*
*Conclusión*
*Recomendaciones*

## Acerca del autor

Miguel D´Addario es ingeniero industrial por la UNC e Instructor Authorized por Autodesk, para 3DS Max, modelado, en todas las versiones del programa.

Además, es autor de libros educativos, y profesor en diferentes niveles.

Ha impartido 3DS Max en distintos centros formativos de Europa y Latinoamérica, en cursos como "3ds Max para diseñadores y profesionales", "Modelado de objetos 2D y 3D"; como así también como docente universitario en la asignatura "Diseño industrial" y "Diseño en 3DS Max", para la carrera de grado: "Diseño".

Con la versión 3DS Max 2018, ha impartido "Modelado 3D", en centros especializados.

Otros libros educativos del autor:

http://migueldaddariobooks.blogspot.com/2012/05/libros-tecnicos-educativos-fp.html

## Acerca de 3DS Max

Se trata de un programa de creación de gráficos y animación 3D desarrollado por Autodesk, en concreto la división Autodesk Media & Entertainment (anteriormente Discreet). Fue desarrollado originalmente por Kinetix como sucesor para sistemas operativos Win32 del 3D Studio creado para DOS. Más tarde esta compañía fue fusionada con la última adquisición de Autodesk, Discreet Logic. 3ds Max es uno de los programas de animación 3D más utilizados. Dispone de una sólida capacidad de edición, una omnipresente arquitectura de plugins y una larga tradición en plataformas Microsoft Windows. 3ds Max es utilizado en mayor medida por los desarrolladores de videojuegos, aunque también en el desarrollo de proyectos de animación como películas o anuncios de televisión, efectos especiales y en arquitectura. Desde la primera versión 1.0 hasta la 4.0 el programa pertenecía a Autodesk con el nombre de 3dStudio. Más tarde, Kinetix compró los derechos del programa y lanzó 3 versiones desde la 1.0 hasta la 2.5 bajo el nombre de 3d Studio Max. Más tarde, la empresa Discreet compró los derechos, retomando la familia empezada por Autodesk desde la 4.0 hasta 6.0 también bajo el nombre de 3ds Max. Finalmente, Autodesk retomó el programa desarrollándolo desde la versión 7.0 en adelante bajo el mismo nombre, hasta la versión 9. A partir de ésta, se denomina Autodesk 3ds Max. Este programa es uno de los más reconocidos modeladores de 3d masivo, habitualmente orientado al desarrollo de videojuegos, con el que se han hecho enteramente títulos como las sagas 'Tomb Raider', 'Splinter Cell' y una larga lista de títulos de la empresa Ubisoft. La utilización de 3DS Max permite al usuario la fácil visualización y representación de los modelos, así como su exportación y salvado en otros formatos distintos del que utiliza el propio programa. Además de esta aplicación, existen muchas otras con los mismos fines, como pueden ser, por ejemplo, Maya, LightWave, etc.

*El formato de 3DS MAX*

El formato de dibujo empleado en 3DS Max es por defecto "MAX", es decir, todos los modelos tendrán extensión ".MAX", aunque bien es cierto que también se pueden guardar en otros formatos.

*El Entorno*

El entorno representa lo que se muestra en la pantalla una vez accedemos al programa en cuestión.

En este caso, se deben tener en cuenta todos los menús que aparecen, que serán explicados en el siguiente orden:

- Barra de menús,
- Visores,
- Barra de herramientas,
- Panel de comandos,
- Menú de animación,
- Zoom.

Dentro del entorno, el mayor espacio lo ocupan los visores (por defecto son: superior, anterior, izquierda y perspectiva).

Para cambiar el modo de representación de los visores se hace clic con el botón derecho del ratón en el nombre de cada visor y se selecciona en el menú pop-up que aparece en pantalla.

*Versiones de 3DS Max*

| Versión | Plataforma | Nombre Clave | Lanzamiento |
|---|---|---|---|
| **3D Studio** | MS-DOS | THUD | 1990 |
| **3D Studio 2** | MS-DOS | | 1992 |
| **3D Studio 3** | MS-DOS | | 1993 |
| **3D Studio 4** | MS-DOS | | 1994 |
| **3D Studio MAX 1.0** | Windows | Jaguar | 1996 |
| **3D Studio MAX R2** | Windows | Athena | 1997 |
| **3D Studio MAX R3** | Windows | Shiva | 1999 |
| **Discreet 3dsmax 4** | Windows | Magma | 2000 |
| **Discreet 3dsmax 5** | Windows | Luna | 2002 |
| **Discreet 3dsmax 6** | Windows | | 2003 |
| **Discreet 3dsmax 7** | Windows | Catalyst | 2004 |
| **Autodesk 3ds Max 8** | Windows | Vesper | 2005 |
| **Autodesk 3ds Max 9** | Windows | Makalu | 2006 |
| **Autodesk 3ds Max 2008** | Windows | Gouda | 2007 |
| **Autodesk 3ds Max 2009** | Windows | | 2008 |
| **Autodesk 3ds Max 2010** | Windows | | 2009 |
| **Autodesk 3ds Max 2011** | Windows | | 2010 |

## Comenzando a usar 3DS Max

*Antes de empezar*

Ve al menú superior y pincha en Customize (personalizar), luego selecciona Preferences (preferencias).

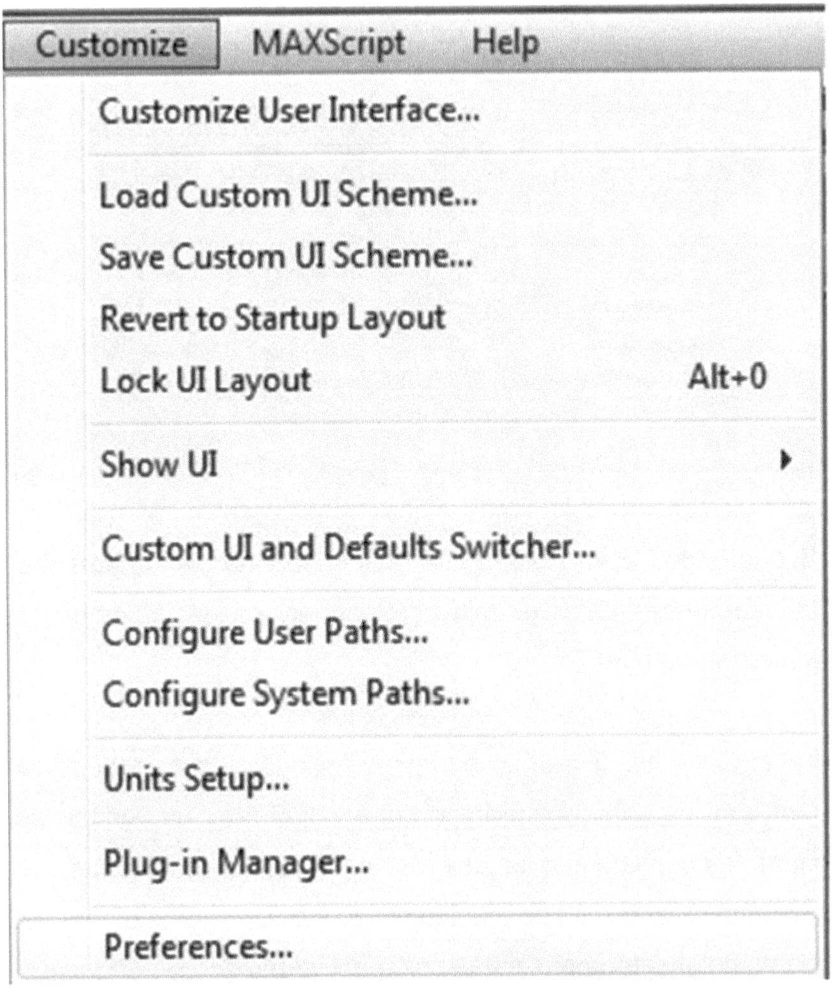

| Customize | MAXScript | Help |
|---|---|---|
| Customize User Interface... | | |
| Load Custom UI Scheme... | | |
| Save Custom UI Scheme... | | |
| Revert to Startup Layout | | |
| Lock UI Layout | | Alt+0 |
| Show UI | | ▶ |
| Custom UI and Defaults Switcher... | | |
| Configure User Paths... | | |
| Configure System Paths... | | |
| Units Setup... | | |
| Plug-in Manager... | | |
| Preferences... | | |

Ir a la pestaña general

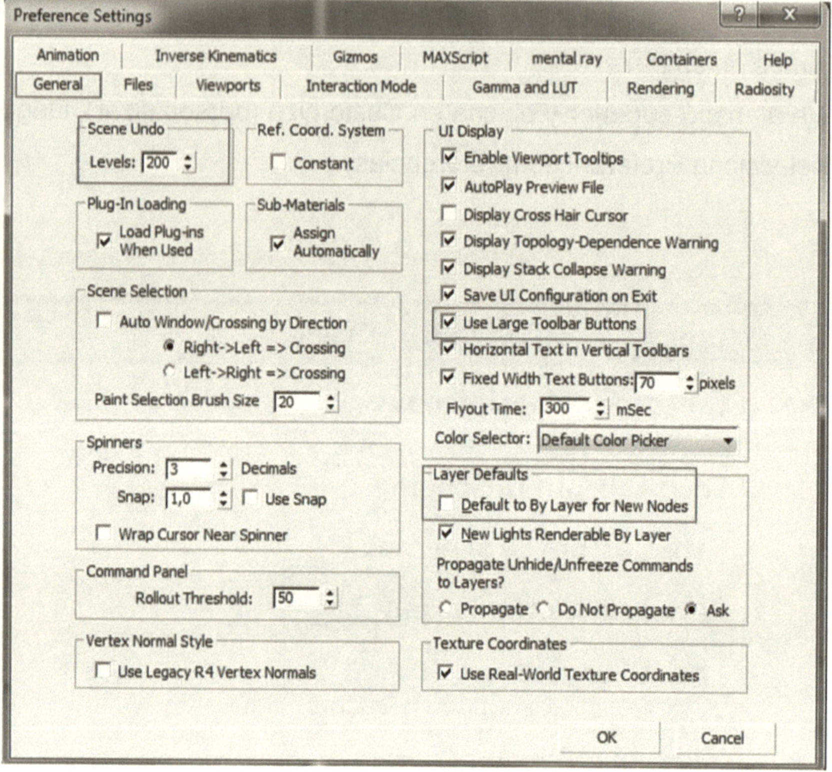

-Scene undo. Levels: 200 (3DS Max lo soporta bien en términos de memoria). Esto permite retroceder pasos cuando nos oquivooamos (Ctrl-Z).

-Layer Defaults. Default to by layers for new nodes: desactívalo para que los objetos que importes en 3DS Max no vengan por capas (en caso de que los objetos importados tengan capas). Además, cuando creas cualquier objeto lo hará siempre del mismo color si tenemos esta opción activada.

-UI Display. Use large toolbar buttons: lo podemos desactivar y reiniciar si queremos trabajar con un espacio de trabajo más pequeño. Esto puede servir si queremos trabajar con varios programas a la vez.

Ve a la pestaña files (archivos):

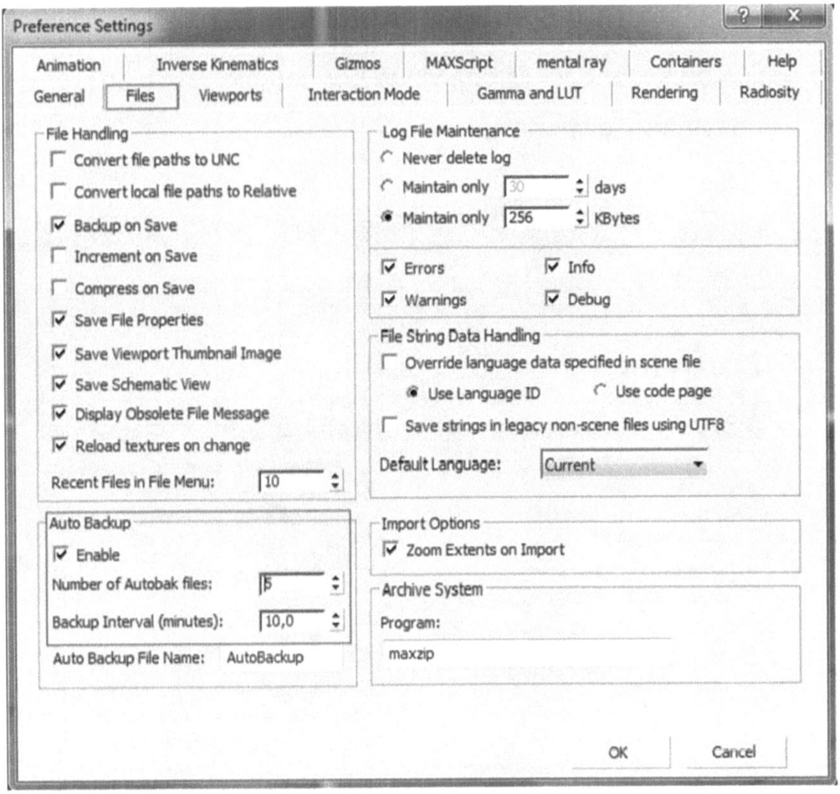

Preference Settings

| Animation | Inverse Kinematics | Gizmos | MAXScript | mental ray | Containers | Help |

| General | Files | Viewports | Interaction Mode | Gamma and LUT | Rendering | Radiosity |

**File Handling**
- ☐ Convert file paths to UNC
- ☐ Convert local file paths to Relative
- ☑ Backup on Save
- ☐ Increment on Save
- ☐ Compress on Save
- ☑ Save File Properties
- ☑ Save Viewport Thumbnail Image
- ☑ Save Schematic View
- ☑ Display Obsolete File Message
- ☑ Reload textures on change

Recent Files in File Menu: 10

**Log File Maintenance**
- ○ Never delete log
- ○ Maintain only 30 days
- ● Maintain only 256 KBytes

- ☑ Errors   ☑ Info
- ☑ Warnings   ☑ Debug

**File String Data Handling**
- ☐ Override language data specified in scene file
    - ● Use Language ID   ○ Use code page
- ☐ Save strings in legacy non-scene files using UTF8

Default Language: Current

**Auto Backup**
- ☑ Enable

Number of Autobak files: 5

Backup Interval (minutes): 10,0

Auto Backup File Name: AutoBackup

**Import Options**
- ☑ Zoom Extents on Import

**Archive System**

Program:

maxzip

OK    Cancel

-Autobackup. Enable. Actívalo para tener copias de seguridad. Ahora vamos a number of autobak files. Esto nos hace un número de copias de nuestro trabajo cada cierto tiempo. Dicho tiempo se puede modificar en backup interval. Entre 5 y 15 está bien.

-Backup interval (minutos): por cada cantidad de minutos que asignes se creará una copia. Hay veces que tarda hasta un minuto en hacer la copia de seguridad dependiendo del tamaño de la escena, así que para escenas complicadas recomiendo aumentar el intervalo de autoguardado.

-Auto backup file name: pon el nombre que quieras a los backup o copias de seguridad. El que viene por defecto está bien.

Ir a la pestaña Viewports (visores):

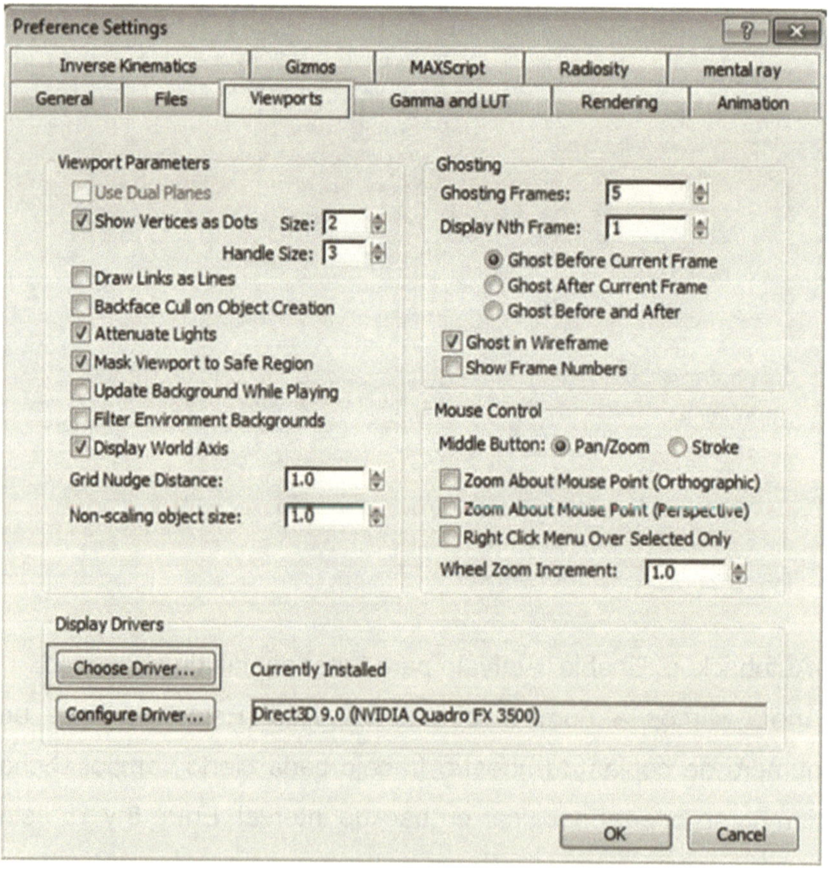

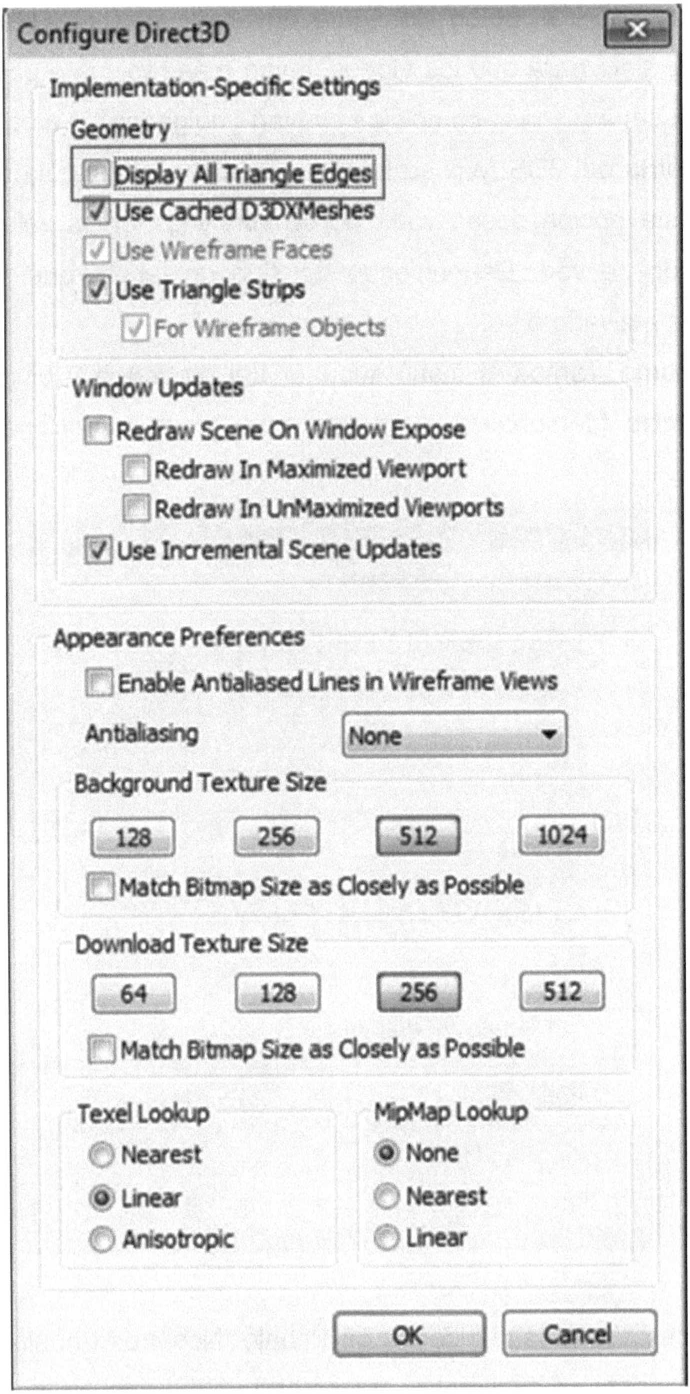

**Configure Direct3D**

Implementation-Specific Settings

Geometry

- [ ] Display All Triangle Edges
- [x] Use Cached D3DXMeshes
- [x] Use Wireframe Faces
- [x] Use Triangle Strips
  - [x] For Wireframe Objects

Window Updates

- [ ] Redraw Scene On Window Expose
  - [ ] Redraw In Maximized Viewport
  - [ ] Redraw In UnMaximized Viewports
- [x] Use Incremental Scene Updates

Appearance Preferences

- [ ] Enable Antialiased Lines in Wireframe Views

Antialiasing: None

Background Texture Size

| 128 | 256 | 512 | 1024 |

- [ ] Match Bitmap Size as Closely as Possible

Download Texture Size

| 64 | 128 | 256 | 512 |

- [ ] Match Bitmap Size as Closely as Possible

Texel Lookup

- ( ) Nearest
- (•) Linear
- ( ) Anisotropic

MipMap Lookup

- (•) None
- ( ) Nearest
- ( ) Linear

OK  Cancel

-Pincha sobre el botón Configure driver >> Display all triangle edges: sirve para que los vídeos vayan más rápidos o para que las escenas más complejas vayan holgadas. Ya que la geometría del 3DS Max se basa en triángulos (triangula caras), con esta opción desactivada no se ven y ganamos velocidad, activado se ven. Dependiendo del tipo de tarjeta que tengas podrás activarlo o no.

Por último, vamos al menú superior del programa y pincha en customize (personalizar) una vez más, luego selecciona units setup.

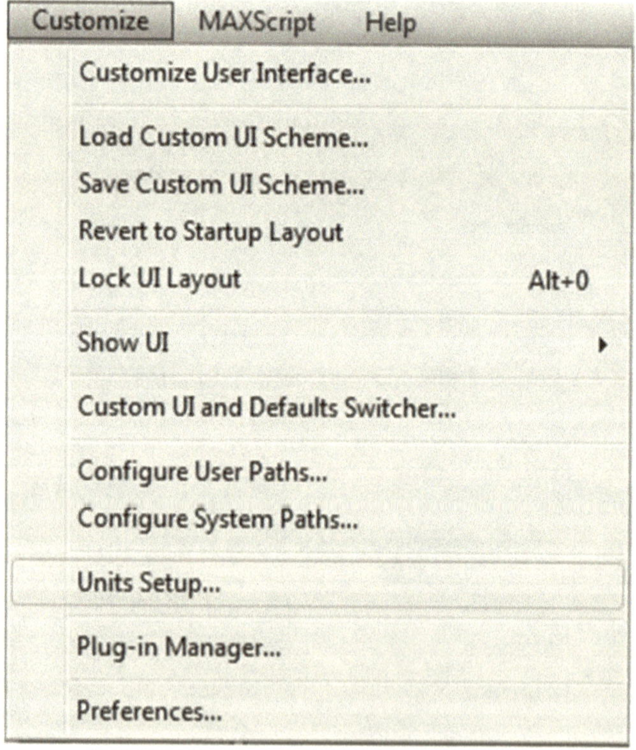


Aquí se cambia las unidades de trabajo. Nosotros trabajaremos normalmente en centímetros y en metros.

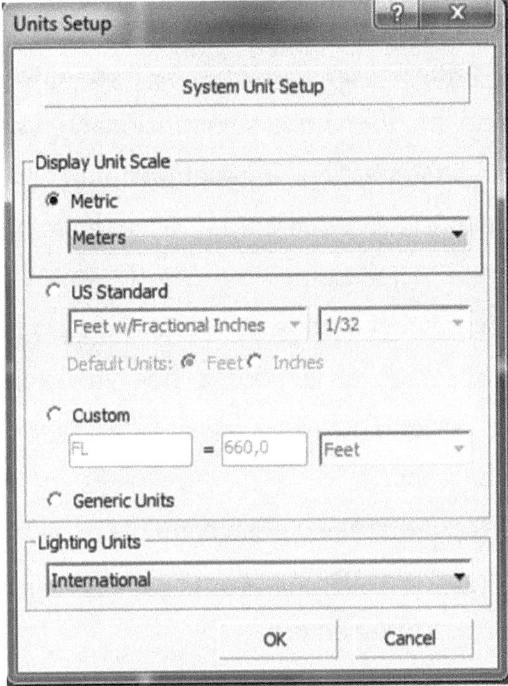

Si pinchas en system unit setup, pon 1 unit= 1,0 cm.

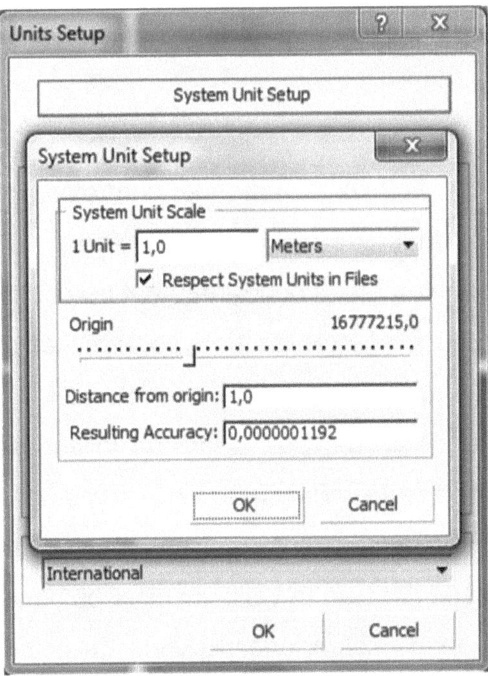

Hay que poner el punto en lugar de la coma en decimales.

Recomiendo trabajar en centímetros, ya que hay ciertas herramientas del programa que sólo funcionan en esta unidad de medida, y si no se trabaja en centímetros habrá problemas.

Para ir acabando la primera entrega, recomiendo que guardes tu trabajo con cierta periodicidad.

Puede parecer una recomendación estúpida, pero no lo es.

En muchas ocasiones el tiempo se nos va volando y se nos olvida guardar, así que guarda a menudo, a pesar de que tengas los archivos autoback.

Si pulsas Ctrl-S guardarás automáticamente el archivo.

Si vamos al menú de 3DS Max y pinchamos en save as nos dejará guardar con otro nombre.

Si pinchamos en el símbolo más hace un guardado, añadiendo al nombre de tu archivo un 01 (o 001, dependiendo de la versión del programa que utilices).

*Interfaz 3DS Max*

La interfaz de 3ds Max comprende controles, información de estado y vistas, donde trabaja y ve su escena.

Uno de los aspectos más importantes del uso de 3ds Max es su versatilidad. Muchas funciones del programa están disponibles desde múltiples elementos de la interfaz. Por ejemplo, puede abrir la Vista de pista para el control de la animación desde la barra de herramientas Principal, así como desde el menú Editores de gráficos, pero la forma más fácil de llegar a la pista de un objeto específico en la Vista de pista es hacer clic derecho en el objeto y luego seleccionar la Vista de pista seleccionada desde el menú Quad. Puede personalizar la interfaz de usuario de varias maneras: agregando atajos de teclado, moviendo las barras de herramientas y los paneles de comando, creando nuevas barras de herramientas y botones, e incluso grabando scripts en los botones de la barra de herramientas.

La interfaz de usuario tiene un alto nivel de DPI, y garantiza que tenga la experiencia óptima con su hardware de pantalla.

Nota: Algunas imágenes de la interfaz de usuario (iconos, barras de herramientas, etc.) que se encuentran en la Ayuda de 3ds Max pueden ser de versiones anteriores del software.

Una vez abrimos el programa, nos aparecerá este espacio de trabajo.

1. Menú de cuenta de usuario
2. Selector de espacio de trabajo
3. Barra de menús
4. Barra de herramientas principal
5. Cinta
6. Explorador de escenas
7. Diseños de vista
8. Panel de comando
9. Miradores
10. MAXScript Mini Listener
11. Línea de estado y línea de solicitud
12. Aísle el interruptor de selección y el bloqueo de selección
13. Visualización de coordenadas
14. Animación y controles de tiempo.
15. Controles de navegación viewport
16. Barra de herramientas de proyectos

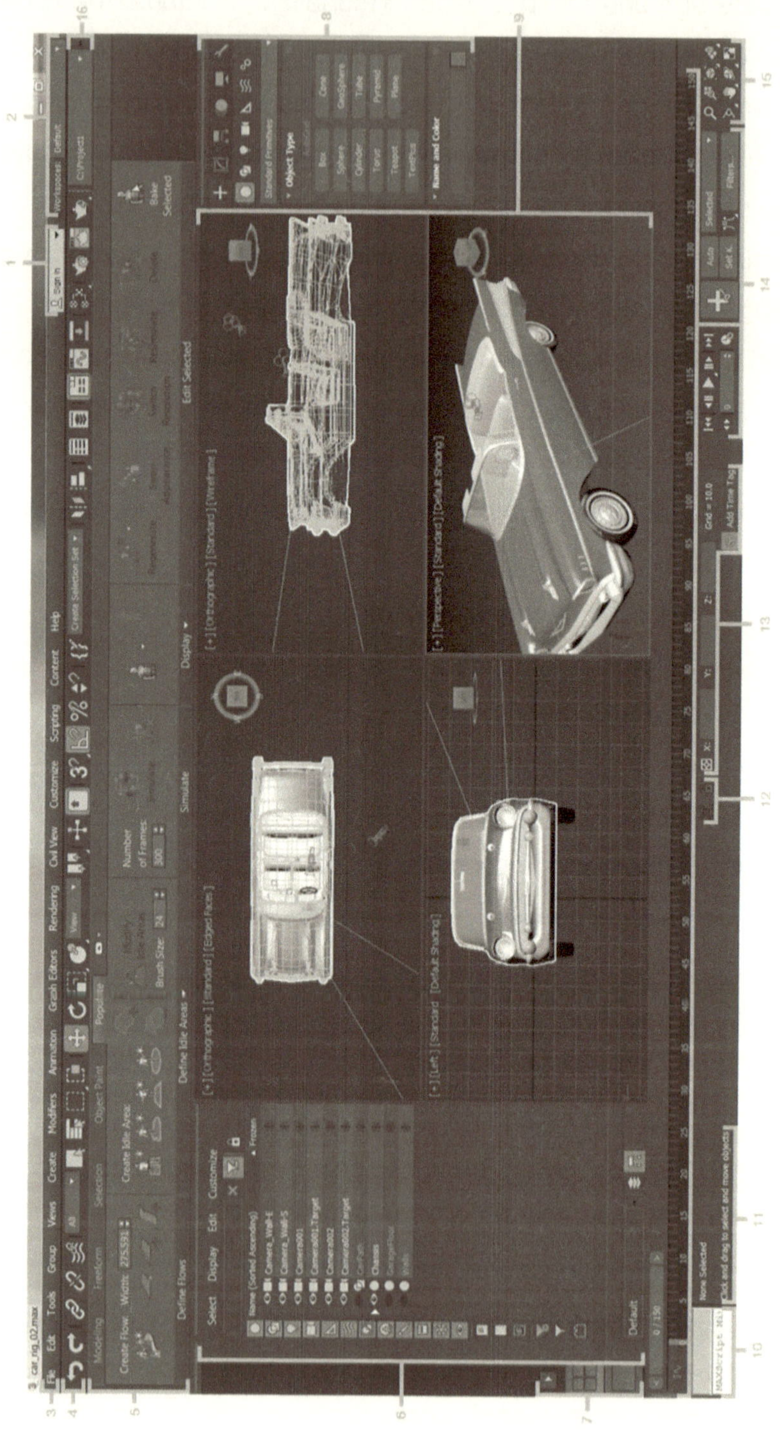

En la esquina superior izquierda tenemos el menú principal. Si pinchamos cerca de la eme de Max saldrá el menú con diferentes opciones.

-New: sirve para abrir un nuevo archivo. Nos da tres opciones:

-New all: abre un nuevo archivo con el espacio de trabajo limpio, pero conservando las configuraciones del usuario.

-Keep objects: abre un nuevo archivo, pero manteniendo las configuraciones del usuario y los objetos que tengamos en la escena.

-Keep objects and hierarchy: abre un nuevo archivo, pero manteniendo las configuraciones del usuario, los objetos que tengamos en la escena y manteniendo las configuraciones de jerarquía.

Reset: limpia todos los datos y configuraciones del programa (visores, editor de materiales, ajustes de render...). En definitiva, toma los datos del archivo 'maxstart.max', que contiene la información de configuración por defecto.

Open: abre un archivo de max.

Save: guarda la escena en el directorio que escojamos.

Save as: nos permite guardar la escena en el directorio que escojamos, pero con una diferencia respecto al anterior. Si hemos guardado previamente la escena, con esta opción podemos guardar el archivo con otro nombre. Si pulsamos el símbolo + junto al botón save, 3DS Max guarda el archivo añadiendo un 01 o 001 (dependiendo de la versión de 3DS que emplees. Por lo general, se utiliza la segunda nomenclatura), siguiendo un orden numérico.

Además, tenemos diferentes opciones de guardado:

-Save copy as: es parecido al save as, pero añade una barra baja (_) y un 01 al nombre del archivo.

-Save selected: solo guarda los objetos seleccionados de la escena.

-Archive: guarda la escena en un archivo zip.

-Import: permite importar archivos a la escena. Podemos importar un objeto o varios (import), merge (insertar objetos de otra escena de 3DS Max), replace (reemplazar objetos de la escena por otros que escojamos), link Revit (traer archivos RVT y FBX), link FBX y link AutoCAD. Más adelante se explicarán estas opciones, salvo las relacionadas con Revit, ya que no uso dicho programa.

-Export: permite exportar el archivo en un formato concreto. Tiene tres opciones: export, export selected (exporta los objetos seleccionados de la escena) y export to DWF. Más adelante se explicarán estas opciones.

-Send to: permite enviar la escena a otros programas de Autodesk: Maya, SofImage, MotionBuilder y Mudbox.

-References: aquí hay varias opciones que se verán más adelante en profundidad.

-Manage: permite crear un archivo donde el programa cogerá toda la información que necesite: modelos, texturas, librerías de materiales...)

-Properties: nos permite ver las propiedades de nuestro archivo de 3DS Max y permite meter cierta información: esto se verá más adelante.

Justo a la derecha de la eme tenemos una barra de acceso rápido.

Nos permite acceder rápidamente a las opciones más empleadas en el programa (de izquierda a derecha): nuevo, abrir, guardar, deshacer paso, rehacer paso, project folder, y visores. Abajo de la barra de acceso rápido está la barra de comandos, que lo veremos más adelante en profundidad. Justo más abajo está la ribbon tools, que veremos más adelante. En el centro tenemos los cuatro visores por defecto: Top (T), Front (F), Left (L).

-Perspective (P). Para seleccionar cada visor usa el botón derecho del ratón, nunca el botón izquierdo del ratón, puesto que

con el izquierdo del ratón seleccionamos el visor y podemos seleccionar un objeto por accidente. Con V desplegamos un menú donde se muestran todas las vistas posibles.

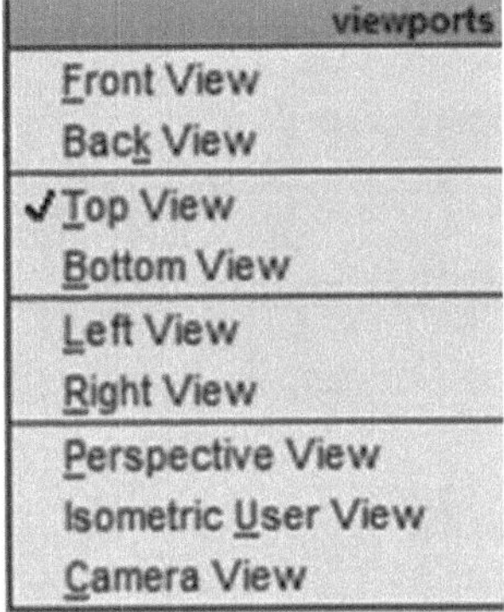


Podemos cambiar el color gris degradado del visor perspectiva haciendo clic derecho sobre shaded: viewport background-solid color. Esto nos quita el degradado gris y nos lo deja con un gris neutro.

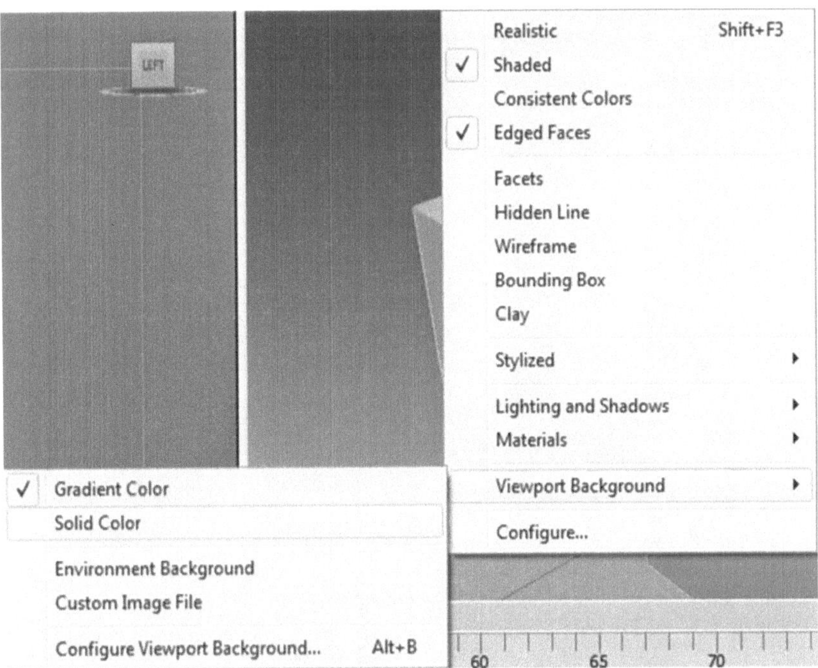

Alt-W nos minimiza y maximiza el visor que tengamos seleccionado. V nos desplega un menú con distintas vistas. Fíjate en la palabra subrayada, te indica qué tecla usar para activar la vista (F para la vista frontal, por ejemplo). U nos cambia a la vista ortográfica.

En la versión 2013, en la esquina inferior izquierda tenemos un desplegable que nos muestra tipos de configuraciones de visores.

También, arriba de todo, tenemos el desplegable Workspace. Esto nos modifica el espacio de trabajo.

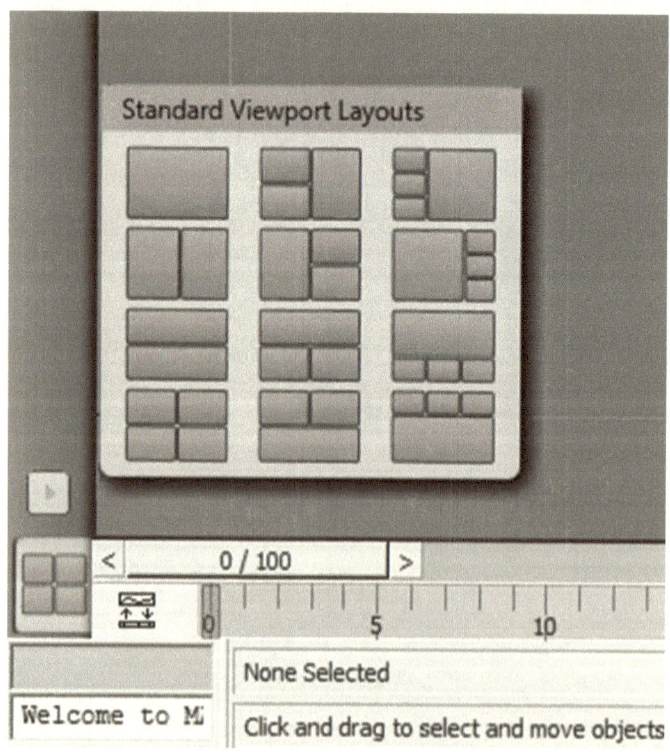

Justo abajo tenemos controles para animación. La barra de tiempo es lo que más destaca. A la derecha tenemos opciones de movimiento, que veremos más adelante.

A la derecha del panel de comandos tenemos otra zona muy importante:

Create, modify, hierarchy, motion, display y utilities (crear, modificar, jerarquía, movimiento, presentación y utilidades). Lo iremos viendo conforme avancemos.


*Seleccionar un objeto*

En 3DS Max tenemos diferentes formas de seleccionar un objeto o conjunto de objetos. La forma más directa y la que normalmente usaremos, es pinchando con el botón izquierdo del ratón sobre el objeto. Habrá aparecido la caja delimitadora o bounding box.

Para quitar la caja delimitadora ve al visor perspectiva, haz clic en el icono + y pincha sobre configure viewports.

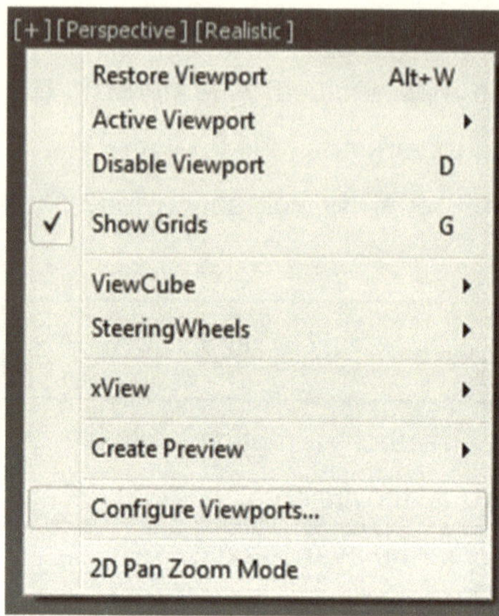


Tan solo tienes que seleccionar selection brackets para activar o desactivar esta herramienta.

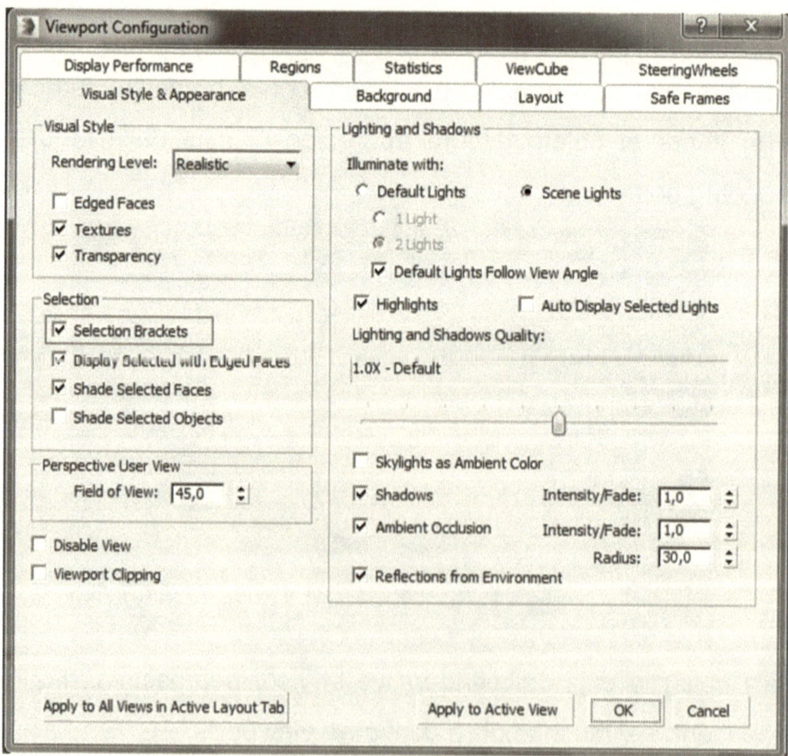

Si queremos seleccionar varios objetos se mantiene pulsado ctrl y pinchamos con el botón izquierdo del ratón en los objetos. Con ctrl-alt deseleccionaremos. Ctrl-I selecciona los objetos no seleccionados (invierte la selección). Ctrl-D deselecciona todo y Ctrl-A selecciona todo. La barra espaciadora bloquea el objeto (selection lock toggle) y podrás saberlo mirando el candado situado en la parte inferior de la pantalla, junto a las coordenadas. Menciono esto porque hay ocasiones que se pulsa esta tecla sin querer, luego vemos que no podemos hacer nada y nos volvemos locos intentando encontrar una solución.

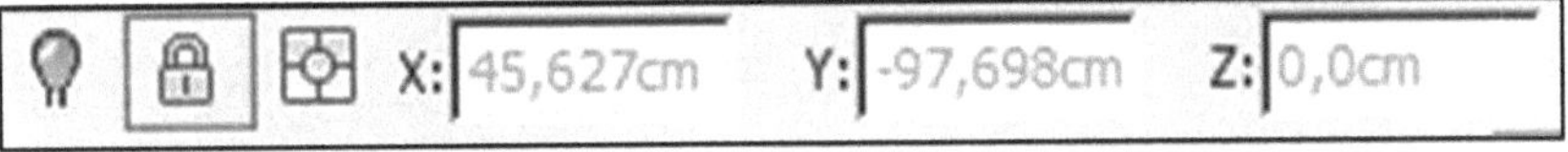


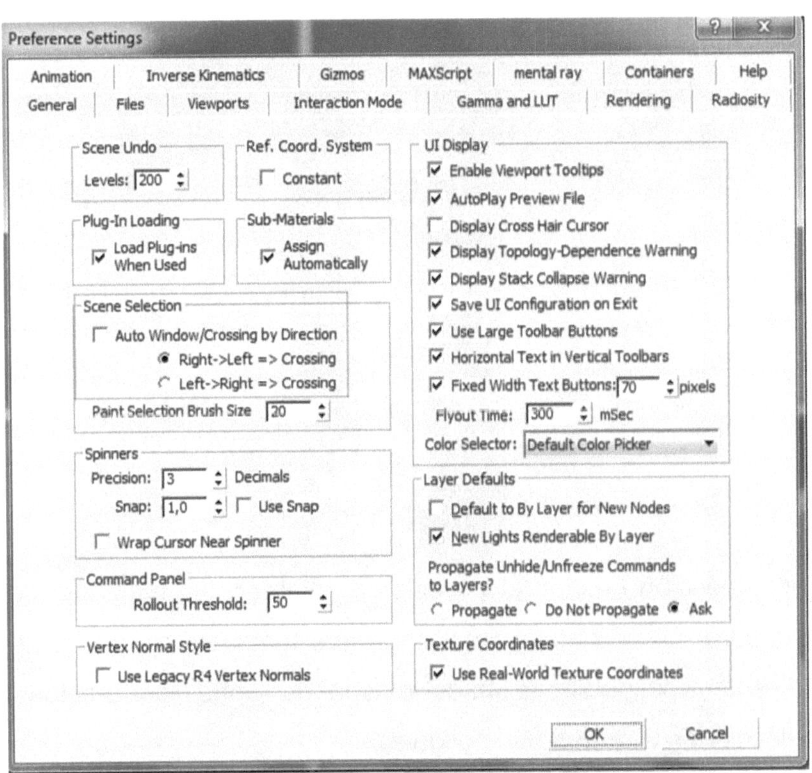

Si quieres seleccionar como en AutoCAD, de derecha a izquierda, ve a Customize-preferences. Luego, dirígete a autowindow crossing y cámbialo.

El programa dispone de diferentes clases de selección a la hora de coger varios objetos a la vez. Si nos dirigimos al botón de selección veremos que tiene varios modos.

Para desplegar la ventana de las selecciones disponibles mantén pulsado el botón izquierdo del ratón sobre el icono de selección.

La selección rectangular escoge elementos mediante un recuadro. La selección circular lo hace mediante un círculo. La selección poligonal se hace pinchando entre los objetos a seleccionar, formando un polígono.

La selección por lazo se hace pinchando sin soltar el botón izquierdo del ratón y envolviendo los objetos a seleccionar. La última es selección por spray.

Si quieres cambiarle el tamaño del spray ve a Customize-preference, pestaña General y ve a Paint selection Brush Size. Ahí podrás cambiar el número (20 por defecto).

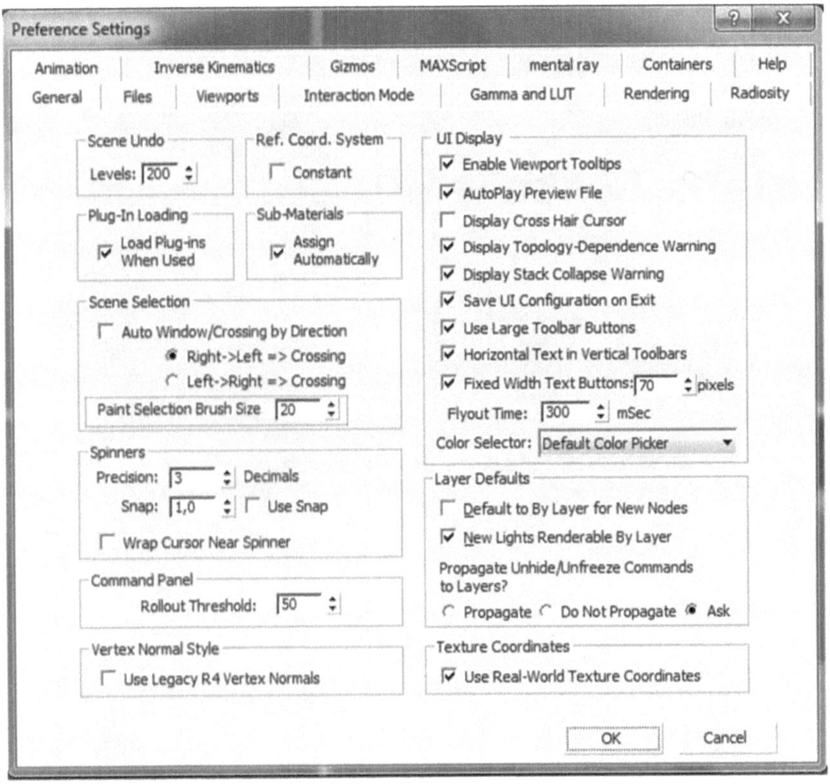

En ocasiones, cuando trabajamos con muchos objetos a veces perdemos la cuenta con tanto nombre. Para acceder rápidamente al objeto u objetos que necesitamos, nos será útil pulsar H para desplegar el menú de nombres con los objetos.

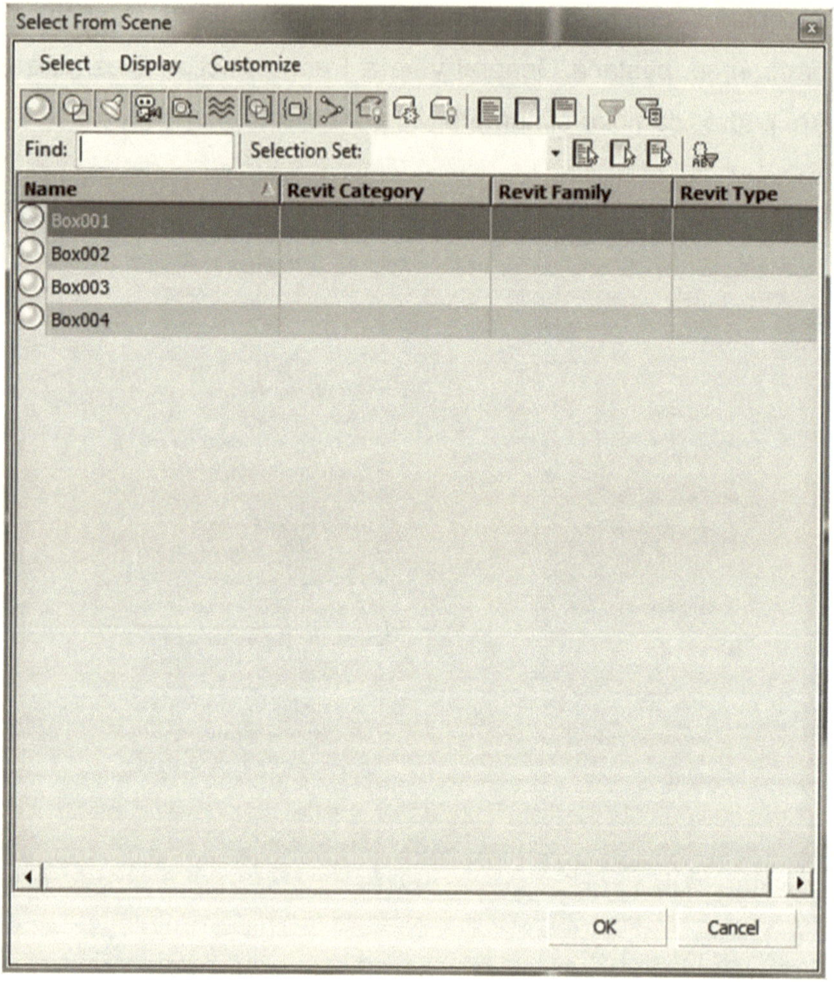

Otro método para seleccionar objetos es mediante su color.

Para ello vamos al menú superior, Edit-Select by-color.

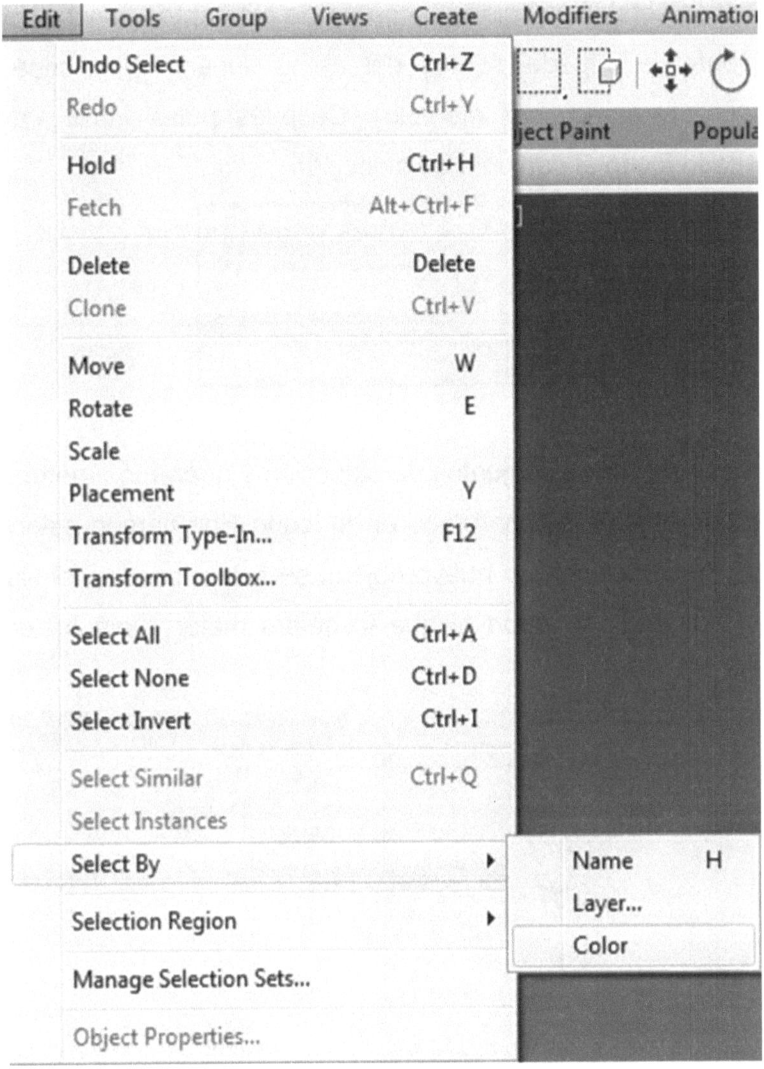

Selecciona un objeto de un color y automáticamente el programa seleccionará todos los objetos de la escena del mismo color.

En ocasiones tenemos varios objetos que conforman un todo, como un armario o una puerta, y nos gustaría agruparlos en uno solo. Para ello tenemos los conjuntos de selección (name

selection sets). Selecciona un grupo de elementos, pincha sobre la ventanita situada debajo del menú superior y escribe un nombre (armario, por ejemplo). Después pulsa intro. Ya ha quedado fijado el conjunto de selección.

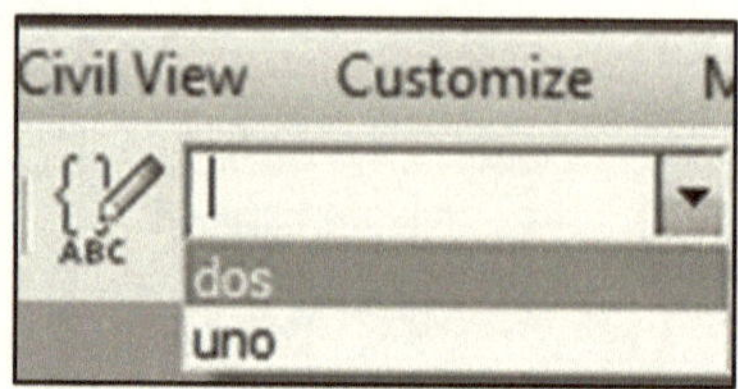


Si tenemos varios conjuntos de selección y queremos meter uno o varios objetos pincharemos en el icono Edit named selection sets. Se selecciona un nuevo objeto, se selecciona (en el Name Selection Set) el grupo al que lo quiero meter y pincho en el botón "+".

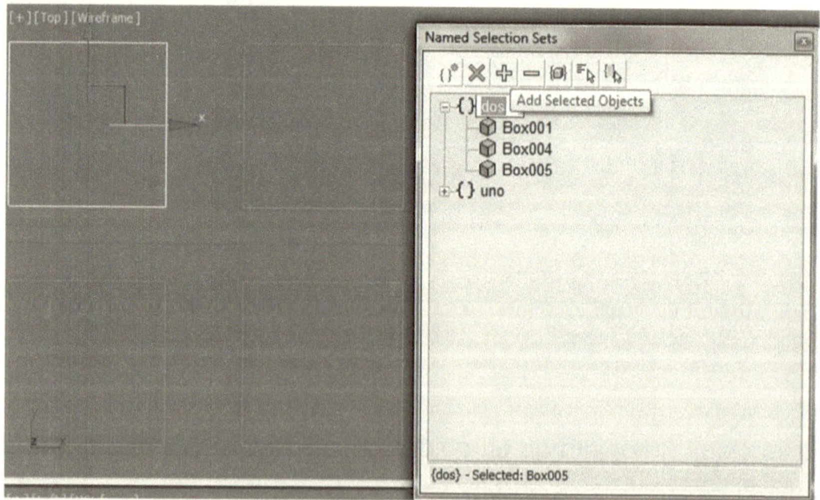


Tenemos otra manera más de agrupar objetos. Esta fórmula es buena cuando tienes distintos objetos que forman un todo (partes de un armario o una luminaria, por ejemplo). Selecciona los objetos y luego ve al menú superior: group-group. Si quieres modificar algo del nuevo grupo tienes que abrir temporalmente el grupo yendo a Group-open. Una vez hayas acabado de modificar ve a Group-close.

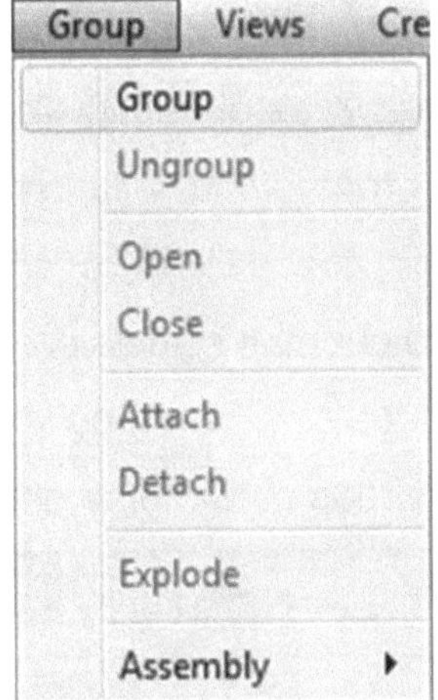


Si quieres deshacer los grupos ve a Group-ungroup. Si quieres desagrupar todo ve a Group-Explode.

Podemos añadir o quitar objetos en nuestro grupo.
Primero seleccionamos el objeto a insertar y vamos a Group-Attach. Y pinchamos sobre un objeto del grupo existente.

Para quitar objetos de nuestro grupo vamos a Group-open, selecciono el objeto a retirar, voy a Group-detach y luego a Group-close para cerrar el grupo.

## Coordenadas, guizmo y transformaciones

*Coordenadas*

3DS Max usa el eje de coordenadas para situar los objetos en el espacio. La coordenada X es el ancho (izquierda a derecha), la coordenada Y es la profundidad y la coordenada Z la altura. Dependiendo del visor que utilices la orientación de los ejes cambiará, pero a fin de cuentas sigue siendo el mismo concepto. Si nos dirigimos abajo del todo veremos la caja de coordenadas. Esta opción podrá servirnos para mover objetos con precisión.

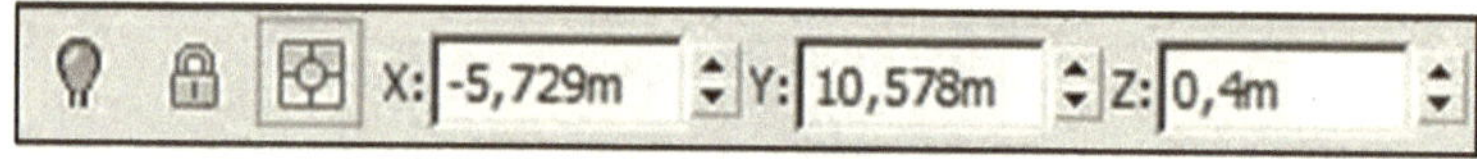

Al lado podemos elegir entre dos clases de coordenadas:

-Absolutas: con respecto a un punto fijo (0,0,0). Se toma como referencia el cruce de líneas negras de la cuadrícula.

-Relativas: con respecto al objeto mismo.

Las flechitas situadas en las cajitas de las coordenadas en la parte inferior derecha se llaman spiner o tiradores. Si clicamos con el botón derecho del ratón en los tiradores llevamos los valores a 0.

Si usamos las coordenadas absolutas y pulsamos alt-botón medio del ratón sobre el spiner sube la velocidad del nº de la coordenada.

Por contra, alt-botón medio del ratón baja la velocidad del nº de la coordenada. Además, pulsando ctrl el intervalo de movimiento es mayor. También pulsando tabulador pasa por cada coordenada.

En ocasiones necesitaremos hacer cálculos de distancias. Para ello tenemos la calculadora de 3DS Max (pulsa N para activarla). Cualquier resultado que obtengamos podremos introducirlo en las coordenadas o en cualquier caja que emplee números.

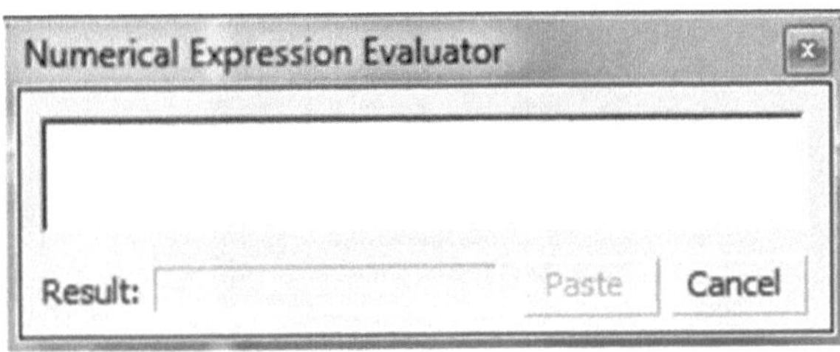

Esta calculadora está algo limitada, por lo que sólo es capaz de realizar operaciones matemáticas simples.

*El guizmo*

Todas las transformaciones se hacen en torno al pivote, que es el punto de donde sale el guizmo, que a su vez muestra los tres ejes de coordenadas.

Cuando pulsamos X se desactiva el guizmo. Es importante que recuerdes esta tecla, porque también es otro de los motivos que generan quebraderos de cabeza cuando el guizmo deja de funcionar 'por sorpresa'.

Además, puedes modificar el tamaño del guizmo pulsando: ] y - (no del teclado numérico).

Algo realmente útil es que el guizmo se adapte a las transformaciones del objeto. Para ello, vamos a la pestaña donde pone view, arriba del todo de la pantalla. Desplegamos su menú y seleccionamos local.

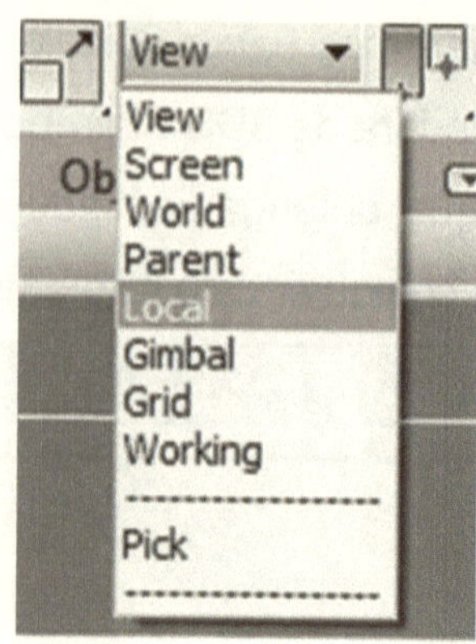


Haciendo lo mismo con otro objeto y pinchando pick en lugar de local, nos permite luego clicar sobre otro elemento 'B' para que el guizmo de mi elemento 'A' adopte la orientación del guizmo de 'B'. Recuerda esta herramienta, porque en ocasiones te convendrá usar los guizmos de otros objetos.

Antes de realizar cualquier transformación, aconsejo pulsar Q para elegir el modo selección y después usar las herramientas de transformación que verás a continuación, ya que si estamos trabajando con una escena complicada puede que hagamos algún movimiento no deseado y modifiquemos objetos por descuido.

*Transformaciones*

Entendemos por transformaciones las acciones de mover, rotar y escalar. Todas estas operaciones se efectuarán bajo un eje de coordenadas XYZ.

Podemos desplegar la ventana de transformaciones pulsando F12.

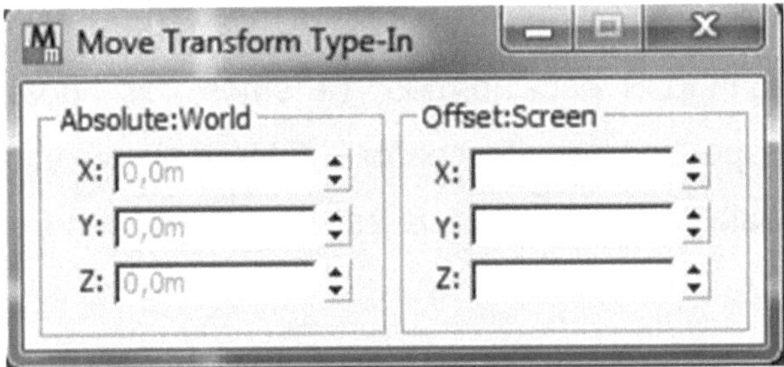

Los botones de mover, rotar y escalar se encuentran en la parte superior de la pantalla, debajo de la barra de menús.

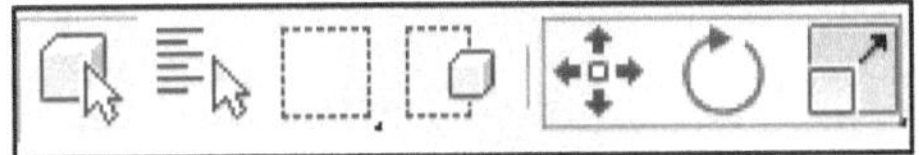

Con W seleccionamos y movemos un objeto. Una vez escogemos un objeto se activa el guizmo. Para mover con precisión haz clic derecho sobre el icono de mover o botón derecho del ratón y pulsar sobre la ventanita que aparece junto a move. Con E rotaremos un objeto. Para rotar de forma precisa usaremos las coordenadas o pulsamos F12. Cuando rotamos, los puntos rojos te dicen cuál va a ser el punto de rotación. Justo a la derecha de view tienes un botón que te permite rotar de tres formas diferentes.

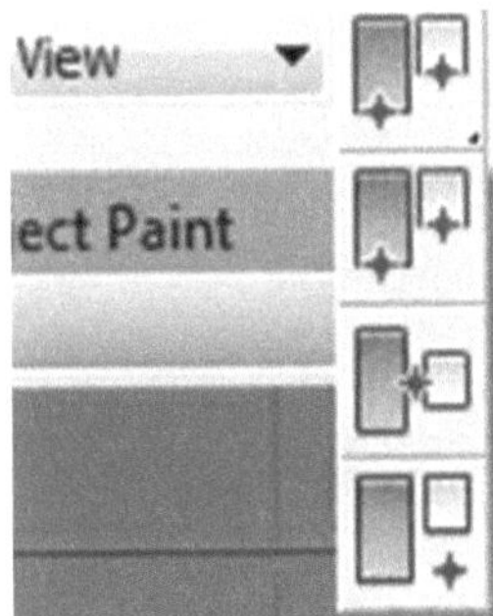


La primera hace rotar el objeto u objetos desde la base del mismo. El segundo desde el propio centro del objeto/os. El tercero rotará sobre una coordenada u objeto en concreto (para ello ten seleccionado pick en vez de view para que funcione bien). Pulsando R escalaremos. Tenemos tres tipos: uniforme (escala proporcionalmente centro y laterales), no uniforme (no proporcional) y squash (hace la escala manteniendo el volumen del objeto).

Puedes cambiar a cada tipo manteniendo pulsado el botón de escalar, que está justo al lado del de rotación. También tenemos la transform toolbox o caja de herramientas de transformación. Para ello vamos al menú superior: edit-transform toolbox.

| Edit | Tools | Group | Views | Create |
|---|---|---|---|---|
| Undo | | | | Ctrl+Z |
| Redo | | | | Ctrl+Y |
| Hold | | | | Ctrl+H |
| Fetch | | | | Alt+Ctrl+F |
| Delete | | | | Delete |
| Clone | | | | Ctrl+V |
| Move | | | | W |
| Rotate | | | | E |
| Scale | | | | |
| Transform Type-In... | | | | F12 |
| Transform Toolbox... | | | | |
| Select All | | | | Ctrl+A |

Una vez ahí selecciona el eje donde quieras rotar, escalar o alinear el objeto. Una vez hecho, pulsa Get.

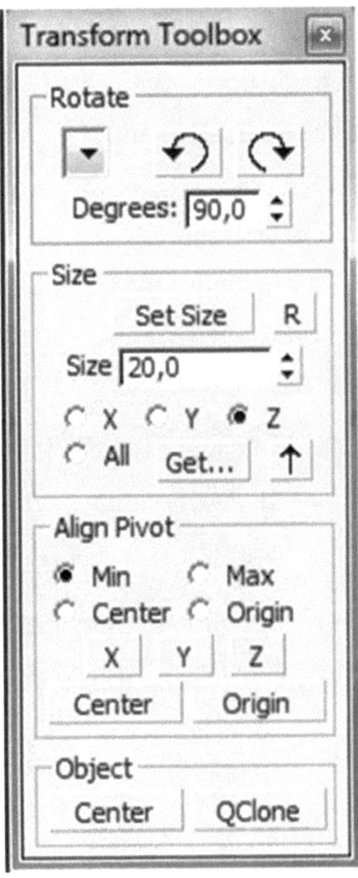

## Primitivas estándar y extendidas

Antes de comenzar a ver algunos métodos de modelado, es conveniente que os explique los distintos objetos tridimensionales que dispone 3DS Max y que utilizaremos normalmente en nuestro trabajo diario.

### Primitivas estándar

Dentro de las primitivas estándar tenemos los siguientes objetos: caja, cono, esfera, geosfera, cilindro, tubo toroide, pirámide, tetera y plano.

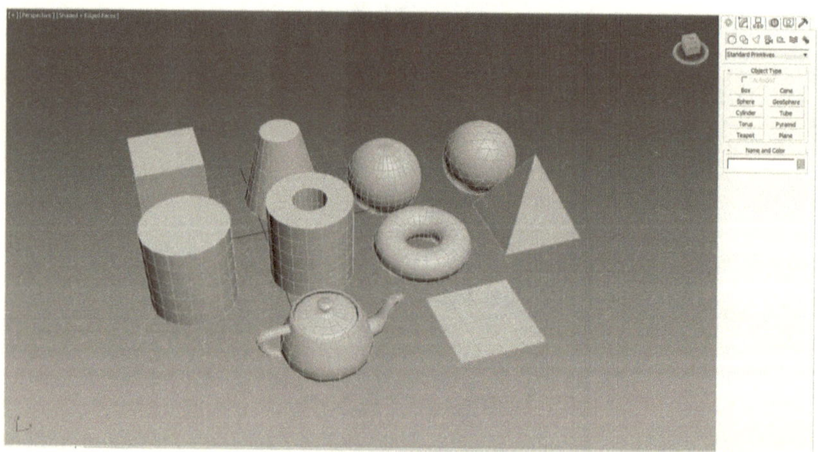

-Cubo: seleccionamos el objeto, vamos al visor top, hacemos clic izquierdo y desarrollamos la base. Hacemos otro clic izquierdo y desarrollamos la altura del cubo. Una vez construido vamos a modify y en la pestaña parameters colocamos las medidas que deseemos (longitud, anchura y altura).

Las tres opciones de abajo nos permiten insertar nuevos segmentos a la geometría. Generate Mapping coords y real-world map size son opciones de mapeado que veremos más adelante.

-Cono: seleccionamos el objeto, vamos al visor top, hacemos clic izquierdo y proyectamos la base. Otro clic izquierdo y trazamos la altura del cono. Otro clic izquierdo más y damos forma al cono, que bien lo podemos truncar o bien desarrollar un cono ordinario. Una vez construido vamos a modify y en la pestaña parameters colocamos las medidas que deseemos. High segments inserta segmentos a lo largo de la altura del cono. Cap segments nos coloca segmentos en la base del cono. Sides son las caras que ponemos al cono para darle más o menos detalle. Smooth aplica un contorno más suave al cono. Slice on nos hace una sección al cono y podemos poner la cantidad que queramos. Generate Mapping coords y real-world map size son opciones de mapeado que veremos más adelante.

-Esfera: seleccionamos el objeto, vamos al visor top, hacemos clic izquierdo y desarrollamos directamente la esfera. Una vez construida vamos a modify y en la pestaña parameters colocamos las medidas que deseemos. Radius es el radio de la esfera. Segments son los segmentos que añadimos para darle más o menos calidad al objeto. Smooth es para dar más suavidad a la figura. Hemisphere nos permite hacer una sección horizontal del objeto (chop nos hace el corte sin colocar más segmentos, al contrario que squash). Slice on nos realiza una sección vertical al objeto. Generate Mapping coords y real-world map size son opciones de mapeado que veremos más adelante.

-Geosfera: seleccionamos el objeto, vamos al visor top, hacemos clic izquierdo y desarrollamos directamente la geoesfera. Una vez construida vamos a modify y en la pestaña parameters colocamos las medidas que deseemos. El radius es el radio de la figura. Segments nos añade más segmentos a la geoesfera. Geodesic base type nos modifica el tipo de geoesfera en tetraedro, octaedro e icosaedro respectivamente. Smooht da suavidad al contorno. Hemisphere nos hace una sección horizontal de la figura por la mitad. Generate Mapping coords y real-world map size son opciones de mapeado que veremos más adelante.

-Cilindro: seleccionamos el objeto, vamos al visor top, hacemos clic izquierdo y proyectamos la base. Otro clic izquierdo y trazamos la altura del cilindro. Una vez construido vamos a modify y en la pestaña parameters colocamos las medidas que deseemos. Radius es el radio del cilindro. Height es la altura. Heigh segments añade segmentos horizontales. Cap segments añade segmentos en la base. Sides añade segmentos verticales a la figura. Smooth proporciona suavidad al contorno. Slice on nos hace una sección vertical del objeto. Generate Mapping coords y real-world map size son opciones de mapeado que veremos más adelante.

-Tubo: es parecido a un cilindro, pero tiene un hueco en el eje vertical. Seleccionamos el objeto, vamos al visor top, hacemos clic izquierdo y proyectamos la base. Otro clic izquierdo y generamos el anillo. Un último clic y colocamos la altura. Una vez construido vamos a modify y en la pestaña parameters colocamos las medidas que deseemos. Radius 1 es el radio exterior. Radius 2 es el radio interior. Height es la altura. Height segments añade segmentos horizontales. Cap segments añade segmentos en la base. Sides añade segmentos verticales. Smooth añade suavidad a la geometría. Slice on nos hace una sección en el eje vertical. Generate Mapping coords y real-world map size son opciones de mapeado que veremos más adelante.

-Toroide: tiene una forma similar a la de un donut. Seleccionamos el objeto, vamos al visor top, hacemos clic izquierdo y proyectamos el radio exterior. Clic izquierdo y dibujamos el radio interior. Una vez construido vamos a modify y en la pestaña parameters colocamos las medidas que deseemos. Radius 1 es el radio exterior. Radius 2 es el radio interior. Rotation rota los segmentos del toroide. Twist retuerce los segmentos. Segments añade segmentos horizontales. Sides añade segmentos verticales. Smooht nos permite suavizar la figura mediante cuatro opciones (all suaviza en general, sides por caras, none no suaviza y segments suaviza por las zonas adyacentes a los segmentos). Slice nos hace una sección en el eje vertical. Generate Mapping coords y real-world map size son opciones de mapeado que veremos más adelante.

-Pirámide: seleccionamos el objeto, vamos al visor top, hacemos clic izquierdo y proyectamos la base. Otro clic izquierdo y ponemos la altura. Una vez construida vamos a modify y en la pestaña parameters colocamos las medidas que deseemos.

Width es la anchura. Depth es la profundidad. Height es la altura. Los tres parámetros de abajo añaden segmentos en la anchura, profundidad y altura. Generate Mapping coords y real-world map size son opciones de mapeado que veremos más adelante.

-Tetera: seleccionamos el objeto, vamos al visor top, hacemos clic izquierdo y proyectamos la tetera. Una vez construida vamos a modify y en la pestaña parameters colocamos las medidas que deseemos. Radius es el radio de la tetera, segments añade segmentos a la figura. Teapot parts nos quita o añade partes de la tetera (cuerpo, asa, pitorro y tapa). Generate Mapping coords y real-world map size son opciones de mapeado que veremos más adelante.

-Plano: seleccionamos el objeto, vamos al visor top, hacemos clic izquierdo y proyectamos el plano. Una vez construida vamos a modify y en la pestaña parameters colocamos las medidas que deseemos. Length es la longitud. Width es la anchura. Length y width segs nos coloca segmentos verticales y horizontales. Render multipliers son opciones para renderizar que veremos más adelante. Generate Mapping coords y real-world map size son opciones de mapeado que veremos más adelante.

*Primitivas extendidas*

Este tipo de primitivas son una evolución o extensión de las primitivas estándar. Para acceder a las extendidas debemos seleccionar las extended primitives desde la pestaña. Tenemos el octaedro, toroide anudado, caja biselada, cilindro biselado,

tanque de aceite, cápsula, spindle, L-ext, genon, C-ext, ringwave, manguera y prisma.

-Octaedro: una extensión de la pirámide. Seleccionamos el objeto, vamos al visor top, hacemos clic izquierdo y proyectamos la figura. Una vez construido vamos a modify y en la pestaña parameters colocamos las medidas que deseemos. En family tenemos cinco opciones para transformar el octaedro en otras figuras. Family parameters modifica caras de las opciones anteriores. Axis scaling escala el eje de la figura en los tres ejes. Vertex señala el tipo de vértice. Radius es el tamaño del octaedro. Generate Mapping coords es una opción de mapeado que veremos más adelante.

-Toroide anudado: una extensión del toroide. Seleccionamos el objeto, vamos al visor top, hacemos clic izquierdo y dibujamos el tamaño de la figura. Otro clic izquierdo y ajustamos el grosor. Una vez construido vamos a modify y en la pestaña parameters colocamos las medidas que deseemos. En base modificamos el

tipo de toroide. Radius configura el tamaño del toroide anudado. P y Q funcionan con la opción knot y ponen más o menos nudos a la figura. Warp Count y Height son para la opción circle. En la sección cross section, radius nos da más o menos grosor. Sides aumenta el tamaño de segmentos y caras. Eccentricity aplana la geometría. Twist retuerce la geometría. Lumps arruga la geometría (para ello debemos poner valores en lump height y offset). Smooth suaviza la geometría. Generate Mapping coords es una opción de mapeado que veremos más adelante.

-Caja biselada: es una extensión de la caja. Seleccionamos el objeto, vamos al visor top, hacemos clic izquierdo y dibujamos la base. Otro clic izquierdo y ajustamos la altura. Otro clic izquierdo más y trazamos el biselado del cubo. Una vez construido vamos a modify y en la pestaña parameters colocamos las medidas que deseemos. Fillet nos pone cuánto biselado queremos para el cubo. Las tres opciones de abajo nos permiten insertar nuevos segmentos a la geometría. Fillet segs nos coloca más o menos segmentos para suavizar las aristas. Generate Mapping coords y real-world map size son opciones de mapeado que veremos más adelante.

-Cilindro biselado. Es la extensión del cilindro. Seleccionamos el objeto, vamos al visor top, hacemos clic izquierdo y proyectamos la base. Otro clic izquierdo y trazamos la altura del cilindro. Un clic izquierdo más y biselamos las bases. Una vez construido vamos a modify y en la pestaña parameters colocamos las medidas que deseemos. Radius es el radio del cilindro. Height es la altura. Fillet es la cantidad de biselado que damos a la figura. Heigh segments añade segmentos horizontales. Fillet segs añade más segmentos al biselado. Sides añade segmentos verticales a la figura. Cap segs añade segmentos en la base. Smooth proporciona suavidad al contorno. Slice on nos hace una sección vertical del objeto. Generate Mapping coords y real-world map size son opciones de mapeado que veremos más adelante.

-Tanque de aceite. Otra extensión del cilindro. Seleccionamos el objeto, vamos al visor top, hacemos clic izquierdo y proyectamos la base. Otro clic izquierdo y trazamos la altura del cilindro. Un clic izquierdo más y biselamos las bases. Una vez construido vamos a modify y en la pestaña parameters colocamos las medidas que deseemos. Radius es el radio del cilindro. Height es la altura. Cap height delimita desde dónde empieza el biselado. Overall y centers son opciones que delimitan también desde dónde empieza el biselado. Blend añade más segmentos al biselado. Sides añade segmentos verticales a la figura. Height segs añade segmentos a la distancia entre biselados. Slice on nos hace una sección vertical del objeto. Generate Mapping coords y real-world map size son opciones de mapeado que veremos más adelante.

-Cápsula. Otra extensión del cilindro que se parece al tanque de aceite. Seleccionamos el objeto, vamos al visor top, hacemos clic izquierdo y proyectamos la base. Otro clic izquierdo y trazamos la altura del cilindro. Un clic izquierdo más y biselamos las bases. Una vez construido vamos a modify y en la pestaña parameters colocamos las medidas que deseemos. Radius es el radio del cilindro. Height es la altura. Overall y centers son opciones que delimitan desde dónde empieza el biselado. Sides añade segmentos verticales a la figura. Height segs añade segmentos a la distancia entre biselados. Smooth suaviza la geometría. Slice on nos hace una sección vertical del objeto. Generate Mapping coords y real-world map size son opciones de mapeado que veremos más adelante.

-Spindle. Otra extensión del cilindro que se parece al tanque de aceite y a la cápsula, solo que en esta ocasión las bases acaban en pico. Seleccionamos el objeto, vamos al visor top, hacemos clic izquierdo y proyectamos la base. Otro clic izquierdo y trazamos la altura del cilindro. Un clic izquierdo más y trazamos los picos de las bases. Una vez construido vamos a modify y en la pestaña parameters colocamos las medidas que deseemos. Radius es el radio del cilindro. Height es la altura. Cap height delimita el tamaño de los picos de las bases. Overall y centers son opciones que delimitan desde dónde empiezan los picos. Sides añade segmentos verticales a la figura.

Cap segs añade más segmentos en los picos. Height segs añade segmentos a la distancia entre picos.

Smooth suaviza la geometría.

Slice on nos hace una sección vertical del objeto. Generate Mapping coords y real-world map size son opciones de mapeado que veremos más adelante.

-L-ext. Una extensión del cubo que nos genera una L o perfil en L. Seleccionamos el objeto, vamos al visor top, hacemos clic izquierdo y proyectamos la base. Otro clic izquierdo y trazamos la altura. Un clic izquierdo más y configuramos el ancho. Una vez construido vamos a modify y en la pestaña parameters colocamos las medidas que deseemos. Side Lenght y front length aumentan las longitudes de la L. Side Width y front width aumentan el ancho de la L. Height es la altura de la figura. Side Segs y front segs añaden segmentos a lo ancho de la figura. Width segs y height segs añaden segmentos a lo alto de la figura. Generate Mapping coords y real-world map size son opciones de mapeado que veremos más adelante.

-Gengon. Una extensión del cubo que nos genera pentágonos, hexágonos, heptágonos, etcétera en 3D. Seleccionamos el objeto, vamos al visor top, hacemos clic izquierdo y proyectamos la base. Otro clic izquierdo y trazamos la altura. Un clic izquierdo más y trazamos el biselado. Una vez construido vamos a modify y en la pestaña parameters colocamos las medidas que deseemos. Sides son los lados de la geometría para hacer pentágonos, hexágonos, heptágonos… Radius es el tamaño de la figura. Fillet es la cantidad de biselado que queremos meter. Side segs añade segmentos horizontales. Height segs añade segmentos verticales.

Smooth suaviza la geometría. Generate Mapping coords y real-world map size son opciones de mapeado que veremos más adelante.

-C-Ext. Una extensión del cubo que nos genera una C o perfil en C. Seleccionamos el objeto, vamos al visor top, hacemos clic izquierdo y proyectamos la base. Otro clic izquierdo y trazamos la altura. Un clic izquierdo más y configuramos el ancho. Una vez construido vamos a modify y en la pestaña parameters colocamos las medidas que deseemos. Back y Front Lenght hacen más grande o menos grande los extremos de la C. Side Lenght aumenta la longitud de la C. Back y front width aumentan el ancho de los extremos de la C. Side Width aumenta el ancho de la C. Height es la altura de la figura. Side Segs, Back segs y front segs añaden segmentos a lo ancho de la figura. Width segs y height segs añaden segmentos a lo alto de la figura. Generate Mapping coords y real-world map size son opciones de mapeado que veremos más adelante.

-Ringwave. Extensión del cilindro. Seleccionamos el objeto, vamos al visor top, hacemos clic izquierdo y proyectamos la base. Otro clic izquierdo y trazamos la altura. Un clic izquierdo más y configuramos el estrellado central de la figura. Una vez construido vamos a modify y en la pestaña parameters colocamos las medidas que deseemos. Radius es el radio de la figura. Radial segs son los segmentos que se ponen en las bases. Ring width es el tamaño del estrellado central. Sides son los segmentos que se añaden a la geometría. Height es la altura de la figura. Height segs añade segmentos verticalmente. En la sección inner edge breakup se configuran parámetros de la estrella central. Texture coordinates es para mapeado y se verá más adelante. Smooth suaviza la geometría.

-Manguera. Una extensión del cilindro. Seleccionamos el objeto, vamos al visor top, hacemos clic izquierdo y proyectamos la base. Otro clic izquierdo y trazamos la altura. Una vez construido vamos a modify y en la pestaña parameters colocamos las medidas que deseemos. Free hose y bound to object pivots delimitan si la manguera se puede modificar libremente o si está sujeta a limitaciones respecto a otros objetos. En common hose parameters, segments son los segmentos que añadimos a la geometría. La opción flex section activa o desactiva los doblados de la manguera. Starts y ends delimitan el inicio y final de los doblados. Cycles indica la cantidad de doblados. Diameter controla la estrechez o delgadez de los doblados. Las opciones de smoothing controlan la suavidad de la geometría. Renderable permite que la manguera salga o no en render. Generate mapping coords es para mapeado y se verá más adelante. La sección hose shape nos permite seleccionar el tipo de manguera y modificar sus parámetros (redondeado, rectangular y sección en D).

-Prisma. Una extensión de la pirámide. Seleccionamos el objeto, vamos al visor top, hacemos clic izquierdo y proyectamos la base. Otro clic izquierdo y trazamos la altura.

Una vez construido vamos a modify y en la pestaña parameters colocamos las medidas que deseemos.

Las medidas de side lenght influyen en la longitud del prisma en función de sus vértices. Height es la altura. Los parámetros de Side segs añaden segmentos dependiendo de la cara.

## Splines estándar y extendidos

Un spline es una herramienta que sirve para crear geometría. A diferencia de las primitivas, los splines no tienen caras. Necesitan de modificadores para que estas se generen y determinen la forma de la geometría.

*Splines estándar*

Para ver los splines vamos a create y pinchamos en el icono de shapes.

Dentro de los splines tenemos la línea, el rectángulo, el círculo, la elipse, el arco, el donut, el GNon (polígono), la estrella, el texto, la hélice, el huevo y la sección. Cuando usemos estos objetos es recomendable poner el snap en 2,5 para que se sitúe bien en las coordenadas.

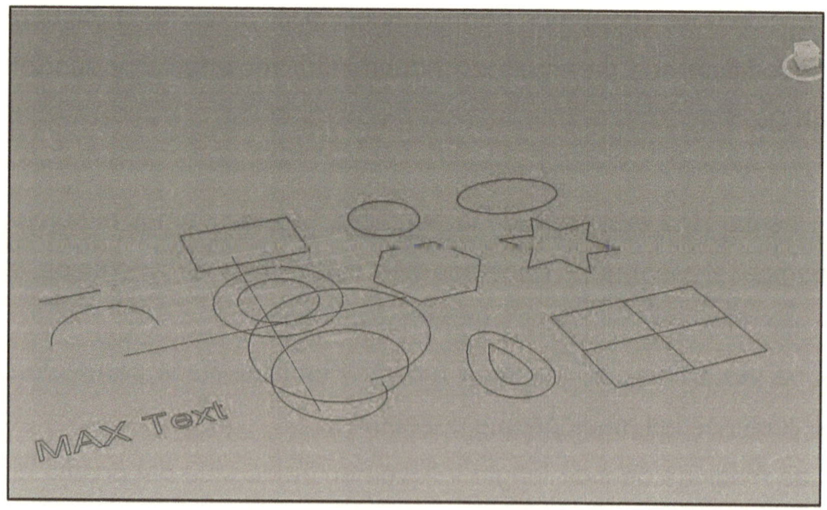


-Línea: hacemos clic izquierdo y desplazamos el cursor para hacer la línea. Se hace esta operación tantas veces se quiera. Cuando se acabe, o bien se pulsa el botón derecho del ratón, o

bien se une el último vértice con el vértice inicial (saldrá el mensaje: close spline?, y diremos que sí para cerrarla). Ahora vamos a modify y cambiamos los parámetros que queramos.

Pestaña rendering: enable in renderer hace que el spline se vea tridimensional en el render, pero no el visor. Enable in viewport hace que el spline se vea tridimensional en el visor, pero no en el render. Use viewport settings utiliza los parámetros del visor para renderizar. Generate Mapping coords y real-world map size son opciones de mapeado que veremos más adelante.

Las opciones de radial y rectangular hacen que la línea tenga una geometría redondeado o rectangular. En radial, thickness es el grosor, sides mejora la geometría y angle es la torsión que se le aplica a la geometría. Por otro lado, en rectangular, thickness es el grosor, sides añade caras a la geometría y angle es la torsión que se le da a la geometría. Aspect divide longitud y anchura para mantener la relación de aspecto (sólo disponible con la renderización rectangular). El candado mantiene la misma relación de aspecto a pesar de modificar otros parámetros de la línea en 3D.

Autosmooth suaviza la geometría. Threshold varía la cantidad de suavidad que quiere darse a la geometría.

Pestaña interpolation: sirve para meter más o menos segmentos al polígono cuando realizamos curvas.

En general, cuando una línea que tiene curvas le das forma el problema principal es que se ve facetado, es decir, las curvas salen con aristas. Para solucionar esto aumentamos los steps para suavizar. La pestaña interpolation nos da mayor definición de un spline en 3D. Si activamos optimize elimina defectos.

Adaptative subdivide la geometría para que no quede fragmentada, aunque en algunas ocasiones mete demasiados polígonos.

Pestaña selection: nos permite seleccionar las diferentes partes de una línea: vértice, segmento y spline (vértices y segmentos). Pulsa 1, 2 y 3 para seleccionar y deseleccionar la herramienta de selección.

Las opciones de debajo de estas herramientas de selección no las usaremos, salvo la de show vertex numbers, que nos muestra el número de cada vértice. Esta al menos puede tener cierto interés.

Pestaña soft selection: esto nos sirve para seleccionar de manera más precisa cuando tenemos muchos vértices. Estas opciones se verán más adelante.

Pestaña geometry: a continuación, veremos las opciones más importantes. New vertex type nos especifica el tipo de vértice que queremos. Podemos acceder desde esta pestaña o bien seleccionando el vértice o vértices y haciendo clic derecho.

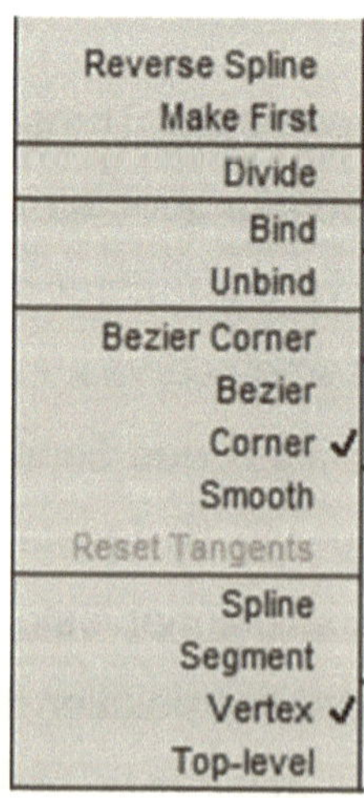

Corner o linear es un vértice simple. Smooth es un vértice suavizado, pero no tengo control sobre ese suavizado. Bezier controla la salida y la amplitud de la curva. Bezier corner suaviza los pivotes cada uno independientemente y se pueden mover independientemente. Reset tangents te pone los pivotes del bezier en su posición de suavizado por defecto. Refine añade puntos al spline.

Podemos cambiar el tipo de vértice cuantas veces queramos. Si tengo un bezier, pincho en un lado y manteniendo pulsado shift ya lo convierto automáticamente en bezier corner.

Cuando tenemos que hacer objetos curvados con una línea es recomendable usar los puntos imprescindibles, puesto que más puntos implica mayor peso del objeto y por tanto más lentitud en el render.

A partir de la versión 2013 del programa podemos dibujar con la línea sin necesidad de pulsar I para seguir el trazo. Antes se necesitaba pulsar I para seguir el trazo, porque si hacías panning se cortaba el trazado.

En esta versión ya no sucede, incluso puedes pasar de visor sin problemas y seguir dibujando. De todas formas, es aconsejable recordar esta tecla.


-Rectángulo: hacemos clic izquierdo y desplazamos el cursor para hacer el rectángulo, luego soltamos el botón cuando lo tengamos listo. Ahora vamos a modify y cambiamos los parámetros que queramos.

Pestaña rendering: igual que con la línea.

Pestaña interpolation: igual que con la línea.

Pestaña parameters: tiene parámetros de altura y anchura. Corner radius redondea los vértices.


-Círculo: hacemos clic izquierdo y desplazamos el cursor para hacer el círculo, luego soltamos el botón cuando lo tengamos listo. Ahora vamos a modify y cambiamos los parámetros que queramos.

Pestaña rendering: igual que con la línea y el rectángulo.

Pestaña interpolation: igual que con la línea y el rectángulo.

Pestaña parameters. Radius modifica el radio del círculo.


-Elipse: hacemos clic izquierdo y desplazamos el cursor para hacer la elipse, luego soltamos el botón cuando lo tengamos listo. Ahora vamos a modify y cambiamos los parámetros que queramos.

Pestaña rendering: igual que con la línea, el rectángulo y la circunferencia.

Pestaña interpolation: igual que con la línea, el rectángulo y la circunferencia.

Pestaña parameters. Length y width. Es para el largo y el ancho de la elipse. Outline hace un desfase de la elipse.


-Arco: hacemos clic izquierdo y desplazamos el cursor para hacer el arco. Otro clic izquierdo y ponemos la curvatura del arco. Ahora vamos a modify y cambiamos los parámetros que queramos.

Pestaña rendering: igual que con la línea, el rectángulo y la circunferencia.

Pestaña interpolation: igual que con la línea, el rectángulo y la circunferencia.

Pestaña parameters. Radius pone el radio del arco. From y To recortan el arco o te hace una circunferencia completa. Length y width. Es para el largo y el ancho del arco.

-Donut: hacemos clic izquierdo y desplazamos el cursor para hacer la circunferencia exterior. Otro clic izquierdo y ponemos la circunferencia interior. Ahora vamos a modify y cambiamos los parámetros que queramos.

Pestaña rendering: igual que con la línea, el rectángulo, la circunferencia y el arco.

Pestaña interpolation: igual que con la línea, el rectángulo, la circunferencia y el arco.

Pestaña parameters. Radius 1 es el radio exterior y Radius 2 es el radio interior.

-NGon: hacemos clic izquierdo y desplazamos el cursor para hacer el polígono. Ahora vamos a modify y cambiamos los parámetros que queramos.

Pestaña rendering: igual que con la línea, el rectángulo, la circunferencia, el arco y el donut.

Pestaña interpolation: igual que con la línea, el rectángulo, la circunferencia, el arco y el donut.

Pestaña parameters. Radius es el tamaño del polígono. Inscribed inscribe el polígono en una circunferencia imaginaria. Circumscribed circunscribe el polígono en una circunferencia imaginaria. Sides son los lados del polígono. Circular hace el polígono circular.


-Estrella: hacemos clic izquierdo y desplazamos el cursor para poner el tamaño de la estrella. Otro clic izquierdo y movemos los vértices de la estrella. Ahora vamos a modify y cambiamos los parámetros que queramos.

Pestaña rendering: igual que con la línea, el rectángulo, la circunferencia, el arco, el donut y NGon.

Pestaña interpolation: igual que con la línea, el rectángulo, la circunferencia, el arco, el arco, el donut y NGon.

Pestaña parameters. Radius 1 mueve los vértices exteriores y radius 2 mueve los vértices interiores.

Points indica los vértices que tendrá la estrella.

Distortion gira los vértices de la estrella.

Fillet radius 1 y 2 aplica biselado a los vértices.


-Texto: hacemos clic izquierdo e insertamos el texto. Ahora vamos a modify y cambiamos los parámetros que queramos.

Pestaña rendering: igual que con la línea, el rectángulo, la circunferencia, el arco, el donut, NGon y la estrella.

Pestaña interpolation: igual que con la línea, el rectángulo, la circunferencia, el arco, el donut, NGon y la estrella.

Pestaña parameters: aquí hay parámetros típicos de formato de texto. Kerning es el espaciado entre letras.


-Hélice: hacemos clic izquierdo y creamos la circunferencia.

Otro clic izquierdo y creamos los giros de la hélice. Ahora vamos a modify y cambiamos los parámetros que queramos.

Pestaña rendering: igual que con la línea, el rectángulo, la circunferencia, el arco, el donut, NGon, la estrella y el texto.

Pestaña interpolation: igual que con la línea, el rectángulo, la circunferencia, el arco, el arco, el donut, NGon, la estrella y el texto.

Pestaña parameters. Radius 1 es el tamaño.

Radius 2 pone desfase entre giros de hélice.

Turns son los giros de la hélice. CW y CVW son dos tipos diferentes de hélices.


-Huevo: hacemos clic izquierdo y creamos el óvalo exterior. Otro clic izquierdo y creamos el óvalo interior. Ahora vamos a modify y cambiamos los parámetros que queramos.

Pestaña rendering: igual que con la línea, el rectángulo, la circunferencia, el arco, el donut, NGon, la estrella, el texto y la hélice.

Pestaña interpolation: igual que con la línea, el rectángulo, la circunferencia, el arco, el arco, el donut, NGon, la estrella, el texto y la hélice.

Pestaña parameters: lenght y width es altura y anchura del huevo respectivamente.

Outline genera un desfase de línea.

Thickness es el grosor de desfase y angle inclina el huevo.


-Sección: hacemos clic izquierdo y creamos la sección. Nos permite hacer secciones en figuras 3D.

*Splines extendidos*

Si desplegamos la ventanita donde pone splines podemos escoger extended splines. Tenemos WRectangle, Channel, Angle, Tee y Wide Fangle.

-WRectangle: hacemos clic izquierdo y desplazamos el cursor para hacer el rectángulo exterior. Otro clic izquierdo y colocamos el rectángulo interior. Ahora vamos a modify y cambiamos los parámetros que queramos.

Pestaña rendering: igual que con los splines estándar.

Pestaña interpolation: igual que con los splines estándar.

Pestaña parameters: length y width es la altura y anchura. Thickness es la distancia entre rectángulos. Sync corner fillets activa o desactiva el fillet en el rectángulo interno. Corner radius 1 y 2 es el fillet que se aplica a los rectángulos.

-Channel: hacemos clic izquierdo y desplazamos el cursor para hacer la C exterior. Otro clic izquierdo y colocamos la C interior. Ahora vamos a modify y cambiamos los parámetros que queramos.

Pestaña rendering: igual que con los splines estándar.

Pestaña interpolation: igual que con los splines estándar.

Pestaña parameters: length y width es la altura y anchura. Thickness es la distancia entre las C. Sync corner fillets activa o desactiva el fillet en el C interno. Corner radius 1 y 2 es el fillet que se aplica a las C.

-Angle: hacemos clic izquierdo y desplazamos el cursor para hacer la L exterior. Otro clic izquierdo y colocamos la L interior. Ahora vamos a modify y cambiamos los parámetros que queramos.

Pestaña rendering: igual que con los splines estándar.

Pestaña interpolation: igual que con los splines estándar.

Pestaña parameters: length y width es la altura y anchura. Thickness es la distancia entre las L. Sync corner fillets activa o desactiva el fillet en el L interno. Corner radius 1 y 2 es el fillet que se aplica a las L. Edge radius aplica fillet en algunos vértices de la L.

-Tee: hacemos clic izquierdo y desplazamos el cursor para hacer la T exterior. Otro clic izquierdo y colocamos la T interior. Ahora vamos a modify y cambiamos los parámetros que queramos.

Pestaña rendering: igual que con los splines estándar.

Pestaña interpolation: igual que con los splines estándar.

Pestaña parameters: length y width es la altura y anchura. Thickness es la distancia entre las T. Corner radius es el fillet que se aplica a las T.

-Wide Flange: hacemos clic izquierdo y desplazamos el cursor para hacer la I exterior. Otro clic izquierdo y colocamos la I interior. Ahora vamos a modify y cambiamos los parámetros que queramos.

Pestaña rendering: igual que con los splines estándar.

Pestaña interpolation: igual que con los splines estándar.

Pestaña parameters: length y width es la altura y anchura. Thickness es la distancia entre las I. Corner radius es el fillet que se aplica a las I.

## Copiar y pegar

Una vez que ya hemos visto las primitivas y los splines, creo que es el momento de que veamos una serie de herramientas para copiar y pegar.

En 3DS Max tenemos cuatro formas básicas de copiar y pegar objetos: por clonación, por matrices, mediante spacing tool y por simetría.

*Clonación*

Primero seleccionamos el objeto a clonar y luego pulsamos Ctrl-V para que salga la ventana de abajo.

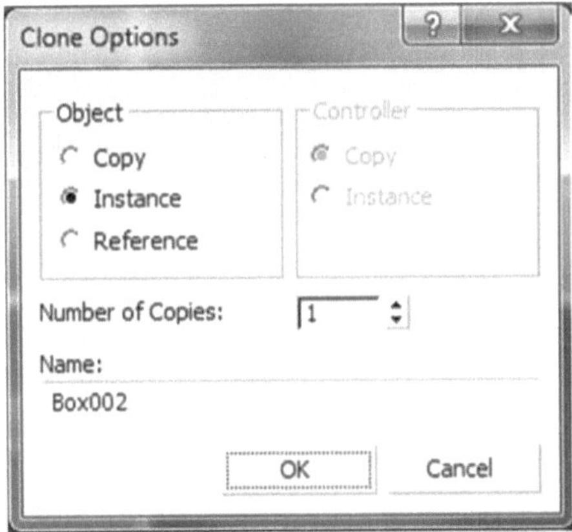

También podemos optar por seleccionar el objeto, pulsar shift sin soltar y arrastrar el objeto a otra parte. Después saldrá la ventanita de opciones de clonación.

Reference hace una copia in situ. Copy realiza copias independientes. Instance hace una copia del objeto, pero si se modifica uno de los objetos copiados, los otros copiados de la misma forma se verán afectados.

En otras palabras, son dependientes.

Si vamos al panel de comandos, en modify, comprobaremos que el nombre se pondrá en negrita, lo que indica que las copias fueron hechas con este método.

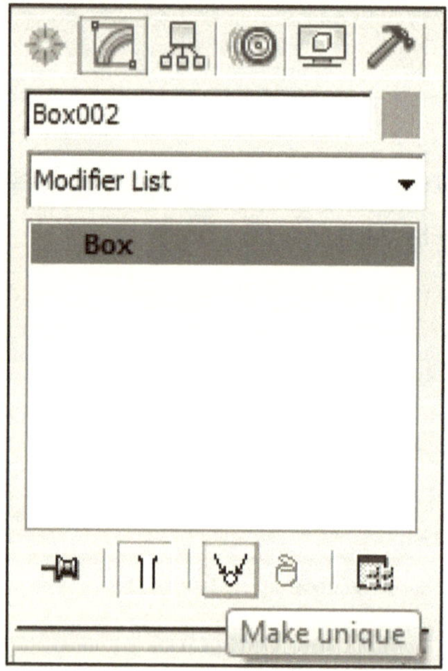

Si quieres que sea único y no dependa de otros, sólo ve al panel de comandos y pincha en el símbolo make unique.

*Matriz*

Nos permite realizar una copia múltiple de objetos con precisión. Para ello, vamos al menú superior: Tools-Array.

Nos saldrá la ventana de abajo.

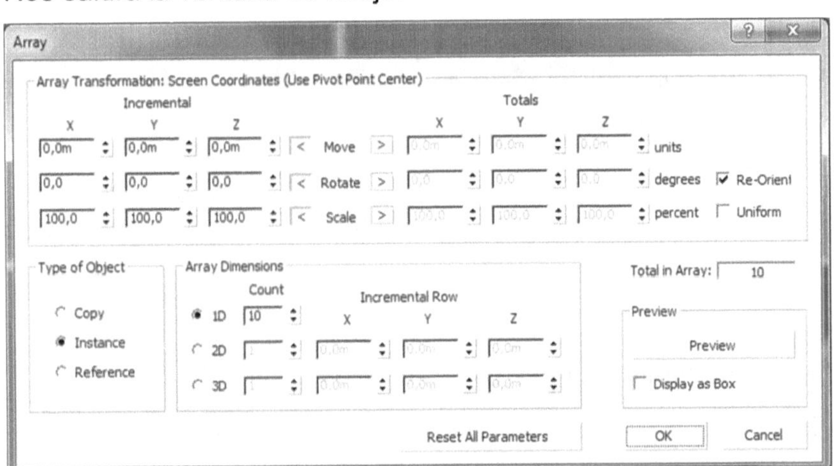

Hay tres tipos de matrices: 1D, 2D y 3D. 1D se aplica en el eje X. 2D en los ejes X, Y. 3D se aplica los tres ejes: X, Y, Z.

Se pueden aplicar las transformaciones que ya vimos. Antes de hacer cualquier tipo de operación hay que pinchar en preview para ver el resultado en pantalla.

Incremental me permite elegir un único eje para dar valores de desfase entre elementos (move, rotate, scale). Totals es el espacio entre pivote y pivote. Type of object sirve por si queremos copia, instancia o referencia. Count indica las veces que se copiará el objeto. Por defecto vienen 10 elementos de matriz, con desfase 0 y en modo normal incremental.

*Podemos jugar con la distancia de los objetos.*

Por ejemplo, se le puede dar a X un valor de 2500 para que esos diez objetos se repartan entre una distancia total de 2500. De este modo, la distancia incremental se ajustará al valor resultante del espacio que dejan los diez objetos al repartirse equidistantemente entre esos 2500.

Lo del anterior párrafo se aplica igualmente con rotate y escale (re-orient y uniform).

Si estás rotando objetos y la última rotación no se realiza debidamente, debes sumar el total de los grados que vas a rotar más la coordenada que tengas.

*Espaciado (spacing tool)*

Con shift-I copiamos un objeto a través de una trayectoria con medidas precisas. Ideal para copiar objetos sobre una línea curva, por ejemplo.

También se puede acceder en Tools-Align-Spacing tool.

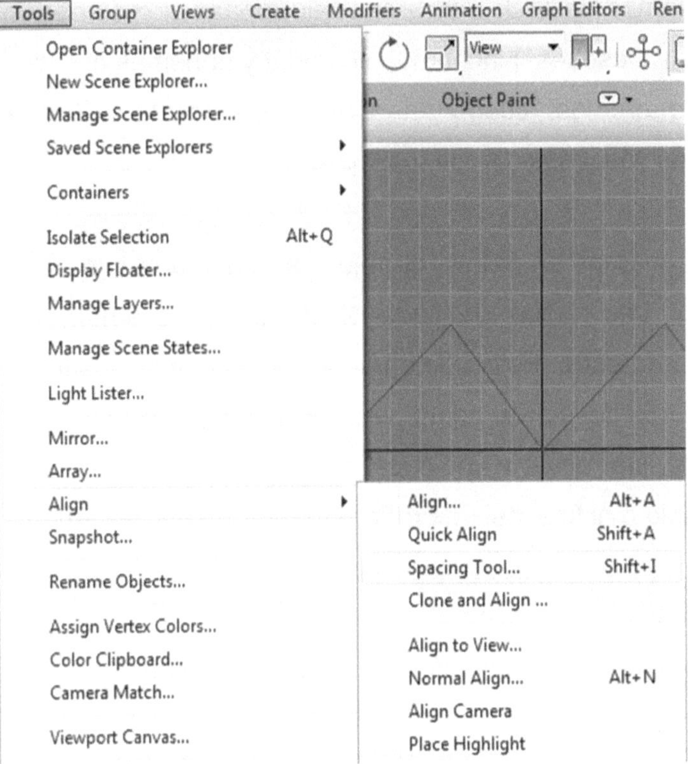

Primero creamos el recorrido usando un spline (recta, arco, elipse...). Pulsamos shift-I y emergerá una ventanita.

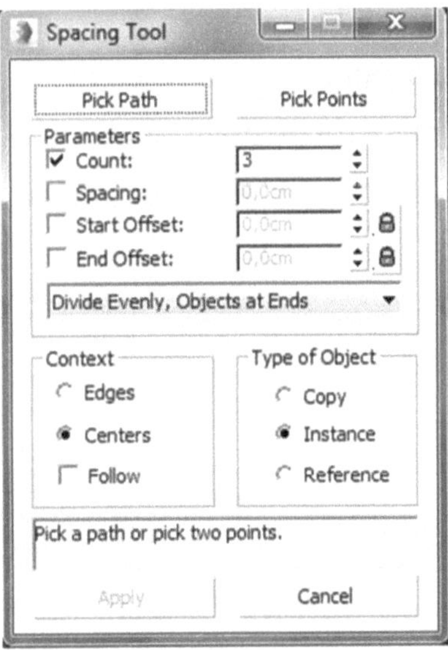

Pinchamos en Pick Path para seleccionar el recorrido (nuestro spline). Después, pinchamos en count y ponemos el n° de copias que queremos. Luego en spacing defines la distancia entre objetos. Después damos a aceptar.

Si pinchamos en follow, el objeto se orienta según el recorrido (path). Las copias de cada objeto en el recorrido parten de centro a centro. Esto último puede cambiarse si pulsamos edges (recuerda desactivar count para que no haya errores).

Aparte, star offset y end offset modifican el desfase del objeto al principio o al final del recorrido.

*Simetría*

Junto al botón align encontrarás el botón de simetría (mirror).

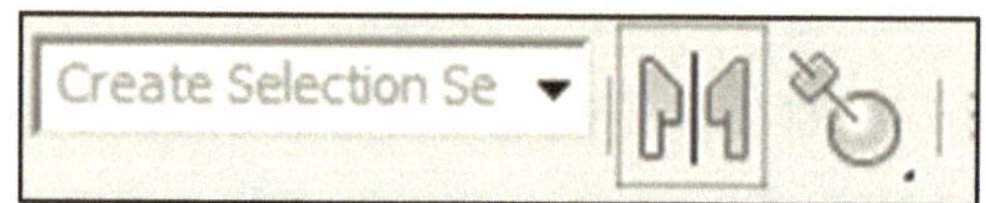


Selecciona el objeto y pulsa sobre el icono.

Offset te permite meter el desfase al objeto que saldrá copiado, de esta forma no sale encima del propio objeto.

## Alinear, snap y pivote de un objeto

*Alinear*

Hay tres formas de alinear objetos.

-Alineación básica: para alinear pulsaremos Alt-A, o yendo a Tools-Aling, o pulsando el icono correspondiente. Esta herramienta aliena usando como referencia la bounding box, no el objeto en sí.

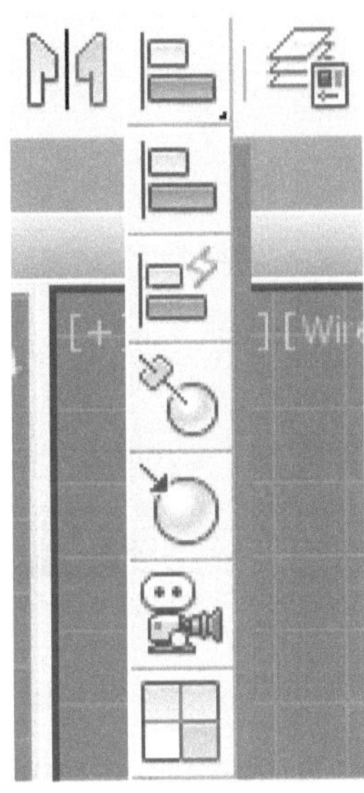

Desactivamos todos los ejes que vengan por defecto donde se harán las alineaciones para situarnos y no liarnos. Para ello hay que activar el axis constraints.

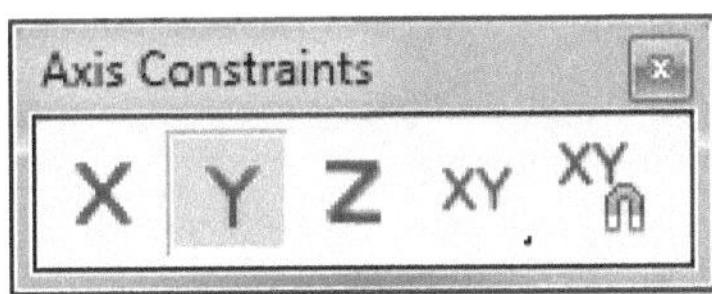


A partir de ahí seleccionamos el objeto y alineamos respecto al objeto que queramos jugando con los parámetros que aparecen en la ventanita.

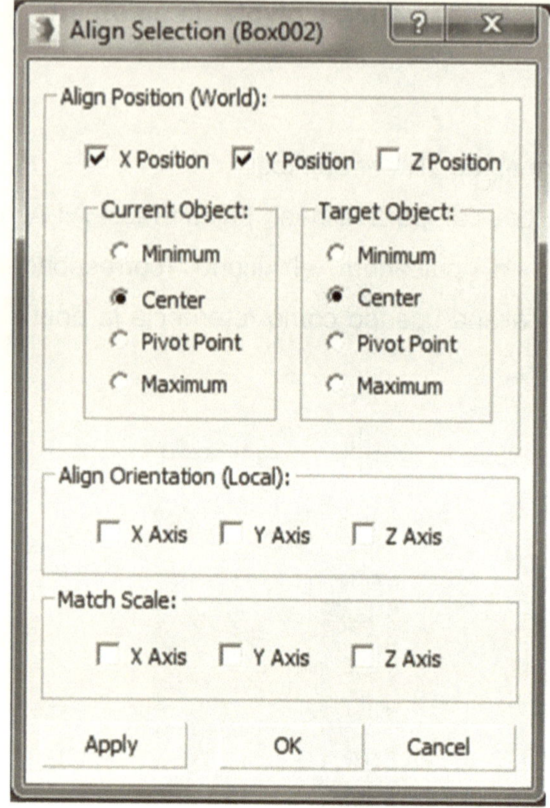

Minimun alinea al punto más lejano respecto al eje de coordenadas. Maximum alinea en el punto más lejano respecto al eje de coordenadas.

Center alinea el centro del objeto. Pivot point alinea el objeto desde el pivote del objeto.

*Snap*

Esta herramienta nos permite controlar las transformaciones con mayor precisión.

Para activarlo hay que pulsar la tecla S, o pulsar el icono correspondiente.

Hay varios tipos de snap. El 2D es apropiado para traer planos de AutoCAD. El 2.5 recoge el snap en 3D y 2D (muy útil y el recomendado a usar). El 3D sirve para trabajar con objetos en 3D. Para escoger cada tipo de snap debes mantener el botón derecho del ratón pulsado sobre el icono. También podemos activar el snap para ángulos. Haz clic derecho sobre el icono para desplegar la ventana emergente.

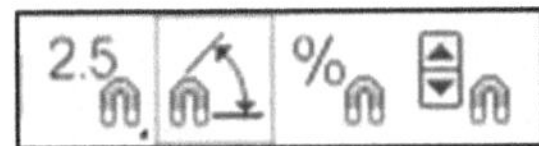

En Tools-Grid and snaps-grid and snaps settings se puede modificar varios parámetros del snap. En la pestaña options se puede cambiar el ángulo de giro.

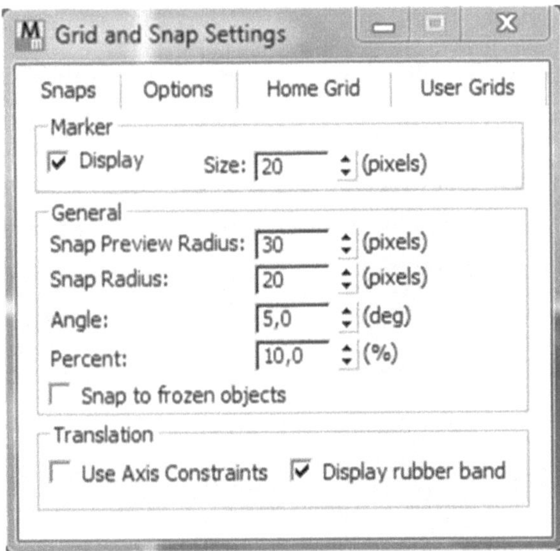

Si pulsamos el el botón derecho del ratón sobre un sitio de la barra de herramientas superior que esté vacía podemos escoger la ventana de snaps.

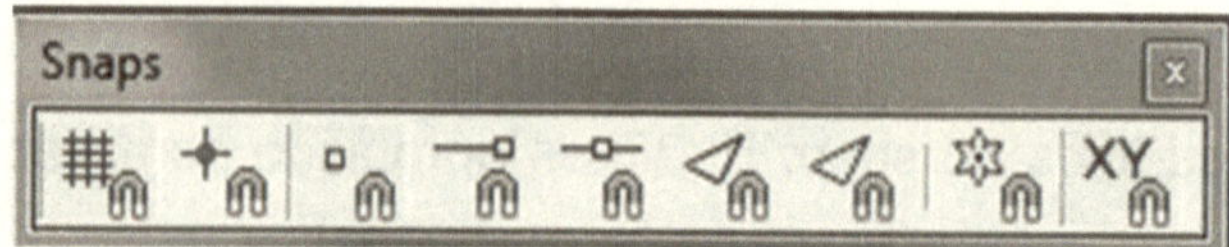

El snap puede ser restringido según los ejes (axis constraints, que ya mencioné un poco más arriba).

F5 restringe al eje X cualquier movimiento.

F6 lo hace con el eje Y, y F7 con el eje Z.

Para ver si cada una de estas restricciones está activada pulsa con el botón derecho del ratón sobre un sitio de la barra de herramientas superior que esté vacía y escoge Axis constraints.

Por último, Alt-D hace que el snap aplique restricciones a los ejes sin tener que pulsar los iconos correspondientes.

*Pivote de un objeto*

Cuando realizamos una transformación, lo que, rota, mueve, escala es el pivote, no el objeto.

Para romper la vinculación del pivote con su objeto nos vamos al panel de comandos, pinchamos en jerarquía, y pinchamos en affect pivot only.

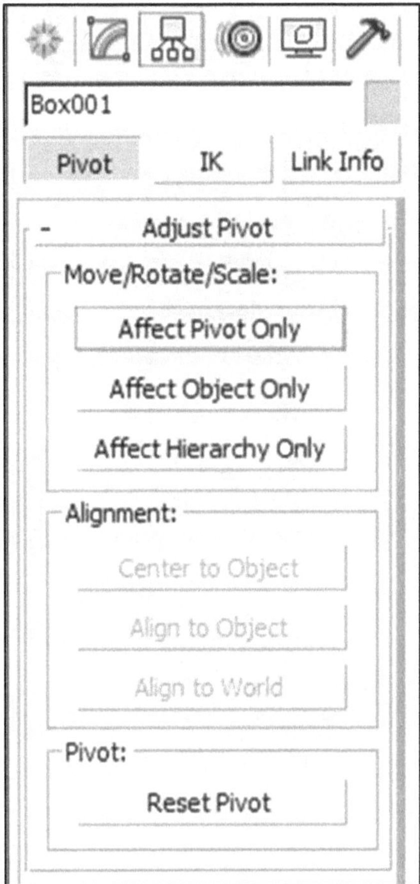

Ahora, para mover el pivote debemos tener activado el snap y desactivamos el snap uses constraints toogle (Alt-D).

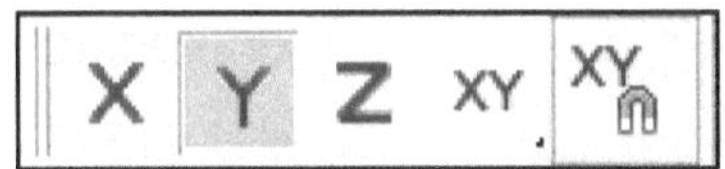

Si pinchamos en reset pivot vuelve el pivote a su posición original.

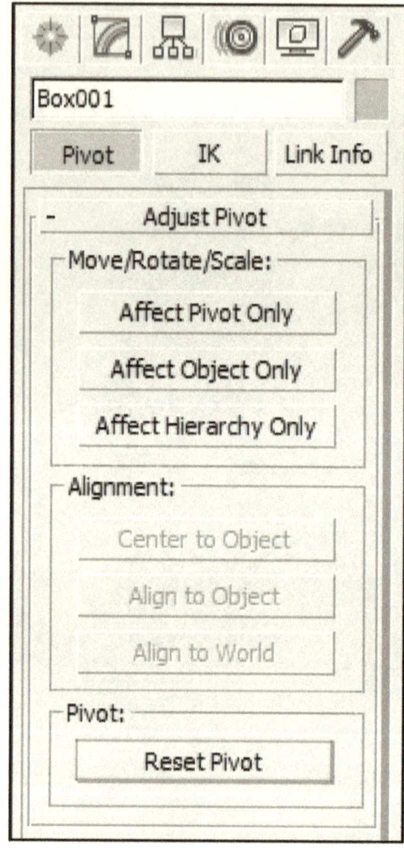

Pero podemos decirle que existe una nueva posición de pivote original.

Así cuando le demos a reset pivot, en vez de volver a la posición del principio de los tiempos vuelve al definido por nosotros.

Para ello, ponemos el pivote en su nueva posición y vamos al panel de comandos: utilities-ResetXform-Reset selected.

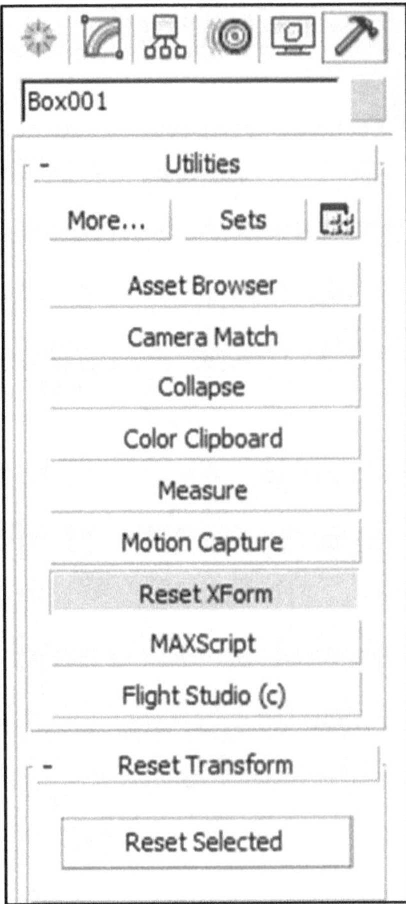

También es ideal para los splines cuando no nos deja mover los vértices.

## Congelar, ocultar y aislar un objeto

Cuando tenemos demasiados objetos en la escena y queremos trabajar en uno en concreto sin que nos molesten otros, podemos optar por congelar el objeto, ocultarlo o aislarlo.

*Congelar objeto*

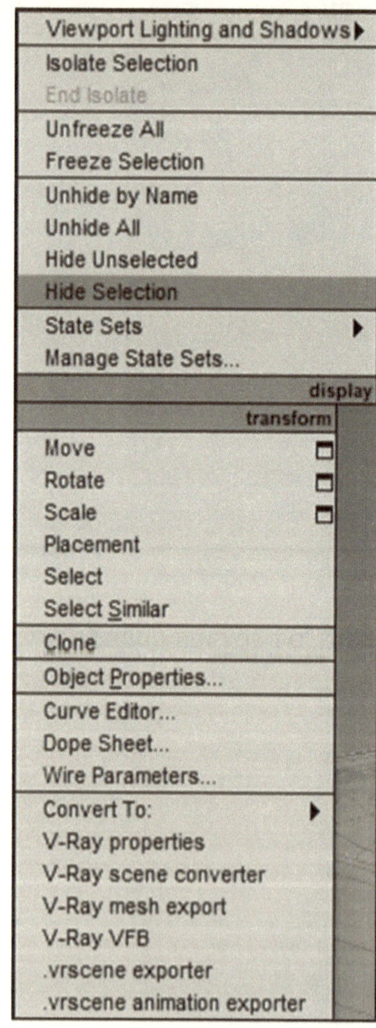

Seleccionamos el objeto, pulsamos el botón derecho del ratón y saldrá la ventana de abajo.

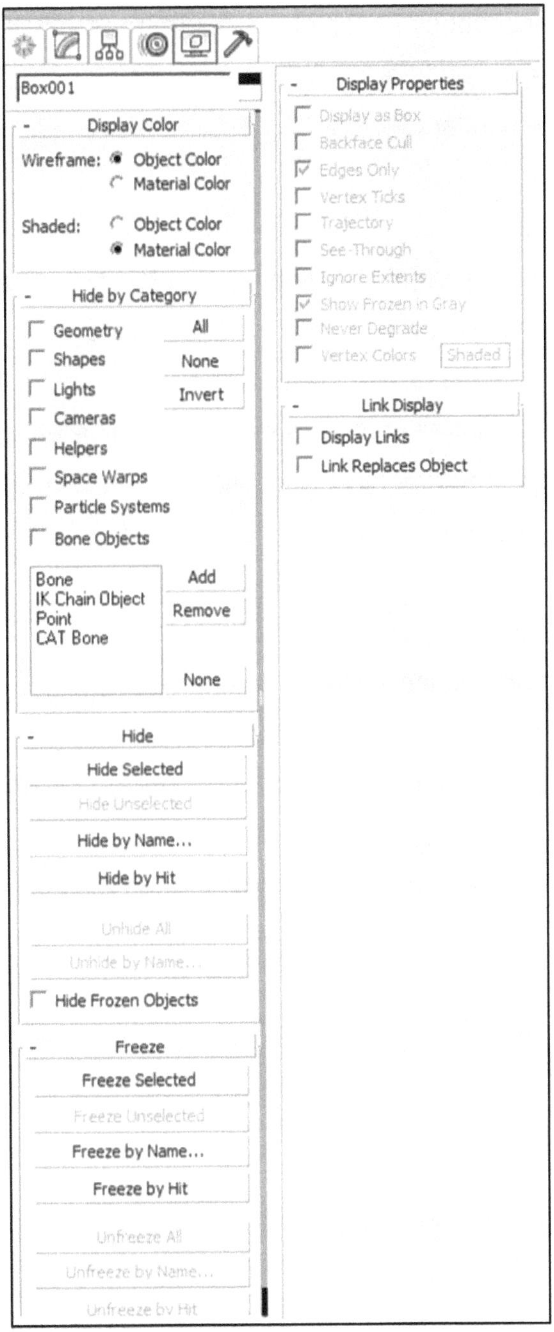

Seleccionamos freeze selection. Esto hará que el objeto se vuelva gris, indicando que no se puede seleccionar ni modificar. Si quieres descongelar el objeto, pulsa unfreeze all.

Si vamos a display encontraremos la opción de congelar, e incluso la de ocultar objetos.

### Ocultar objeto

Seleccionamos el objeto, pulsamos el botón derecho del ratón y saldrá la ventana. Escoge hide selection para ocultar el objeto. Esto hace que desaparezca del visor, pero no se elimina el objeto. Para mostrar un objeto de nuevo pulsa en unhide all, o unhide objects para mostrar sólo los objetos que queramos. Hide unselected oculta los objetos no seleccionados.

### Isolate (aislar objeto)

La herramienta isolate aísla un objeto y oculta el resto, de esta forma podremos editar los objetos rápidamente y sin necesidad de recurrir a hide selection. El atajo de teclado es Alt-Q. Cuando se termine de trabajar se da al botón exit isolation mode, o pulsamos el botón derecho del ratón y seleccionamos la opción.

## Modelado

*Editable mesh*

En 3D Studio Max hay diversas formas de trabajar con la geometría.

Editable mesh es una de ellas, aunque ha caído en desuso debido a que triangula la geometría.

De todas formas, quiero que la veáis porque algunos modelos 3D están credos usando esta herramienta, aunque adelanto no será el método de trabajo habitual.

Para convertir un objeto a editable mesh, primero lo seleccionamos y después hacemos clic derecho-convert to-editable mesh.

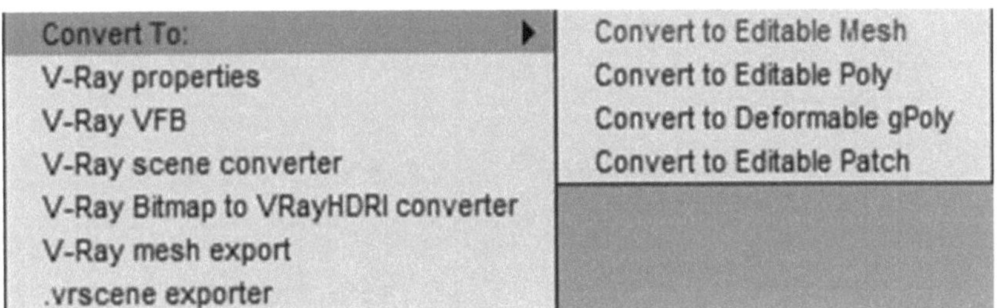


Una vez hecho, a la derecha de la pantalla nos saldrá el siguiente cuadro de diálogo:

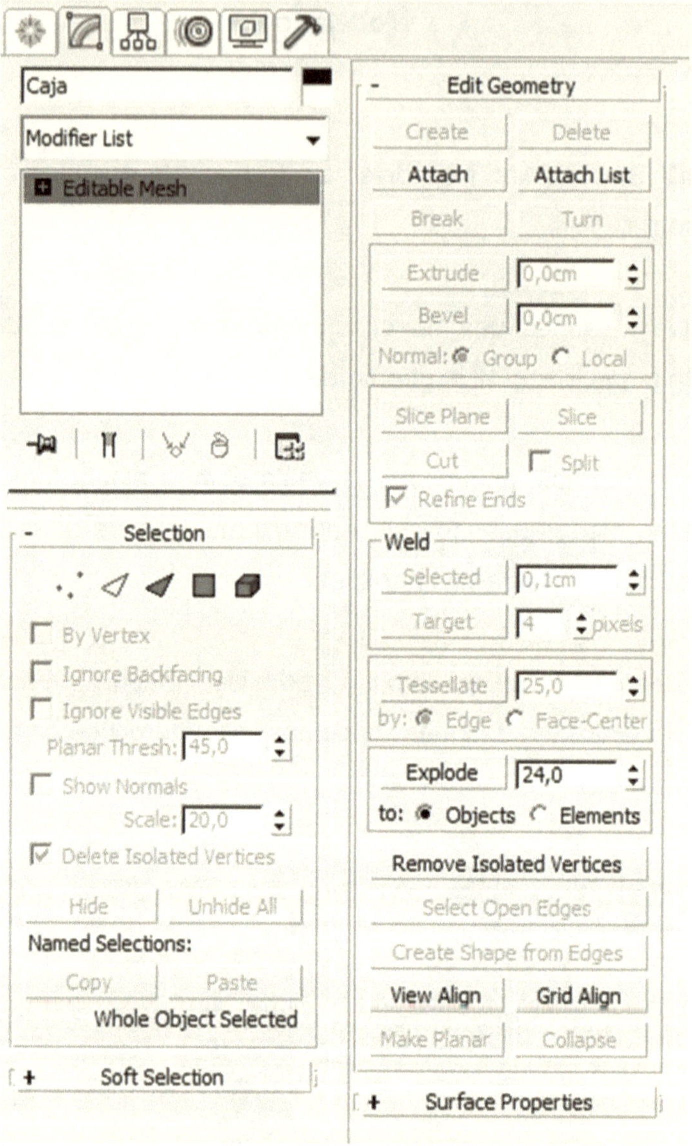

-Pestaña selection: podemos seleccionar los vértices, aristas, bordes, caras y polígonos. Pulsa del 1 al 5 (no del teclado numérico) para seleccionar la herramienta. A diferencia del editable spline, que podemos seleccionar y deseleccionar la herramienta pulsando reiteradamente el número correspondiente, con editable mesh no ocurre, de modo que tendremos que desactivar manualmente la herramienta. Justo abajo tenemos tres opciones de selección: by vertex, ignore back facing y by angle. Dependiendo de la herramienta seleccionada se podrá elegir unas opciones u otras. La más interesante es la de ignore backfacing, ya que impide al programa seleccionar por accidente caras que no vemos.

-Pestaña soft selection: soft selection es una herramienta que nos permite una selección más controlada.

Esto sólo funcionará correctamente en centímetros, así que evita usar metros.

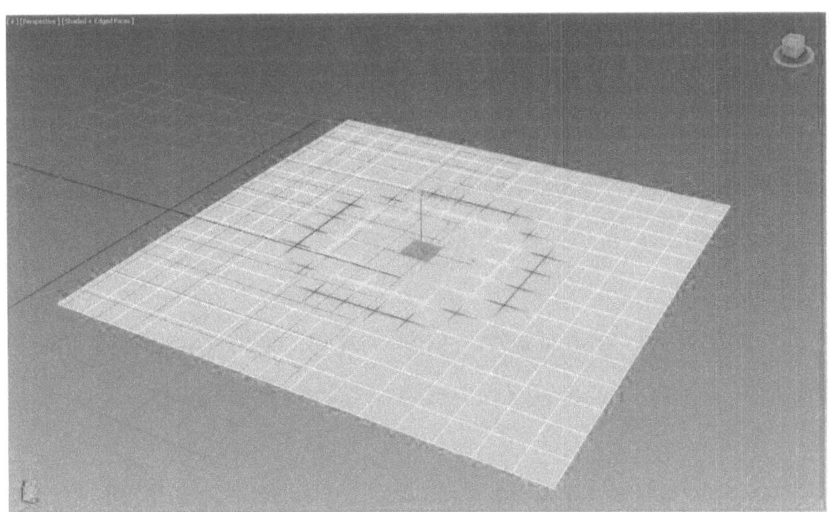

Falloff modifica el tamaño de la selección.

Pinch y Bubble añade más o menos suavidad a la selección.

En paint soft selection, paint y blur activa un pincel para extender la selección a nuestro antojo, mientras que revert borra la selección.

El resto de las opciones influyen en el tamaño del pincel con el que realizamos las selecciones libres.

*Modificador edit mesh*

Edit mesh es un modificador que imita las funciones de editable mesh, pero permitiendo volver a la geometría original.

Algunas personas prefieren usar edit mesh antes que el editable mesh precisamente por eso.

Si están conformes con el resultado, solo tienen que transformarlo en editable mesh.

El inconveniente de este modificador es que no se puede animar los subobjetos.

Para poner el modificador vamos a Modify, desplegamos la pestaña de modificadores y seleccionamos edit mesh.

Como puedes ver tiene las mismas funciones que editable mesh, salvo la pestaña surface properties, que no está.

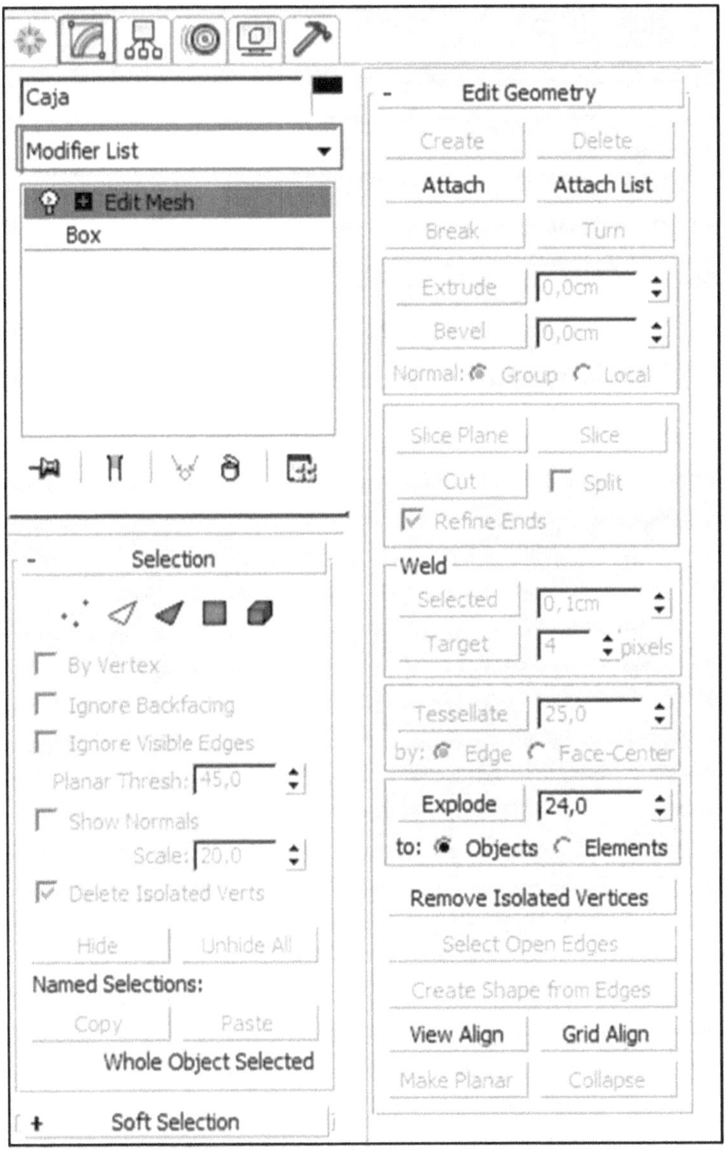

*Editable poly*

Después de ver los modificadores es hora de aprender una herramienta que usaremos con frecuencia.

Editable poly permite que un objeto sea deformable.

A diferencia de editable mesh, editable poly no tirangula las caras, ya que usa polígonos de más de tres caras. Puesto que evita las aristas invisibles y el triangulado excesivo, editable mesh ha ido cayendo en desuso.

Podemos aplicar estas herramientas en superficies NURBS, mayas editables, splines y primitivas.

Para transformar un objeto a malla poligonal editable seleccionamos el objeto, hacemos clic derecho con el ratón y vamos a Convert to-convert to editable poly.

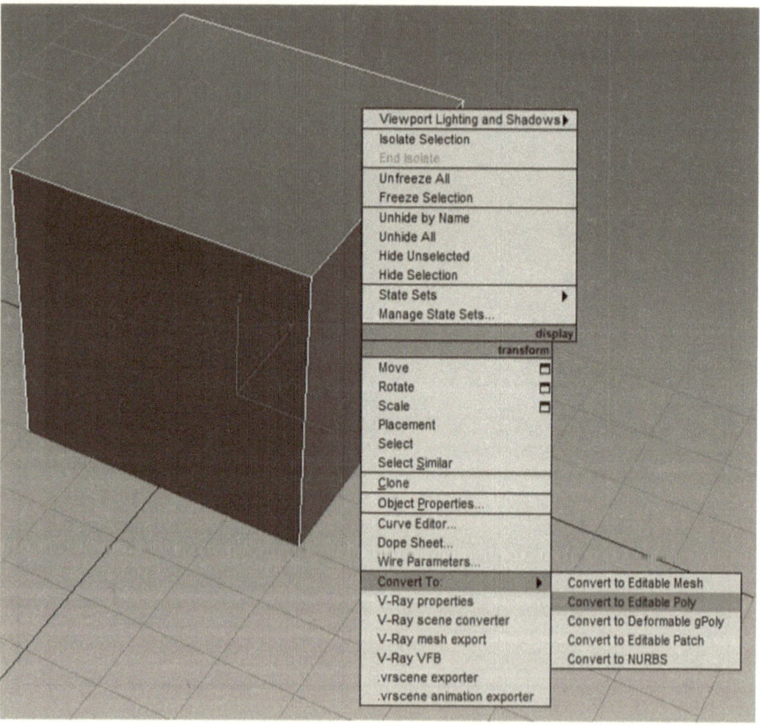

A continuación, exploraremos las herramientas que emplearemos con frecuencia. Una vez hecho nos saldrá las siguientes opciones a la derecha de la pantalla. Veremos únicamente las que nos interesan para modelar.

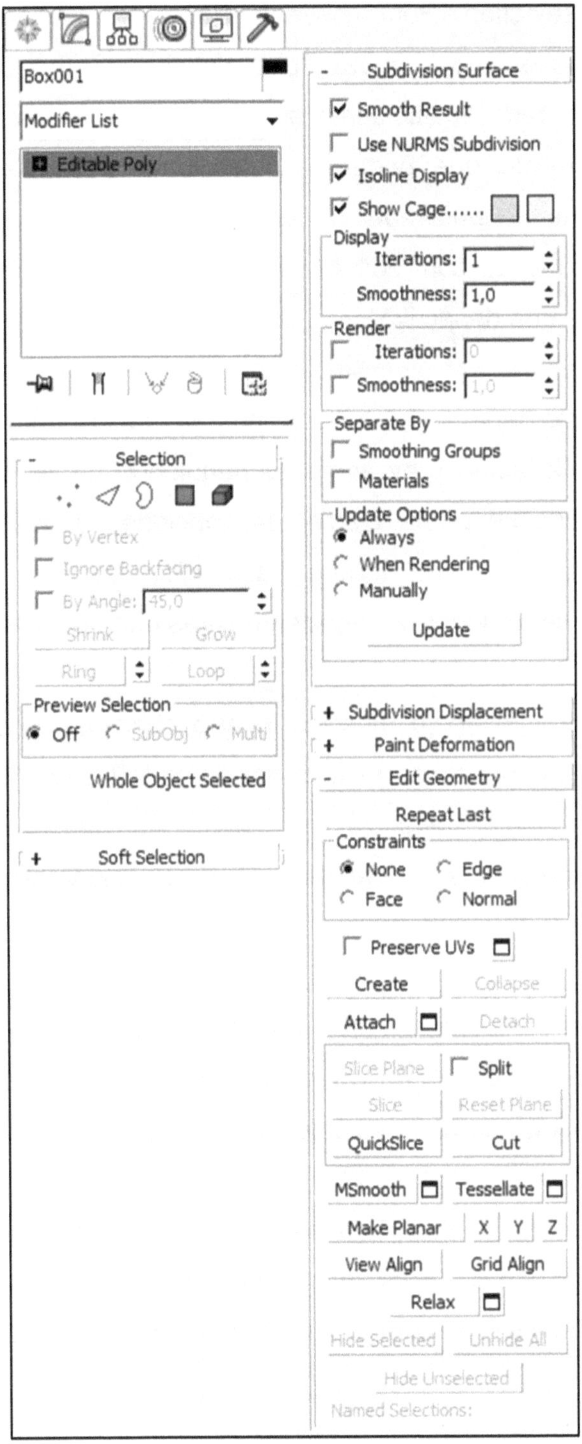

Pestaña selection. Podemos seleccionar los vértices, aristas, bordes, caras y polígonos. Pulsa del 1 al 5 (no del teclado numérico) para seleccionar la herramienta. A diferencia del editable spline, que podemos seleccionar y deseleccionar la herramienta pulsando reiteradamente el número correspondiente, con editable poly no ocurre, de modo que tendremos que desactivar manualmente la herramienta.

Justo abajo tenemos tres opciones de selección: by vertex, ignore back facing y by angle. Dependiendo de la herramienta seleccionada se podrá elegir unas opciones u otras. La más interesante es la de ignore backfacing, ya que impide al programa seleccionar por accidente caras que no vemos.

Inmediatamente abajo tenemos cuatro opciones: shrink, grow, ring y loop. Grow expande la selección en todas las direcciones. Shrink encoje la selección en todas las direcciones. Loop selecciona elementos en el eje X. Ring selecciona elementos en el eje Y.

Preview selection nos marca en amarillo cuando el cursor se acerca a una cara o a un vértice, de modo que nos indica que el programa seleccionará ese objeto si lo hacemos.

Pestaña soft selection. Soft selection es una herramienta que nos permite una selección más controlada.
Esto sólo funcionará correctamente en centímetros, así que evita usar metros.

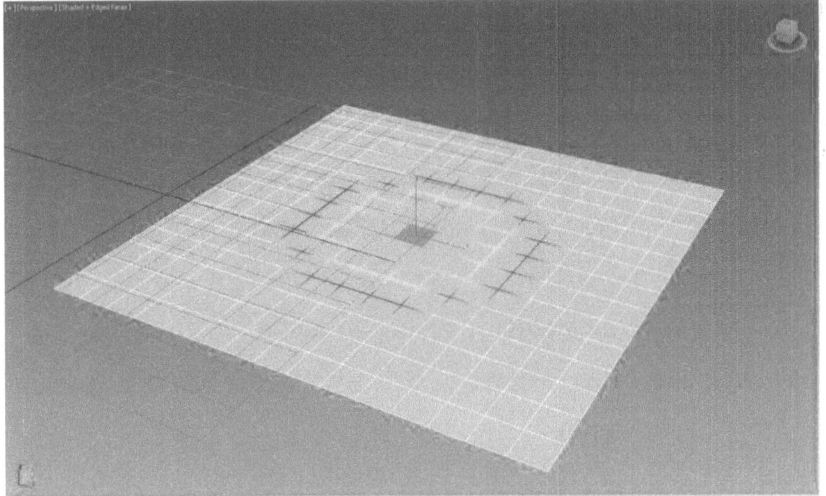

Falloff modifica el tamaño de la selección. Pinch y Bubble añade más o menos suavidad a la selección.

En paint soft selection, paint y blur activa un pincel para extender la selección a nuestro antojo, mientras que revert borra la selección.

El resto de las opciones influyen en el tamaño del pincel con el que realizamos las selecciones libres.

Pestaña edit polygons. Algunas de estas opciones poseen una ventanita al lado del botón. Pulsa siempre esta ventanita para controlar la herramienta con precisión.

Insert vertex coloca vértices nuevos en la geometría. Extrude extruye caras de la geometría.

Outline aumenta o disminuye el tamaño de una cara.

Bevel extruye caras, pero modificando el tamaño de la misma.

Inset nos crea una cara nueva dentro de la misma.

Birdge une caras del mismo objeto.

Pestaña polygon: material ID's. Estas son opciones de texturización que veremos más adelante.

Pestaña Edit geometry. Create crea caras nuevas. Collapse une en un mismo punto las caras adyacentes a la selección.

Atach añade objetos externos a la geometría.
Detach excluye un elemento del objeto y lo convierte en un objeto independiente.

Quickslice realiza un corte completo a la geometría empleando un segmento.

Cut divide la geometría usando un segmento.

*Edit poly*
Edit poly es un modificador que imita las funciones de editable poly, pero permitiendo volver a la geometría original.

Algunas personas prefieren usar el edit poly antes que el editable mesh precisamente por eso.

Si están contentos con el resultado, solo tienen que transformarlo en editable poly.

Para poner el modificador vamos a Modify, desplegamos la pestaña de modificadores y seleccionamos edit poly.

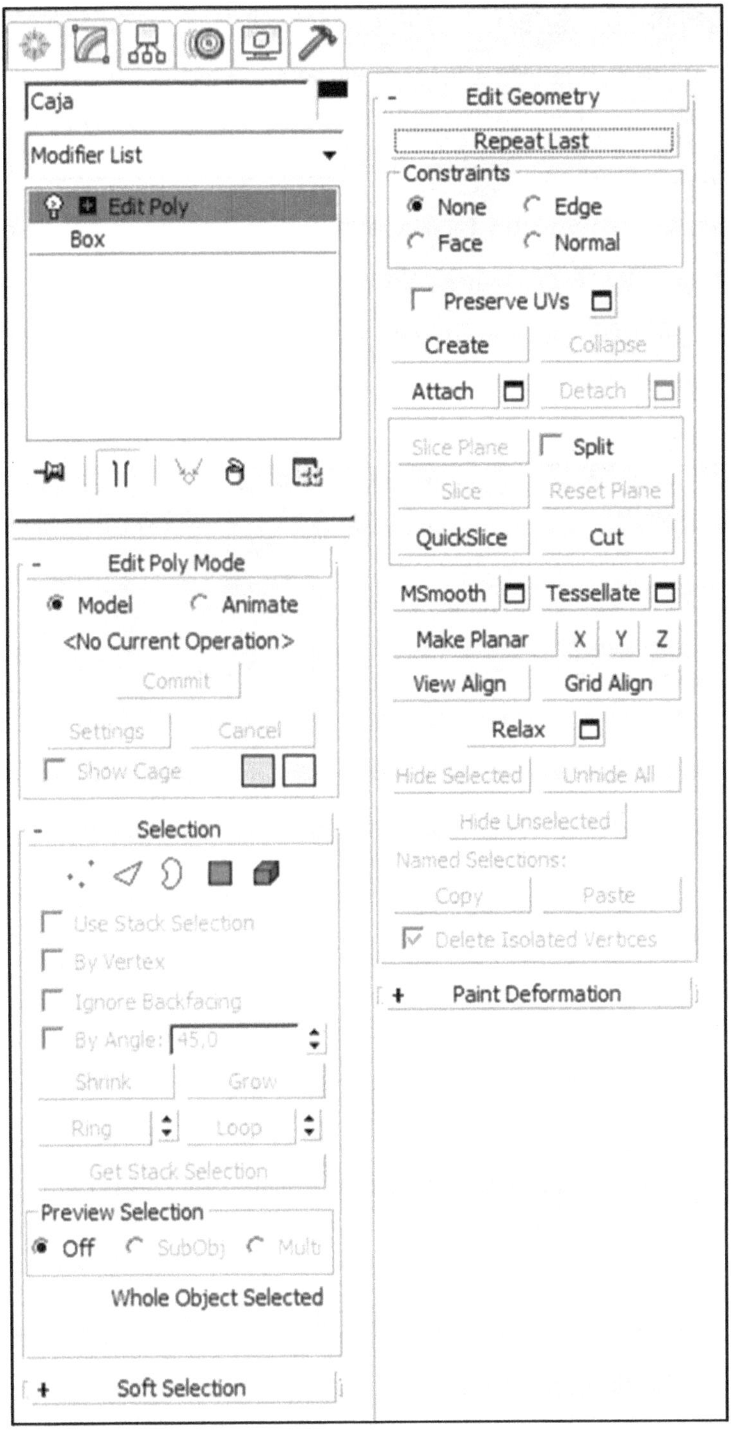

Caja

Modifier List

- Edit Poly
  Box

Edit Poly Mode

- Model        Animate
  <No Current Operation>
      Commit
  Settings        Cancel
  Show Cage

Selection

Use Stack Selection
By Vertex
Ignore Backfacing
By Angle: 45,0
Shrink        Grow
Ring        Loop
Get Stack Selection

Preview Selection
Off    SubObj    Multi

Whole Object Selected

+    Soft Selection

- Edit Geometry

Repeat Last

Constraints
None        Edge
Face        Normal

Preserve UVs

Create        Collapse
Attach        Detach

Slice Plane        Split
Slice        Reset Plane
QuickSlice        Cut

MSmooth        Tessellate
Make Planar        X    Y    Z
View Align        Grid Align
Relax
Hide Selected        Unhide All
Hide Unselected
Named Selections:
Copy        Paste
Delete Isolated Vertices

+    Paint Deformation

Como puedes ver tiene las mismas funciones que editable poly, salvo la pestaña surface properties, que no está.

*Editable spline*

Esta herramienta nos facilita editar los splines y nos permitirá crear geometría de forma más sencilla. Para convertir un spline en editable spline pulsamos el botón derecho del ratón y vamos a convert to-convert to editable spline.

| Convert To: ▶ | Convert to Editable Spline |
|---|---|
| V-Ray properties | Convert to Editable Mesh |
| V-Ray VFB | Convert to Editable Poly |
| V-Ray scene converter | Convert to Deformable gPoly |
| V-Ray Bitmap to VRayHDRI converter | Convert to Editable Patch |
| V-Ray mesh export | Convert to NURBS |
| .vrscene exporter | |

Para objetos como rectángulos, pero sin parámetros, usaremos esta herramienta. Así podremos editar los puntos, segmentos, etcétera.

Pestaña rendering. Enable in renderer hace que el objeto se renderice en 3D cuando tiremos un render.

Enable in viewport permite ver el objeto en 3D desde el visor.

Radial y Rectangular hacen que la geometría sea rectangular o con forma cilíndrica.

Cada opción tiene parámetros que modifican el grosor, las caras y el ángulo de la geometría.

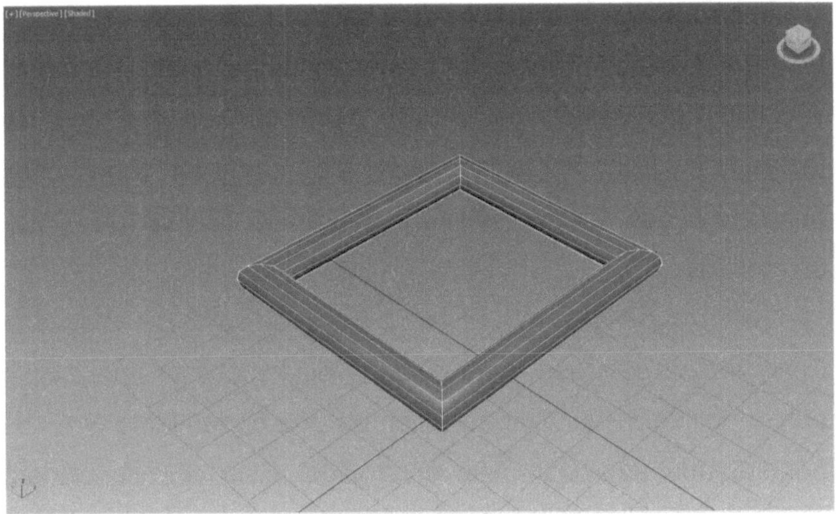

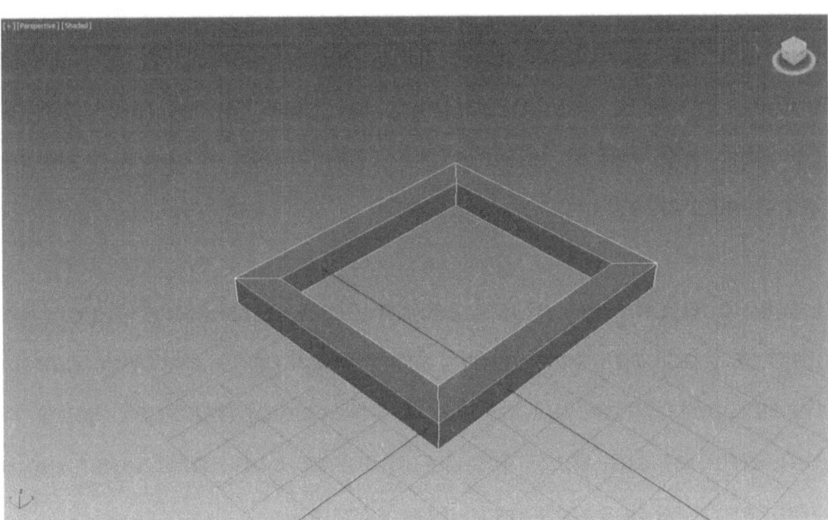

Auto Smooth suaviza la geometría como si se tratase del modificador smooth (con threshold modificamos la cantidad de suavizado).

Pestaña interpolation. Aquí añadimos caras a la geometría del spline para suavizar la geometría y hacerla más 'redondeada'.

Pestaña selection. Tenemos tres herramientas: punto, segmento y spline. Las seleccionaremos y deseleccionaremos con las teclas 1, 2 y 3 (no del teclado numérico). La opción show vertex numbers puede ser interesante si queremos localizar un vértice en concreto.

Pestaña soft selection. Esta pestaña está presente en editable poly y editble mesh. Soft selection es una herramienta que nos permite una selección más controlada. Esto sólo funcionará correctamente en centímetros, así que evita usar metros. Falloff modifica el tamaño de la selección. Pinch y Bubble añade más o menos suavidad a la selección. En paint soft selection, paint y blur activan un pincel para extender la selección a nuestro antojo, mientras que revert borra la selección. El resto de las opciones influyen en el tamaño del pincel con el que realizamos las selecciones libres.

Pestaña geometry. Atach asocia objetos (seleccionamos los objetos y pulsamos en atach). Atach multi por el contrario asocia objetos por nombre en caso de que tengamos muchos objetos. Brake rompe subelementos de un spline. Si hacemos eso sobre vértices, crea dos vértices independientes.

En caso de querer conectarlos pincho en connect, luego selecciono el primer vértice, arrastro sin soltar y lo llevo al segundo vértice.

Weld es para unir unir o soldar vértices situados en un mismo punto del eje de coordenadas. A su lado tenemos la cajita que indica el rango de distancia a la cual se puede soldar.

Fillet redondea los vértices. Si queremos más precisión, a la derecha del botón de fillet tenemos una cajita donde podemos introducir el radio de curvatura. Primero introducimos el valor y luego pulsamos el botón.

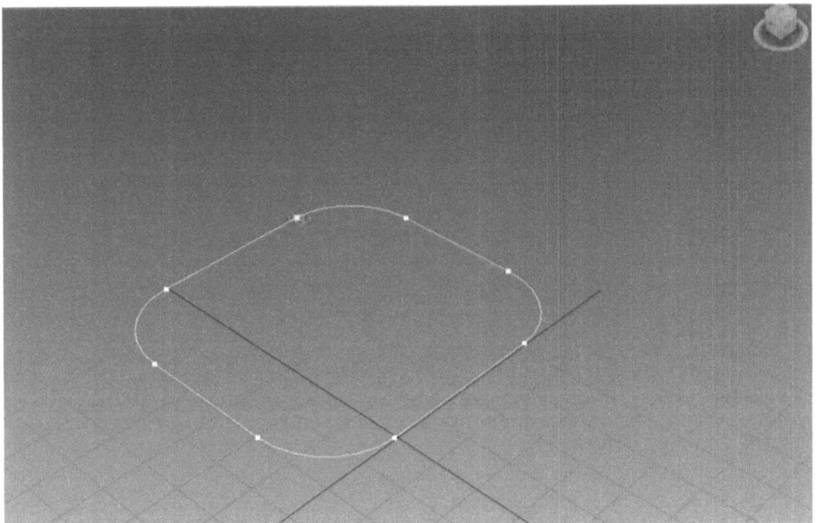

Chamfler (chaflán) hace rectas los vértices. Con los vértices seleccionados ponemos el radio de curvatura en la cajita a la derecha de chamfler.

Divide parte o divide los segmentos. A la derecha puedes especificar las divisiones que quieras. Detach disocia un segmento. Seleccionamos los segmentos a disociar o separar, le ponemos nombre (ventana emergente) y damos a ok. Con esto sacamos una pieza de otra. Si damos en copy antes de hacer nada hará una copia. Viene bien cuando se extrusiona (extrude).

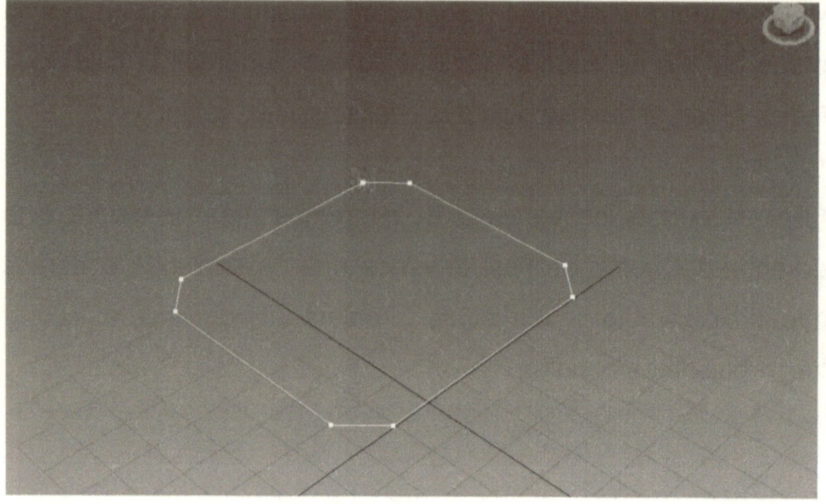

Outline crea un desfase de la línea como en AutoCAD (usa el subobjeto 3, porque con el 2 la herramienta no se activa).

Selecciona el spline y varía el ancho del contorno. Si hay intersecciones usa trim.

*Modificador extrude*

El modificador extrude (extruir) da volumen a gran parte de los splines.

Por ejemplo, un cuadrado hecho con el spline rectángulo se convertirá en el marco de un cuadro, por ejemplo.

Pestaña parameters: Amount es la altura de la extrusión. Segments inserta segmentos horizontales.

Capping quita la geometría superior o inferior dejando la figura abierta.

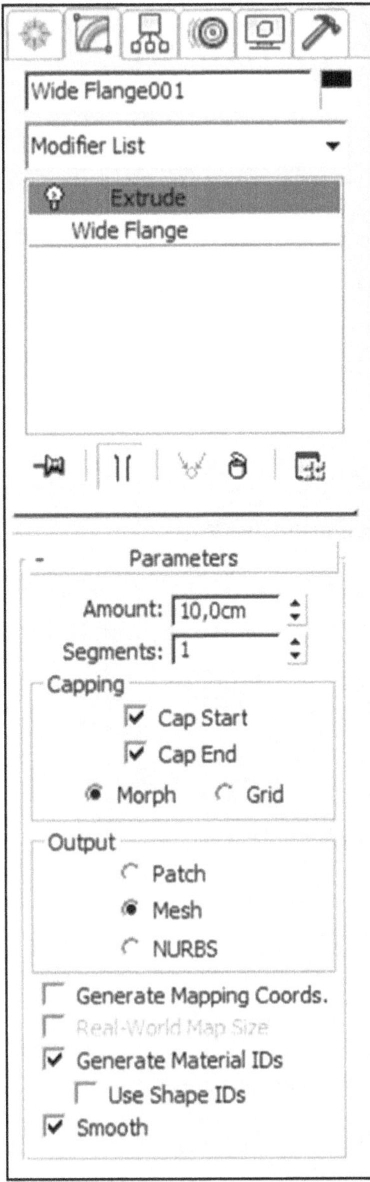

Output se relaciona con el tipo de geometría que se usa. Patch nos quita las caras superior e inferior, de modo que sólo quedan las laterales. Mesh viene por defecto y realiza la extrusión por completo. NURBS triangula las caras laterales y retira las caras superior e inferior.

Generate mapping coords, real-world map size, generate material IDs y use shape IDs son características de texturización que veremos más adelante.
Smooth suaviza la geometría.

*Modificador bevel*
Bevel (biselar) define el tamaño del polígono resultante final.
Es parecido al modificador extrude.

Hay que aplicarlo sobre splines, porque sobre un objeto primitivo no aparece la opción.

Pestaña parameters: Capping quita la geometría superior o inferior dejando la figura abierta.

Surface hace que los segmentos horizontales sean lineares o curvos.

Segments añade segmentos horizontales.
Smooth across levels suaviza la geometría.

Generate mapping coords y real-world map size son características de texturización que veremos más adelante.

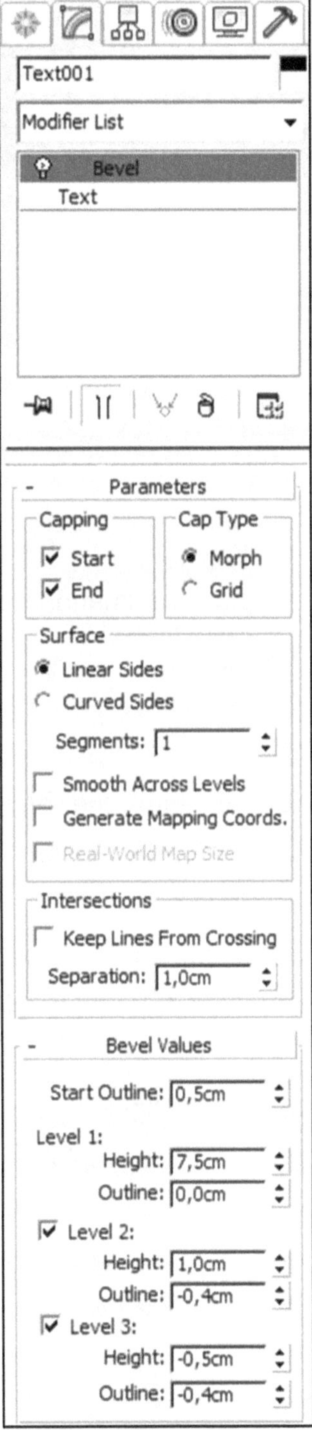

Text001
Modifier List
Bevel
Text

- Parameters
Capping
Start
End
Cap Type
Morph
Grid
Surface
Linear Sides
Curved Sides
Segments: 1
Smooth Across Levels
Generate Mapping Coords.
Real-World Map Size
Intersections
Keep Lines From Crossing
Separation: 1,0cm
- Bevel Values
Start Outline: 0,5cm
Level 1:
Height: 7,5cm
Outline: 0,0cm
Level 2:
Height: 1,0cm
Outline: -0,4cm
Level 3:
Height: -0,5cm
Outline: -0,4cm

Pestaña bevel values: aquí ponemos las alturas del biselado. Tenemos hasta tres niveles. La imagen superior tiene los tres niveles ya mencionados.

*Modificador bevel profile*

Tiene el mismo funcionamiento que bevel, pero trae varias diferencias.

Extruye un spline (una línea, por ejemplo) empleando valores diferentes de contorno en vez de escalar valores.

Para el ejemplo creamos una línea y luego diseñamos aparte nuestra forma (un perfil en I, por ejemplo).

Sobre el objeto que queremos extruir le metemos el modificador bevel profile.

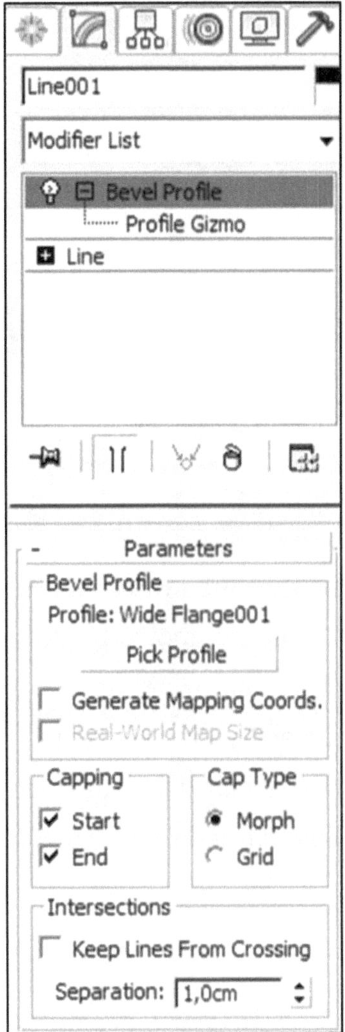

Pinchamos sobre pick profile y escogemos la forma (el perfil en I). Si no nos sale el efecto a la primera, pinchamos sobre el subobjeto guizmo.

Esto nos permite orientarlo sobre el eje correcto para que el efecto salga bien, aparte de poder escalarlo y definir su tamaño.

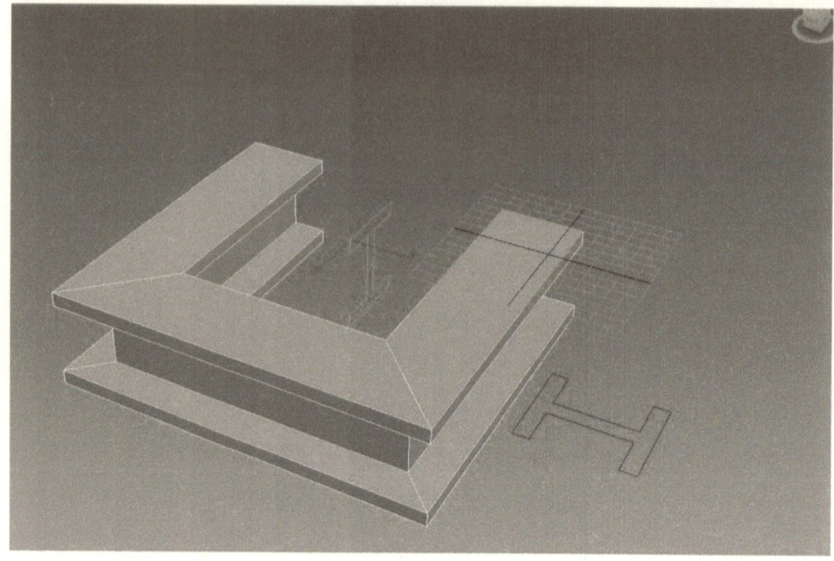

Si queremos perfilar nuestro nuevo objeto lo podemos hacer sobre la forma (añadir puntos, mover puntos, etcétera).

En la pestaña parameters, generate mapping coords y real-world map size son características de texturizado que veremos más adelante. Capping quita la geometría superior o inferior dejando la figura abierta.

*Modificador lathe*

Este modificador crea un objeto tridimensional girando un spline a partir de un eje, como los tornos de los alfareros. El problema principal de este modificador es que la geometría no suele ser tan suave como debiera.

Creamos el spline (por ejemplo, el perfil de una copa) y le asignamos el modificador. Tiene un subobjeto llamado axis que mueve el eje sobre el cual gira. De esta forma podemos modificar la forma en caso de que no salga a la primera.

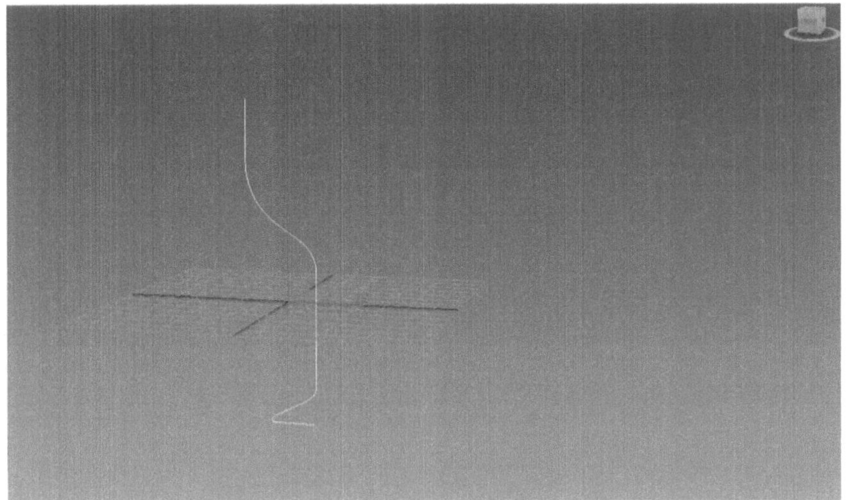

En la pestaña parameters, degrees nos determina el grado de giro (360 se ve la figura entera y por debajo de este número se ve como si se hiciera un corte).

Segments añade segmentos verticales.

Capping quita la geometría superior o inferior dejando la figura abierta.

Direction nos sitúa la dirección de torno de la figura en los ejes X, Y, Z. Align to sitúa el eje en mínimo, centro o máximo.

Generate mapping coords, real-world map size, generate material IDs y use shape IDs son características de texturizado que veremos más adelante. Smooth suaviza la geometría.

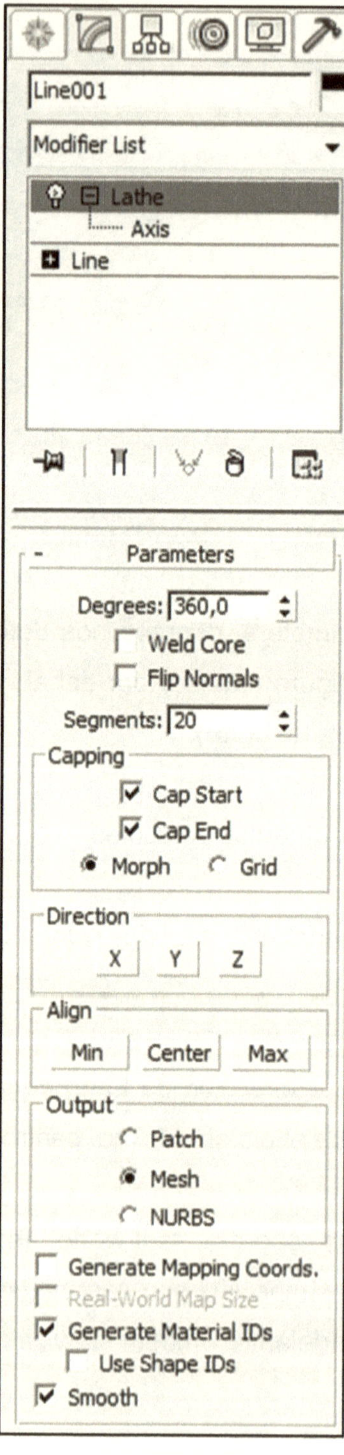
Line001
Modifier List
Lathe
Axis
Line
Parameters
Degrees: 360,0
Weld Core
Flip Normals
Segments: 20
Capping
Cap Start
Cap End
Morph      Grid
Direction
X    Y    Z
Align
Min    Center    Max
Output
Patch
Mesh
NURBS
Generate Mapping Coords.
Real-World Map Size
Generate Material IDs
Use Shape IDs
Smooth

*Modificador shell*

Proporciona grosor a la geometría.

Cogemos el objeto y asignamos el modificador shell (carcasa).

En la pestaña parameters, inner amount y outer amount son valores para añadir grosor a la geometría.

El primero lo hace de dentro a afuera y el segundo de afuera a adentro.

Utilizaremos uno u otro en función de nuestras necesidades.

Segments añade segmentos horizontales.

El resto de las opciones son para texturizar y lo veremos más adelante.

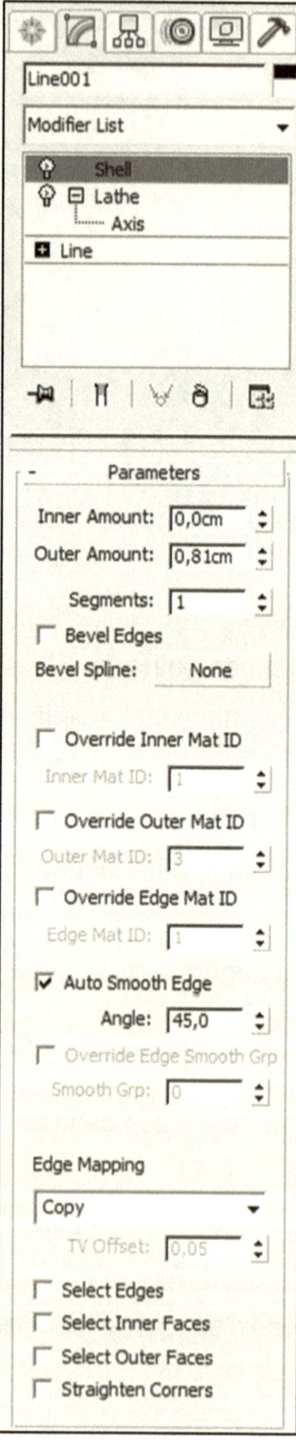

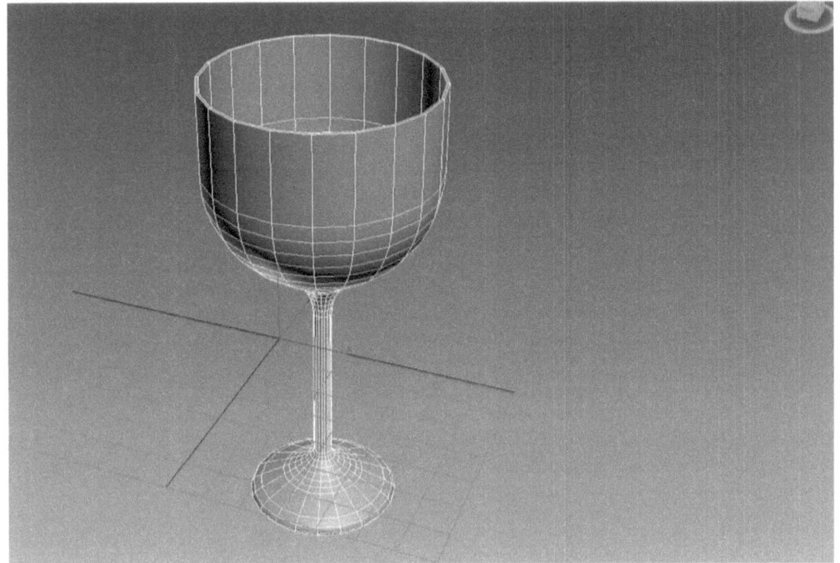

*Compound Objects. Loft*

Loft (solevado) es un compound object que basa su estructura en shapes (splines estandar y extendidas) para formar geometría mediante extrusión empleando un tercer eje.

El solevado consta de dos splines: la forma que tomará la geometría y el camino que sigue.

Sin embargo, esta herramienta es un arma de doble filo, así que hay que aprender a usarla debidamente.

En primer lugar, vamos a localizar la herramienta.
Vamos a create y en la pestaña donde pone standard primitives pinchamos y escogemos compound object.

Dentro vemos loft, pues seleccionamos.

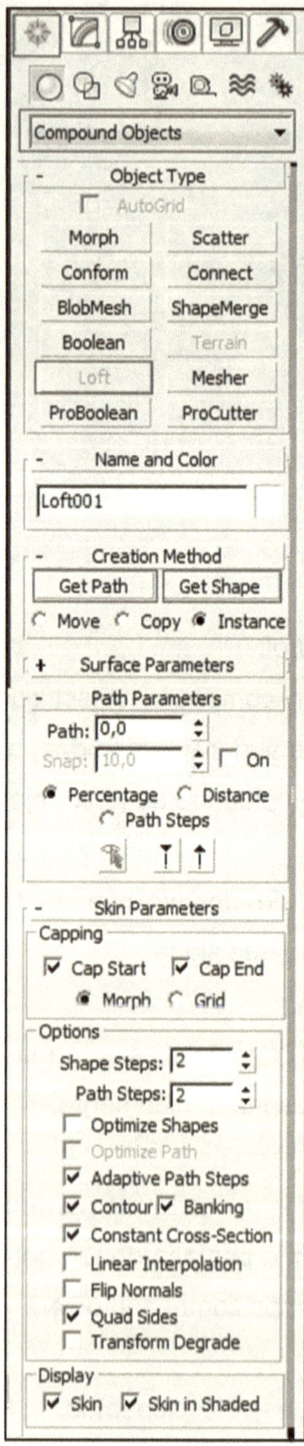
Compound Objects
Object Type
AutoGrid
Morph
Scatter
Conform
Connect
BlobMesh
ShapeMerge
Boolean
Terrain
Loft
Mesher
ProBoolean
ProCutter
Name and Color
Loft001
Creation Method
Get Path
Get Shape
Move
Copy
Instance
Surface Parameters
Path Parameters
Path: 0,0
Snap: 10,0
On
Percentage
Distance
Path Steps
Skin Parameters
Capping
Cap Start
Cap End
Morph
Grid
Options
Shape Steps: 2
Path Steps: 2
Optimize Shapes
Optimize Path
Adaptive Path Steps
Contour
Banking
Constant Cross-Section
Linear Interpolation
Flip Normals
Quad Sides
Transform Degrade
Display
Skin
Skin in Shaded

Con solevado no podemos animar el recorrido y genera un gran número de polígonos, pero podemos convertirlo en superficie NURBS si así lo necesitamos.

Para crear un solevado tenemos dos métodos: mediante get shape y get path.

-Get shape: seleccionamos la forma del recorrido y pinchamos en get shape.

-Get path: seleccionamos la forma y hacemos clic en get path.

Si por algún motivo no puedes crear el solevado es debido a que la forma no es válida o bien tiene alguna clase de error.

Además, puedes cambiar la orientación de la forma o recorrido manteniendo pulsado ctrl y después pinchando en get shape o get path.

En la pestaña skin parameters, banking hace una especie de peraltado. Shape steps controla las subdivisiones de la forma.

Justo debajo tenemos la opción optimize shapes que optimiza los polígonos y quita los sobrantes.

En path steps, quita las repeticiones del solevado.
La opción constant cross-section hace que tenga aspecto de tubo cilíndrico doblado (se estrecha en su doblez).

En la pestaña surface parameters tenemos dos tipos de suavizado: el smooth length y smooth width. Elegiremos uno u otro en función de nuestras necesidades.


*Compound Objects. Boolean*

La boleana es un objeto que aúna dos objetos mediante una operación para generar una geometría. Para seleccionar la herramienta vamos a create-compound objects-boolean.

Esta herramienta no es segura y genera errores. Donde presenta menos problemas es con las formas, así que emplearemos las boleanas única y exclusivamente en splines.

En la pestaña Pick Boolean tenemos las operaciones que podemos realizar. A y B son letras que se aplican a los factores que se implican en las operaciones de la boleana. Union junta los volúmenes de los objetos originales.

Substraction (resta) mantiene el volumen del minuendo, pero no del sustraendo. Intersection mantiene los volúmenes que sean comunes a los objetos originales.

Cuando trabajes con boleanas debes tener presente algunas cosas. La superficie de los splines debe estar intacta, es decir, nada de vértices sueltos, ni formas colocadas en diferentes alturas, ni formas que contengan cualquier clase de error.

Además, las boleanas deben tener las caras bien orientadas o de lo contrario la geometría generará problemas, sobretodo si importamos archivos de programas tipo AutoCAD.

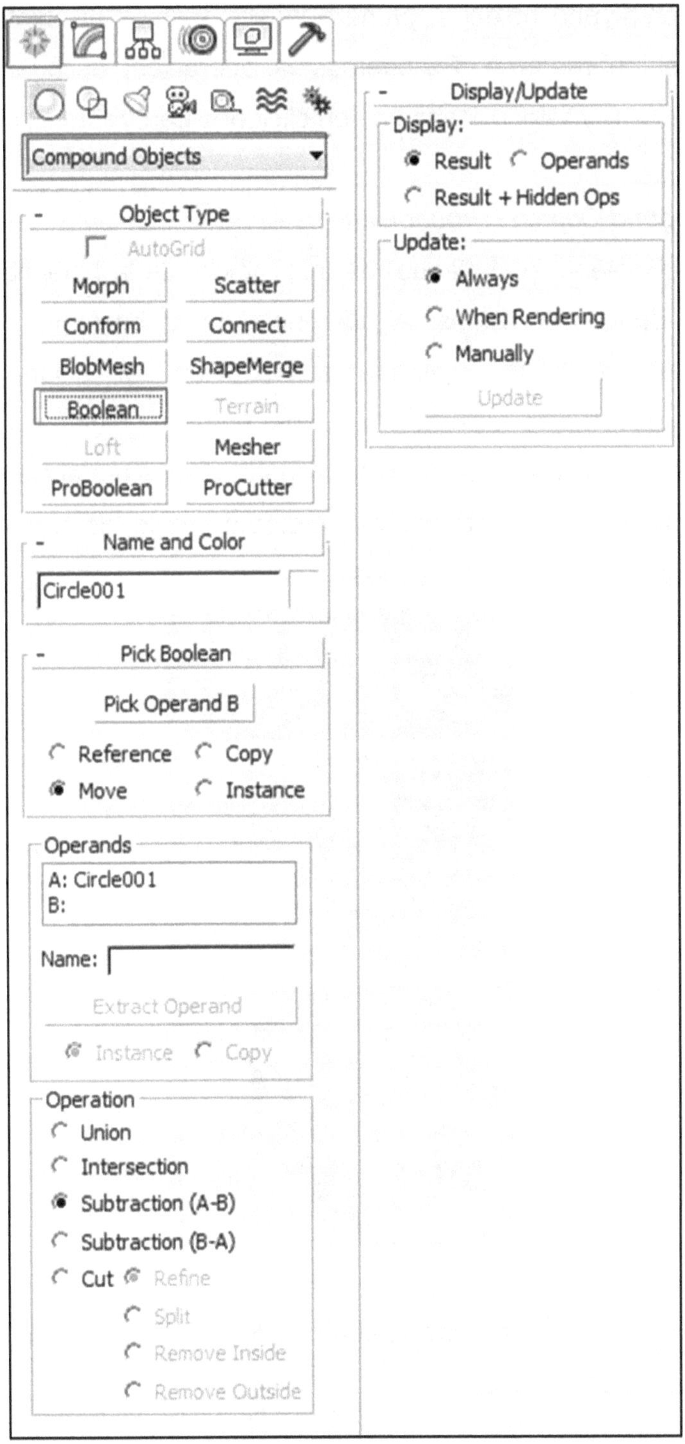

Compound Objects

**Object Type**

☐ AutoGrid

| | |
|---|---|
| Morph | Scatter |
| Conform | Connect |
| BlobMesh | ShapeMerge |
| Boolean | Terrain |
| Loft | Mesher |
| ProBoolean | ProCutter |

**Name and Color**

Circle001

**Pick Boolean**

Pick Operand B

○ Reference  ○ Copy
◉ Move  ○ Instance

**Operands**

A: Circle001
B:

Name:

Extract Operand

◉ Instance  ○ Copy

**Operation**

○ Union
○ Intersection
◉ Subtraction (A-B)
○ Subtraction (B-A)
○ Cut ◉ Refine
　○ Split
　○ Remove Inside
　○ Remove Outside

**Display/Update**

Display:
◉ Result  ○ Operands
○ Result + Hidden Ops

Update:
◉ Always
○ When Rendering
○ Manually

Update

Para crear una boleana, primero seleccionamos el objeto, que será el operando A. Escogemos la operación, escogemos el operando B y listo. Pinchamos en click boolean y listo.

*Compound Objects. Proboolean*

La ProBoolean (proboleana) es una mejora de la boleana, pero sigue dando problemas. A diferencia de la boleana, permite combinar múltiples objetos a la vez. Aun así, sigue dando problemas, como cuando hacemos una proboleana de una proboleana o cuando metemos dos proboleanas por accidente.

Para acceder a la herramienta, vamos a create, seleccionamos compound objects y pinchamos en proboolean.

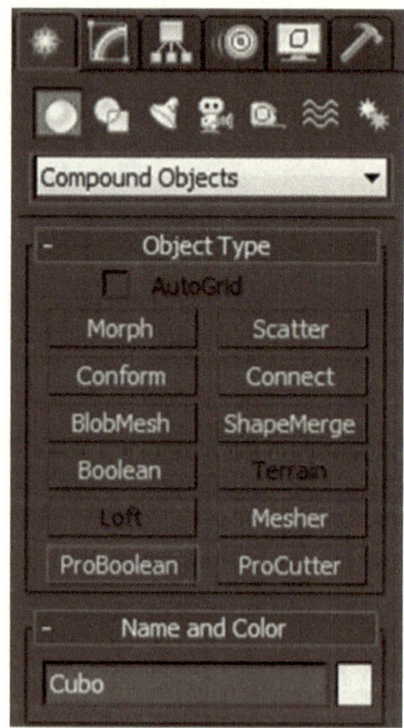


Una vez tenemos la herramienta nos saldrá el cuadro de abajo, muy parecido al de la boleana.

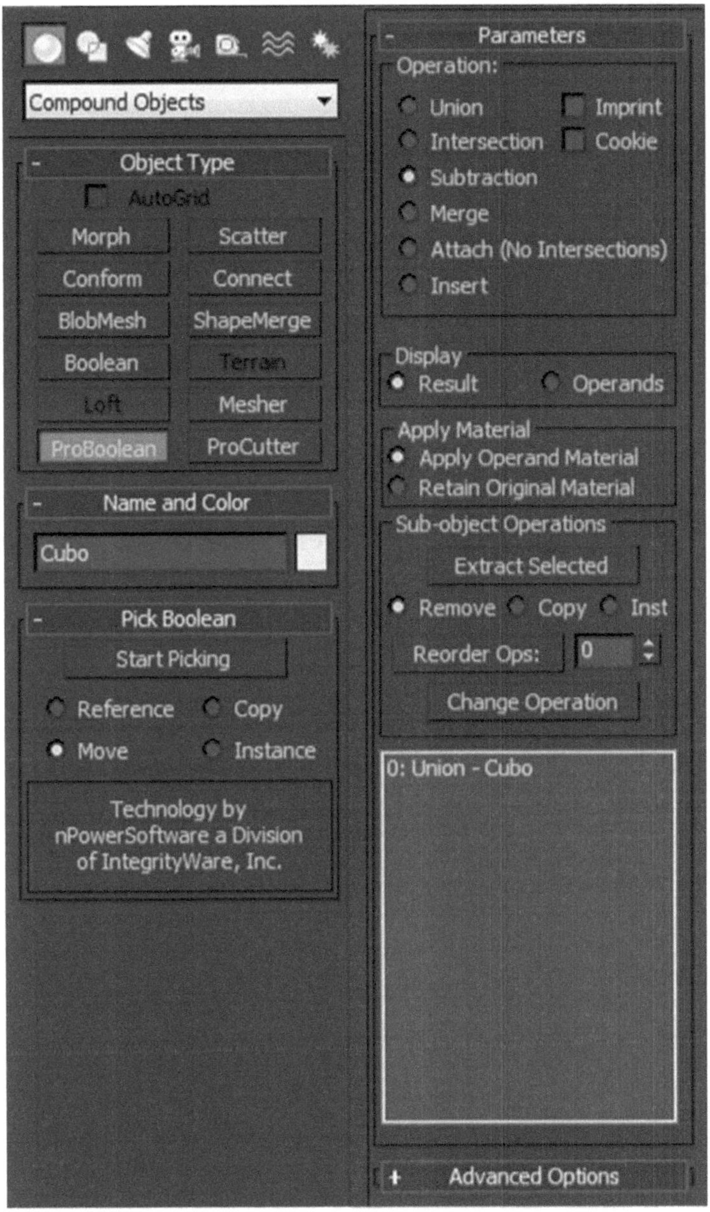

Para crear una proboleana, seleccionamos el primer operando, luego pulsamos start picking y por último escojemos el segundo operando. En el momento que pinchamos en proboolean, ya no hay vuelta atrás. Sí, podemos deshacer con ctrl-Z, pero es posible que nos de problemas.

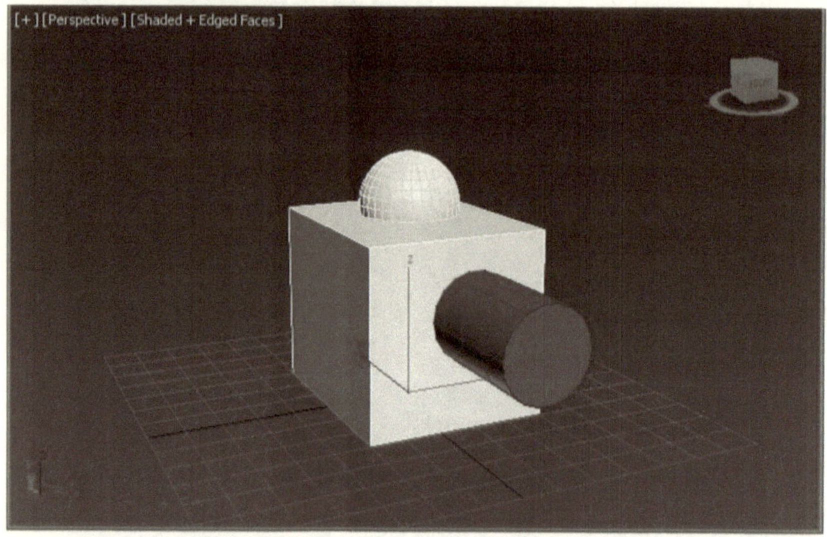

Si queremos agregar más operandos (objetos) a la proboleana, lo haremos desde modify, no desde create.

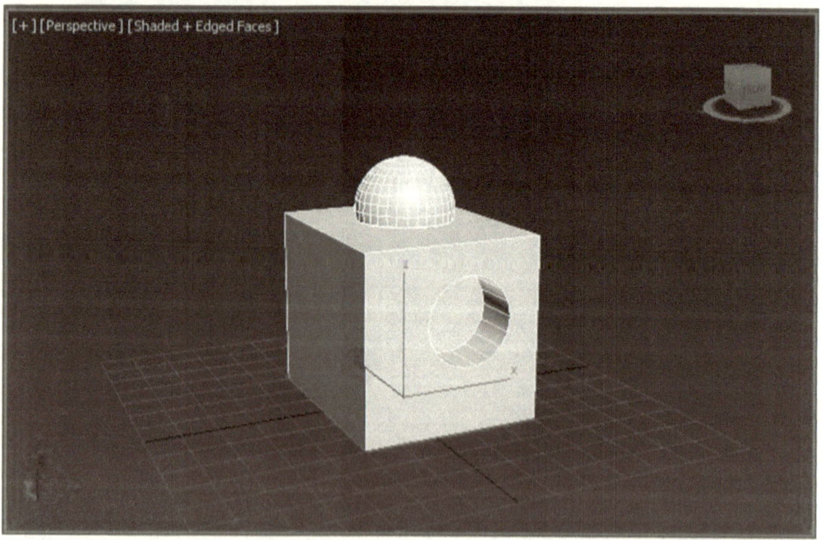

Si queremos modificar alguno de los operandos lo podemos hacer desde la propia proboleana. Seleccionamos el objeto, cambiamos el tipo de operación y pincho en change operation.

Hay otras formas de modelado que hacen el trabajo de la proboleana. De momento, es bueno conocer esta herramienta y saber sus pros y sus contras

*Modificador bend*

El modificador bend permite curvar un objeto en base a un guizmo y un centro. Para aplicarlo, vamos a modify, luego a la lista de modificadores y seleccionamos bend.

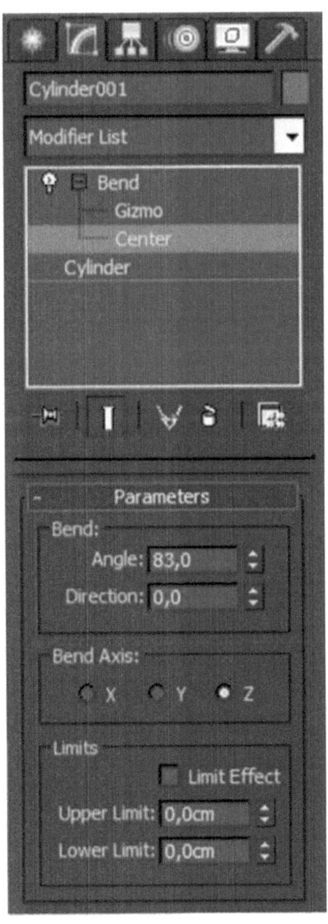

Angle nos permite modificar el ángulo. Direction cambia la dirección. Bend Axis se refiere a la orientación de doblado en

función de los ejes. Limits limita el doblado asignando un máximo y un mínimo.

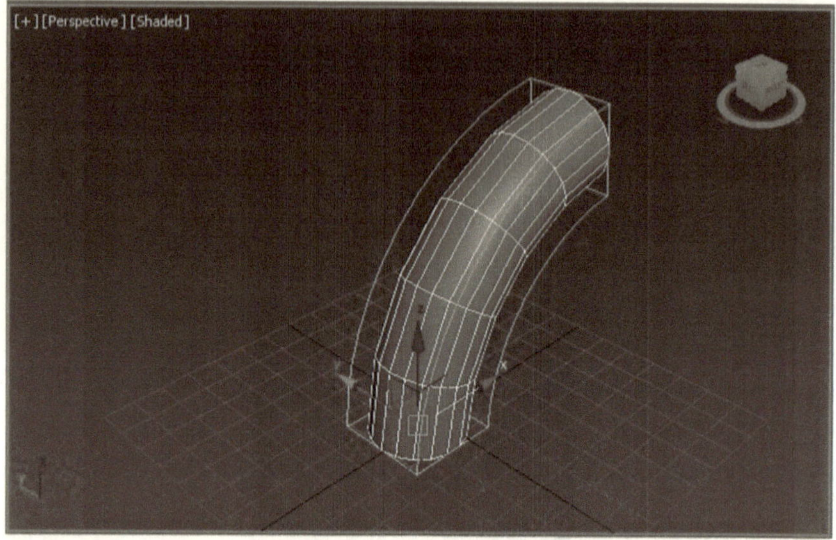


Podemos hacerlo con exactitud. Vamos al subobjeto guizmo y lo situamos más o menos por el centro. Vamos al subobjeto center y en parameters pinchamos en limit effect. Ahora es cuestión de mover el lower limit para que curve.

Esta herramienta tiene dos subobjetos: guizmo y center. Guizmo permite mover la zona de doblado. Center es el lugar donde se dobla el objeto.

*Modificador cross section*

Este modificador crea una estructura alámbrica usando como base splines. El modificador conecta los vértices para formar una nueva geometría. Para seleccionarlo, vamos a modify, luego nos dirigimos a la lista de modificadores y seleccionamos cross section.

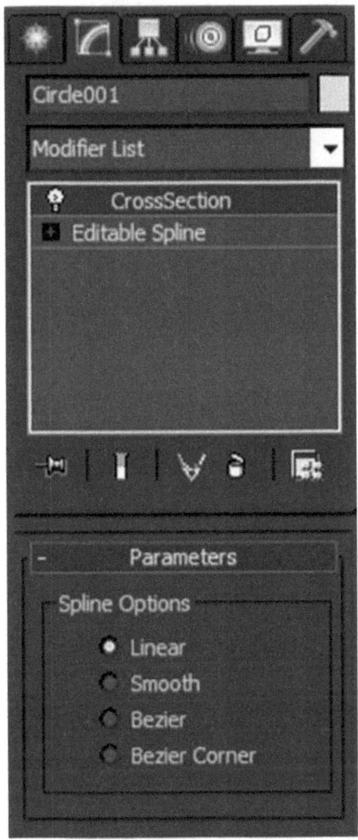

Si tenemos splines transformados en editable spline podemos hacer algo parecido.

Si vamos a los subobjetos podemos crear nueva geometría usando Connect Copy y Cross Section.

Para usar la herramienta, primero creamos los splines.

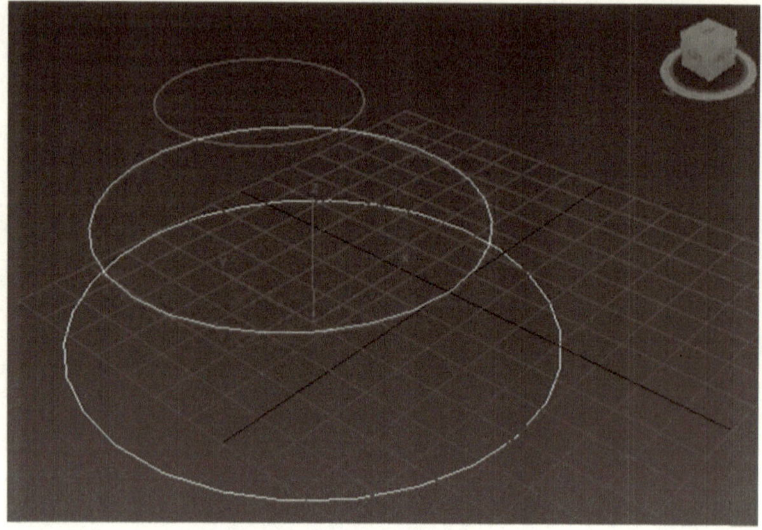

El primero lo convertimos en editable spline y aplicamos detach al resto de splines.

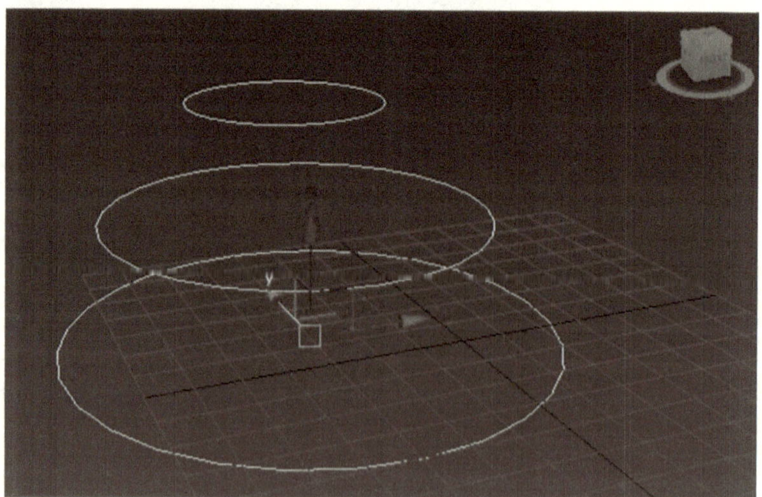

Una vez hecho, colocamos el modificador y seleccionamos el resto de splines hasta tener la forma que deseemos.

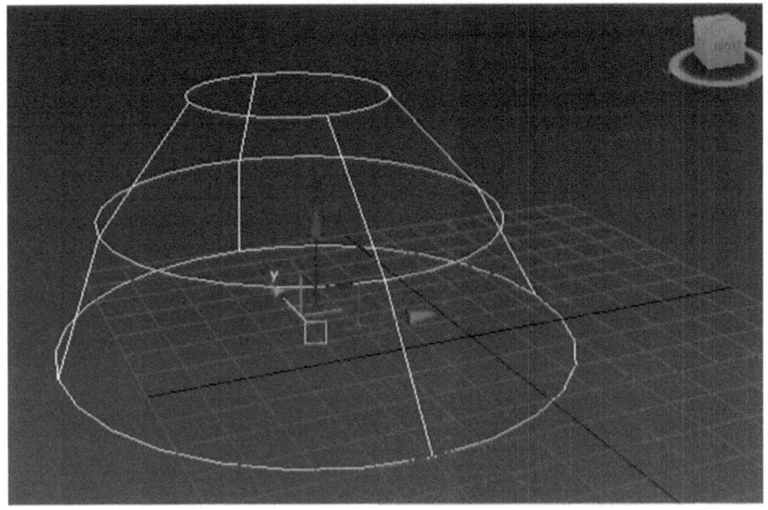

*Modificador lattice*

Este modificador convierte los segmentos o aristas de un objeto en formas cilíndricas y esféricas (esto para los vértices), transformándolo en una malla tridimensional.

Para insertar el modificador vamos a modify, seleccionamos la lista de modificadores y escogemos lattice.

En la pestaña parameters, apply to entire object aplica el modificador a toda la geometría.

Las tres opciones de abajo se limitan a la colocación de los vértices.

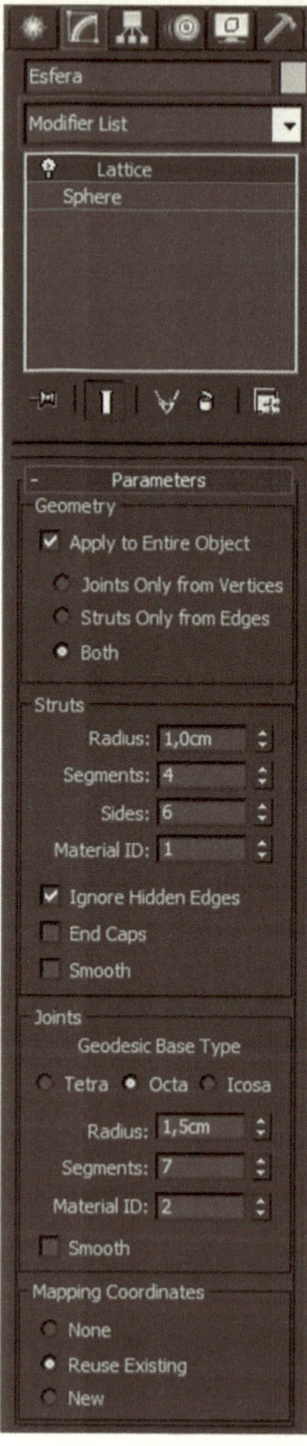
Esfera
Modifier List
Lattice
Sphere
Parameters
Geometry
Apply to Entire Object
Joints Only from Vertices
Struts Only from Edges
Both
Struts
Radius: 1,0cm
Segments: 4
Sides: 6
Material ID: 1
Ignore Hidden Edges
End Caps
Smooth
Joints
Geodesic Base Type
Tetra   Octa   Icosa
Radius: 1,5cm
Segments: 7
Material ID: 2
Smooth
Mapping Coordinates
None
Reuse Existing
New

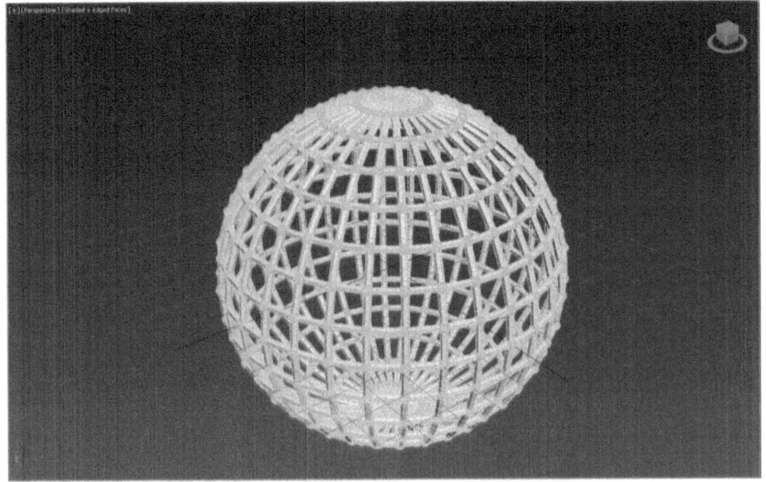

Radius, Segments y Sides modifican la geometría de la malla. En joints podemos modificar los puntos donde se unen los segmentos. Smooth suaviza para evitar poner más polígonos. La opción ignore Hidden Edges triangula la celosía (lattice).

*Modificador noise*

Noise modifica la posición de los vértices de una geometría moviéndolos en los tres ejes.

Para insertar el modificador vamos a modify, seleccionamos la lista de modificadores y escogemos noise.

Seed genera diferentes tipos de noise. Scale modifica la escala del efecto del modificador (a valores más altos se forma un efecto más suave). Fractal crea un efecto fractal basado en roughness e iterations. Strength modifica la fuerza del noise (es necesario poner valores aquí para apreciar el efecto del modificador).

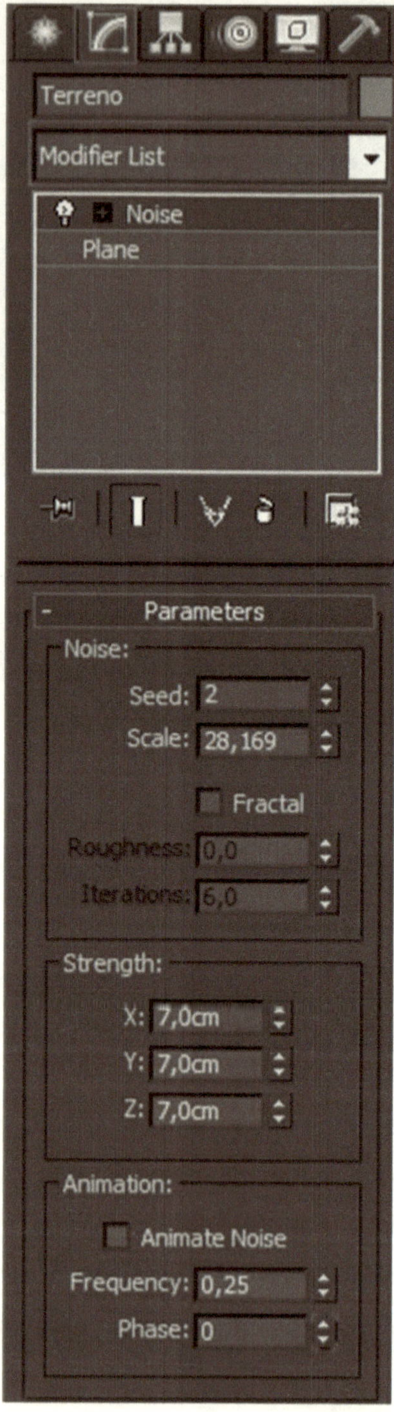
Terreno
Modifier List
Noise
Plane
Parameters
Noise:
Seed: 2
Scale: 28,169
Fractal
Roughness: 0,0
Iterations: 6,0
Strength:
X: 7,0cm
Y: 7,0cm
Z: 7,0cm
Animation:
Animate Noise
Frequency: 0,25
Phase: 0

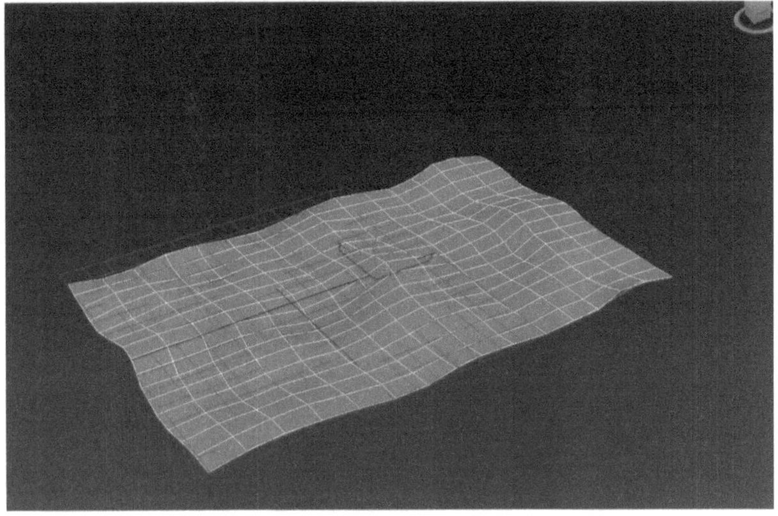

Este modificador tiene dos subobjetos: guizmo y center. Ambos permiten mover, rotar o escalar para modificar el noise.

*Modificador smooth*

Este modificador elimina las caras de una geometría agrupando caras para proporcionar un efecto suavizado.

Para insertar el modificador vamos a modify, seleccionamos la lista de modificadores y escogemos smooth.

AutoSmooth suaviza el objeto automáticamente.

Prevent Indirect Smoothing evita errores de suavizado cuando se emplea el AutoSmooth.

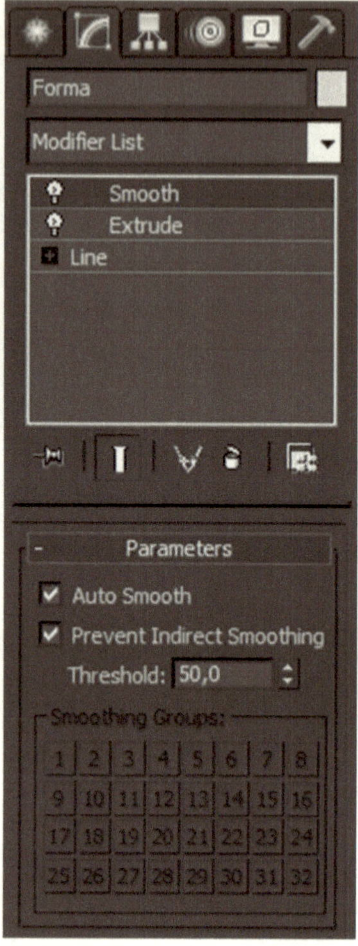

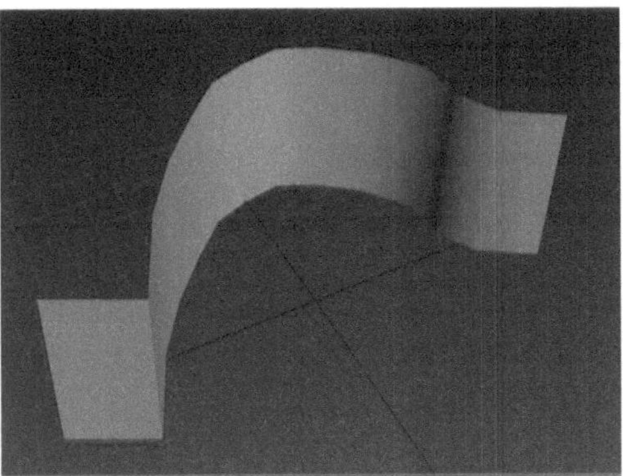

Threshold suaviza en función de un ángulo. Smoothing Groups sirve para asignar suavizado en función de las caras o partes que queremos suavizar.


*Graphite modeling tools. Selección*

La graphite modeling tools es un conjunto de herramientas que permiten editar objetos de forma rápida y precisa. Parte de las herramientas incluidas están presentes en editable poly y su modificador: edit poly.

En esta parte, veremos las herramientas de selección más importantes referidas a la selección de subobjetos.

Panel Select. Tops, selecciona las caras superiores de objetos extruidos del modelo.

Open selecciona todos los objetos con caras con orificios o 'aperturas'. Hard selecciona todas las aristas de un modelo cuyas caras no compartan los mismos grupos de suavizado. Non-Quads selecciona todos los polígonos que no tengan más de cinco lados. Patterns selecciona mediante un patrón que depende de la selección inicial. By Angle selecciona según un ángulo.

Abajo hay una serie de opciones. By Vertex selecciona subobjetos tras seleccionar un vértice que compartan. By angle selecciona un polígono dependiendo del ángulo asignado. By Material ID abre la ventana de material ID pasa seleccionar por materiales. By Smoothing group despliega un diálogo que muestra los grupos de suavizado actuales.

*Graphite Modeling Tools. Modelado*

Como ya expliqué anteriormente, la graphite modeling tools es un conjunto de herramientas que permiten editar objetos de forma rápida y precisa. Hoy veremos las herramientas más útiles de la pestaña de modelado.

Vamos a modeling polygon donde veremos las herramientas más usadas en editable poly: selección de los subobjetos.

Pin Stack (permite bloquear el último modificador), show end result, next/previous modifier, entre otros.

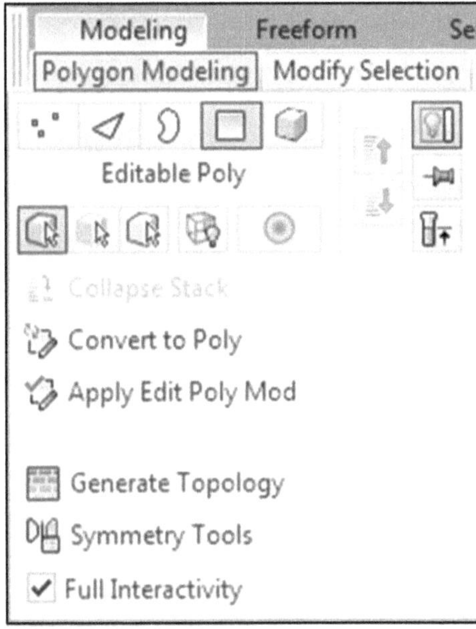

La pestaña de modify selection es la más interesante y la usaremos con frecuencia.

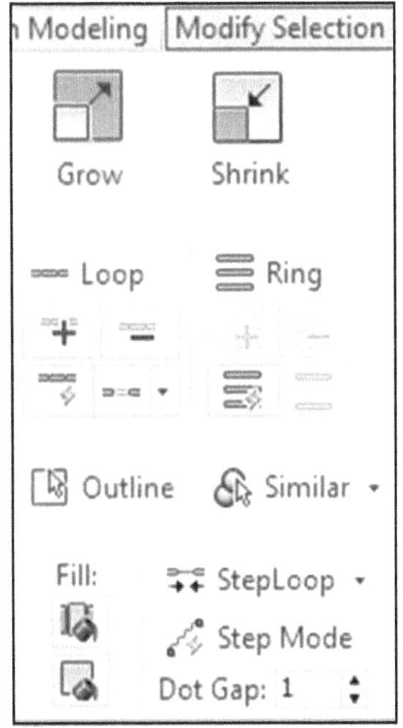

Grow, expande la selección en un radio de una unidad. Hacemos clic izquierdo sobre el subobjeto y luego usamos la herramienta.

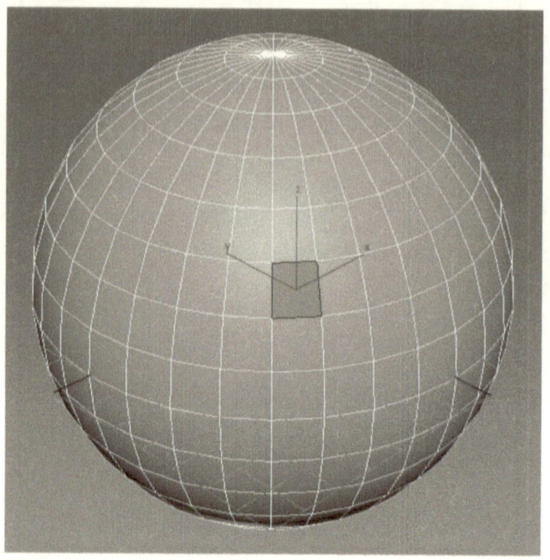

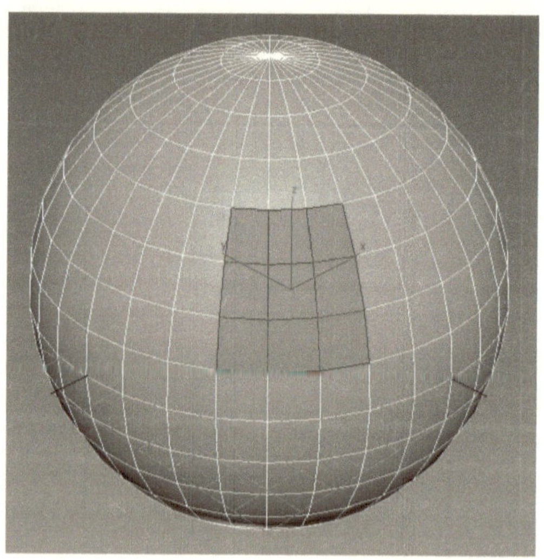

Shrink hace lo mismo que grow, pero deseleccionando. Hacemos clic izquierdo sobre el subobjeto y luego usamos la herramienta.

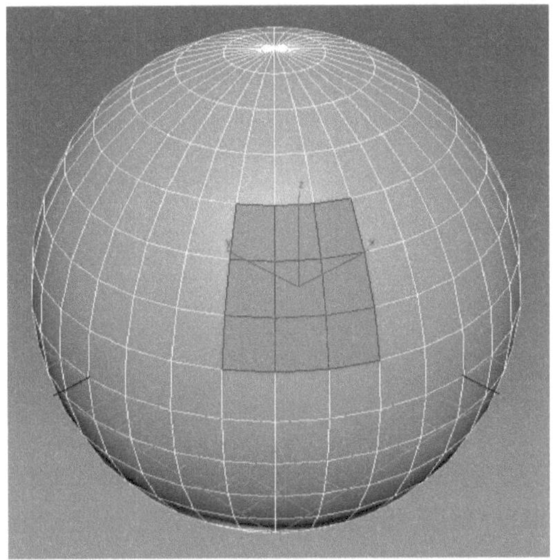

Loop permite seleccionar subobjetos de los vértices adyacentes en el eje horizontal.

Hacemos clic izquierdo sobre el subobjeto y luego usamos la herramienta

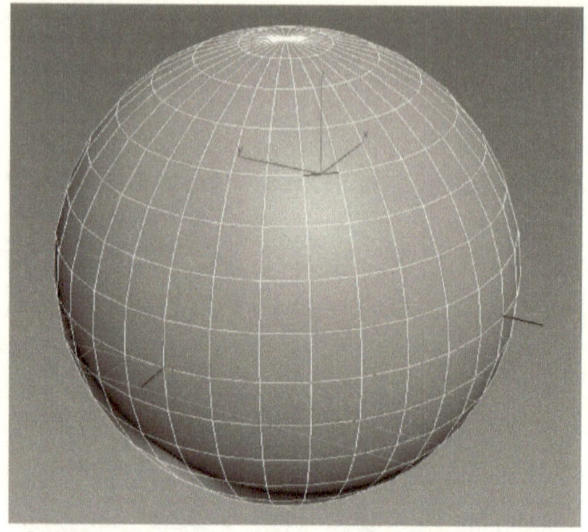

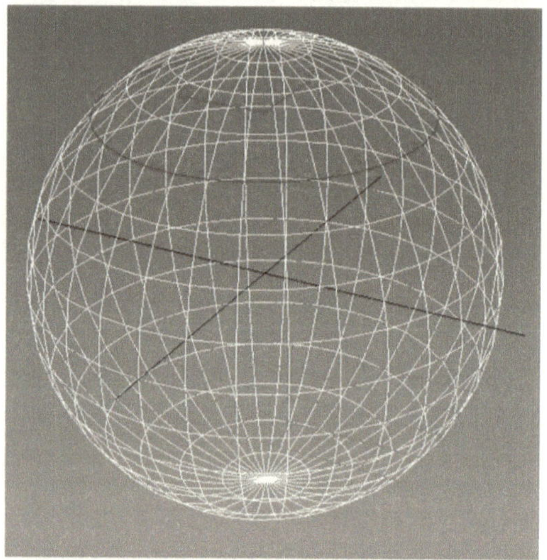

Edge selecciona una o más aristas en el eje horizontal. Polygon selecciona un conjunto de polígonos adyacentes en torno al eje horizontal. Loop cylinder ends selecciona vértices y aristas del la base o la cima de un cilindro, incorporándolos a la selección. Grow loop añade subobjetos en base a una selección previa. Shrink loop es como grow loop, pero deseleccionando. Loop Mode selecciona subobjetos de un loop asociado. Dot loop intercala selecciones de un loop, es decir, selecciona un subobjeto, el siguiente no, el siguiente lo selecciona... y así sucesivamente (tiene opciones interesantes en el desplegable que permite controlar la herramienta).

Ring selecciona vértices, aristas y caras en el eje vertical.

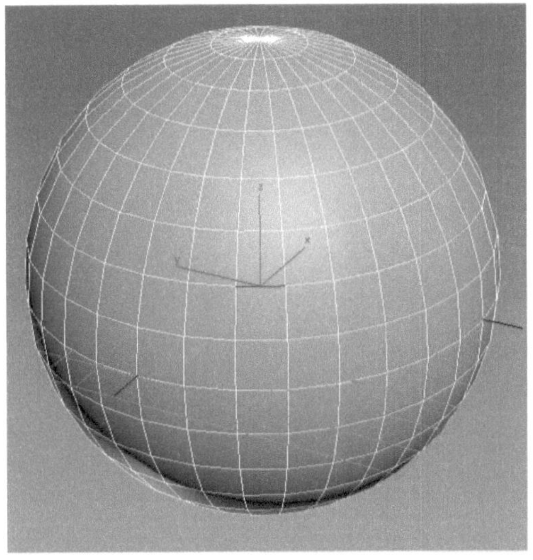

Grow ring, shrink ring y ring mode tienen la misma función que sus homónimos en loop.

Outline crea una lína de desfase de una selección. Hacemos clic izquierdo sobre los subobjetos y usamos la herramienta varias veces hasta que realice el desfase.

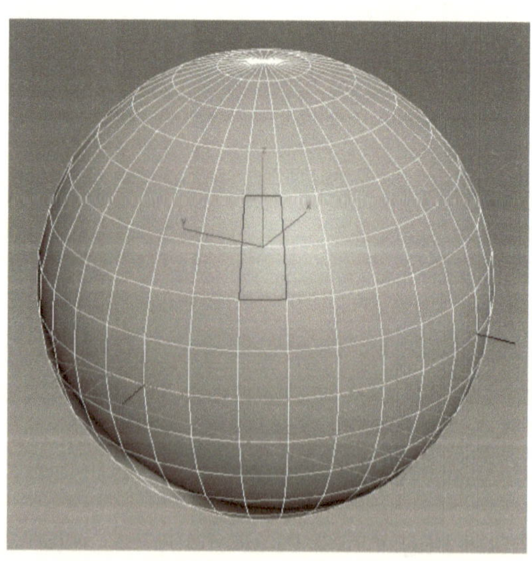

Fill selecciona todos los subobjetos que haya entre dos selecciones.

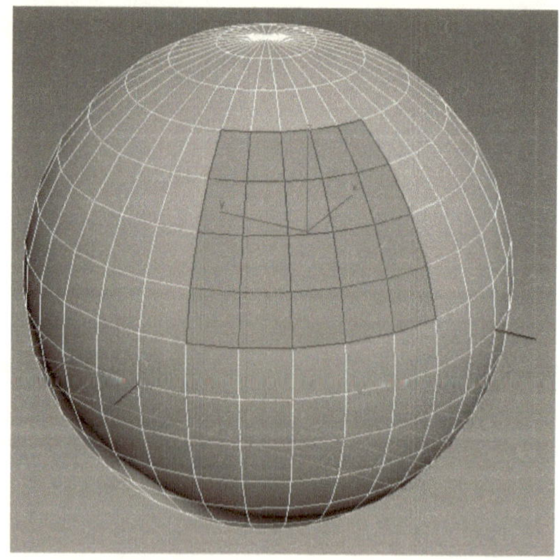

Fill hole selecciona subobjetos de un área cerrada.

Hay que seleccionar un subobjeto dentro del área para que funcione la herramienta.

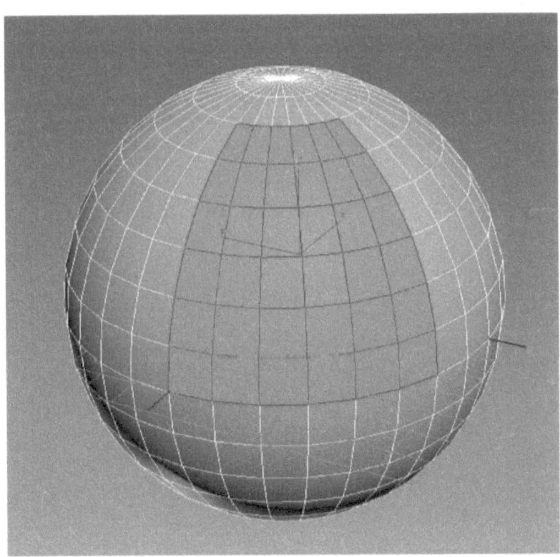

Step loop selecciona una selección entre dos puntos (viene bien cuando loop o ring no funcionan a la primera).

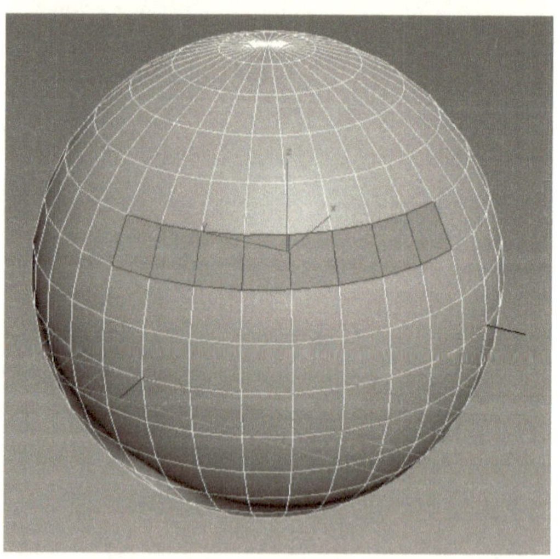

La pestaña edit panel tiene muchas herramientas, pero ahora veremos unas cuantas que nos resultarán útiles.

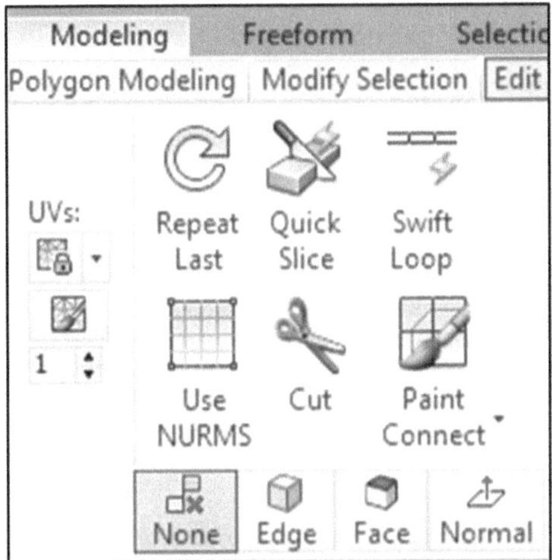

Quick Slice realiza un corte que atraviesa la geometría de un objeto por completo, creando una nueva arista. Para usarla, primero seleccionamos el subobjeto arista (tecla 2, no del teclado numérico) y hacemos clic izquierdo sobre la arista. Después, movemos el ratón para posicionar el corte. Una vez tengamos delimitada la zona de corte, hacemos clic izquierdo de nuevo. Por último, hacemos clic derecho para salirnos de la herramienta.

Swift Loop se basa en las aristas adyacentes para cortar la geometría. Hacemos clic izquierdo del ratón y movemos el corte a la posición deseada. Luego, hacemos otro clic izquierdo y, por último, clic derecho para salir de la herramienta.

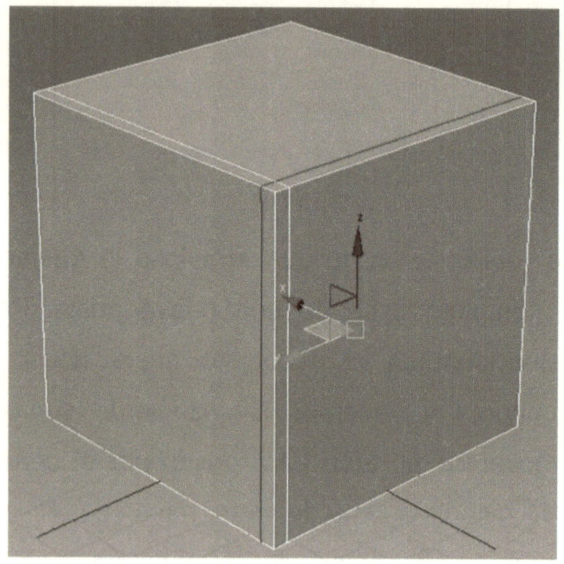

Cut va cortando la geometría en la forma que queramos (tenemos más control, pero perdemos precisión).

Hacemos clic izquierdo y movemos el ratón para ir marcando la zona de corte.

Pulsa tantas veces el botón izquierdo del ratón como precises.

Una vez acabes, pulsa el botón derecho del ratón para salir de la herramienta.

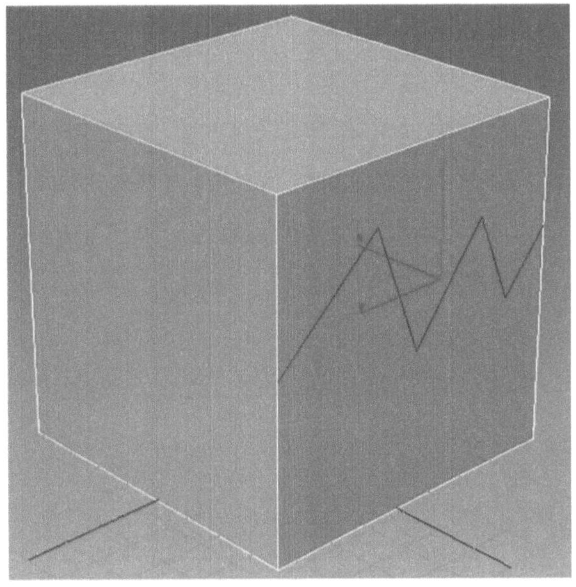

La siguiente pestaña es la de geometry (all).

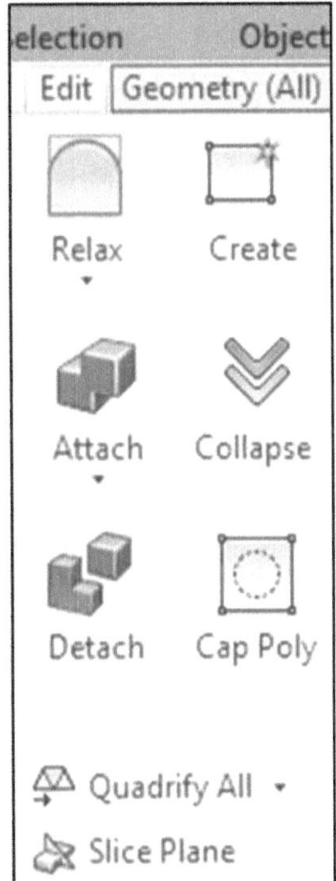

Create crea una nueva cara o polígono.

Atach y detach junta o desune varios objetos de editable poly, pero no los fusiona como ocurre con la proboleana.

Por último, la pestaña Edges.

Extrude extruye la cara que tengamos seleccionada.

Una vez la tengamos seleccionada saldrá una ventanita para modificar la extrusión según nuestras necesidades.

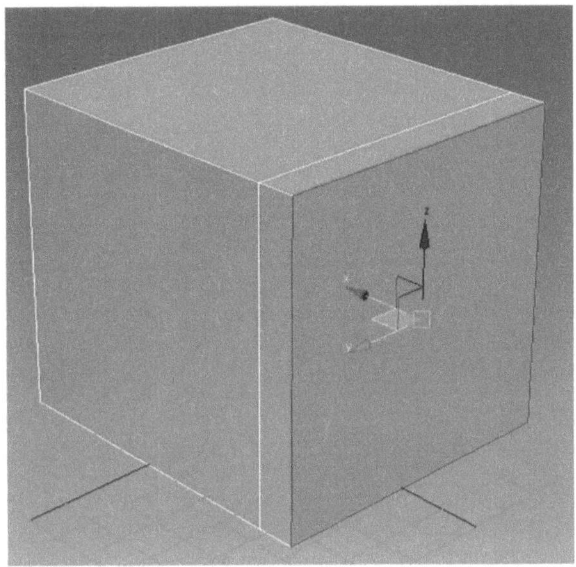

Chamfler hace un chaflán en las aristas. Nos saldrá una ventanita donde podemos modificar a nuestro gusto el chaflán.

Bridge crea geometría entre huecos de un objeto. Hacemos clic izquierdo sobre cada arista hasta completar el hueco de la geometría. Luego, clic derecho para salir de la herramienta.

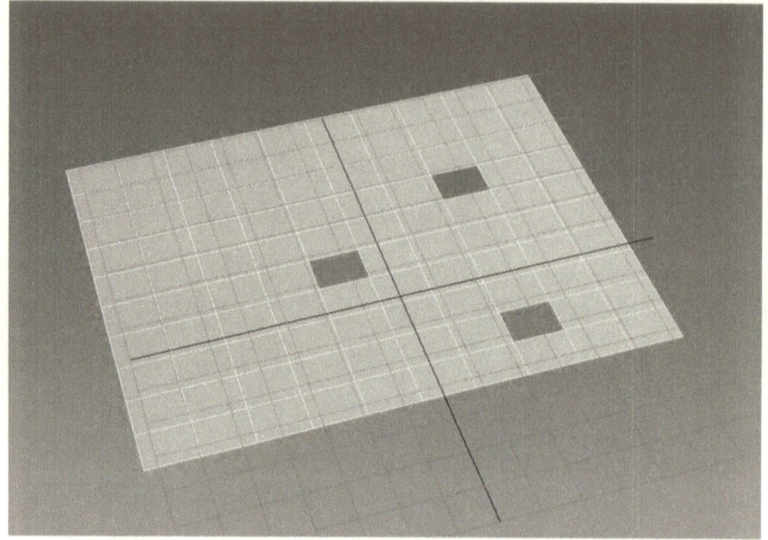

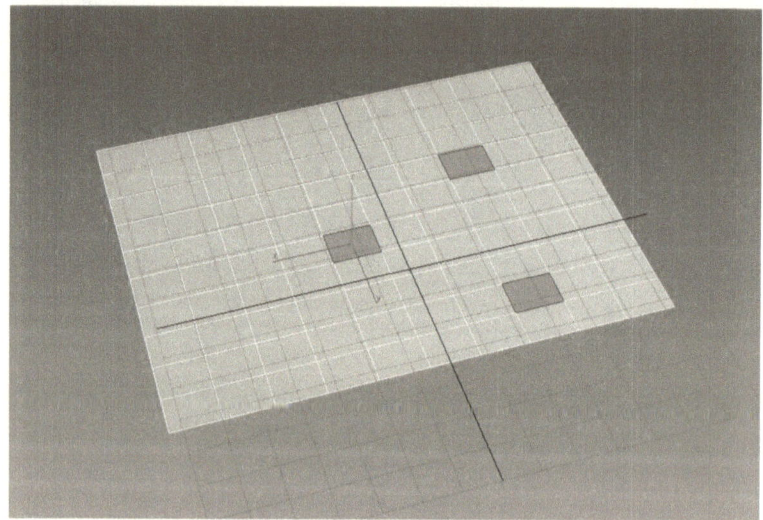

Remove elimina aristas de la geometría.

Solo hay que seleccionar las aristas con el botón izquierdo del ratón.

No olvides pulsar el botón derecho del ratón para salir de la herramienta.

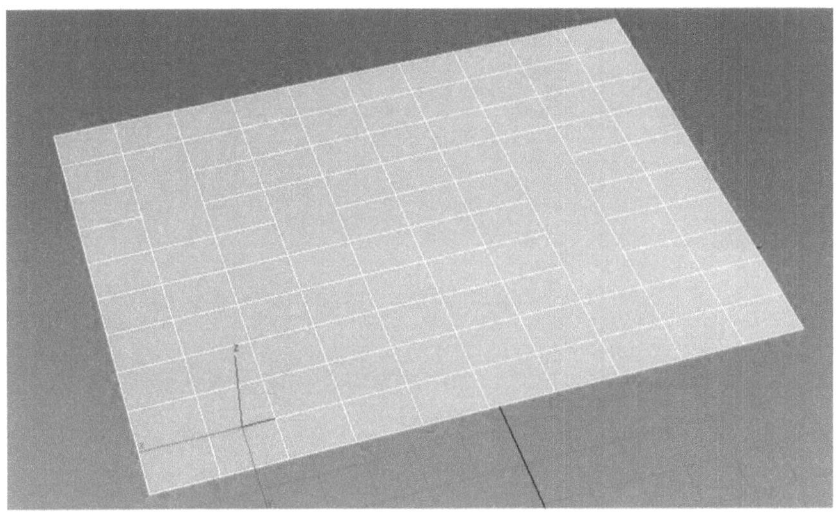

*Modificador push*

Este modificador permite desplazar los vértices del objeto en función de las normales de dichos puntos.

Para seleccionar el modificador vamos a modify, exploramos la lista de modificadores y escogemos push.

El único parámetro disponible es push value, que permite desplazar los vértices del objeto.

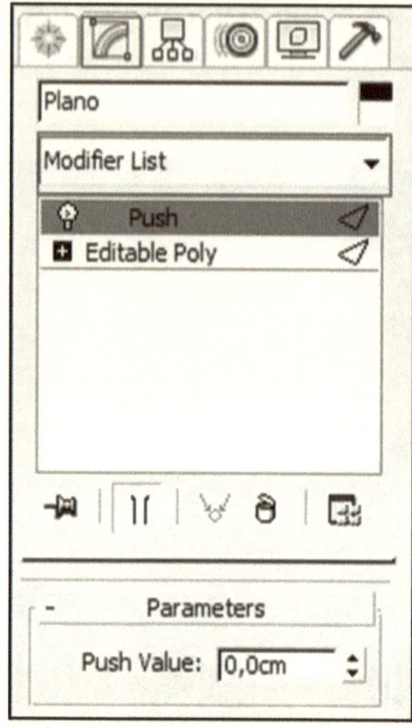

*Modificador FFD box*

Es un modificador que permite curvar la geometría de un objeto en base a unos puntos que el propio modificador añade.

En el programa hay varios FF Box en la lista de modificadores (2x2x2, 3x3x3 y 4x4x4) que tienen los puntos establecidos y no pueden añadirse más.

Sin embargo, FFD Box permite insertar los puntos que se quiera sin ningún límite.

Para seleccionar el modificador vamos a modify, exploramos la lista de modificadores y escogemos FFD Box.

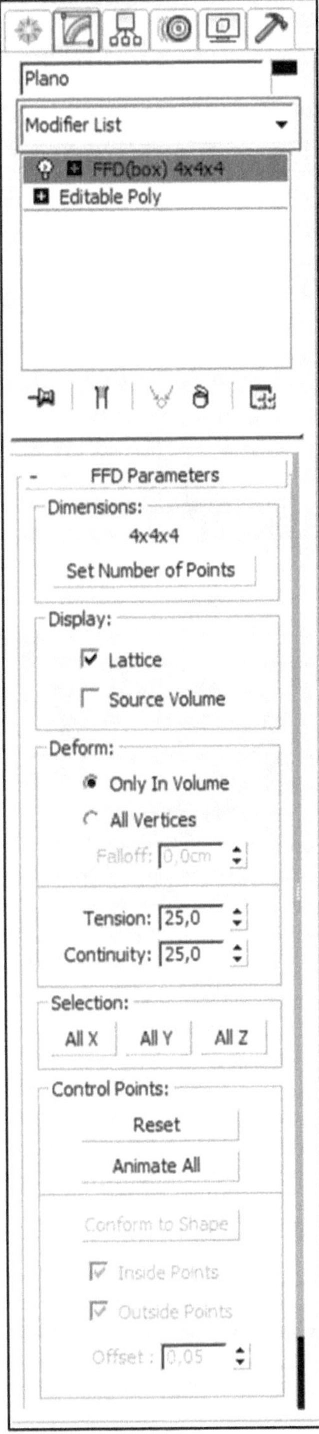

Para curvar la geometría basta con mover los puntos del modificador en la dirección que queramos

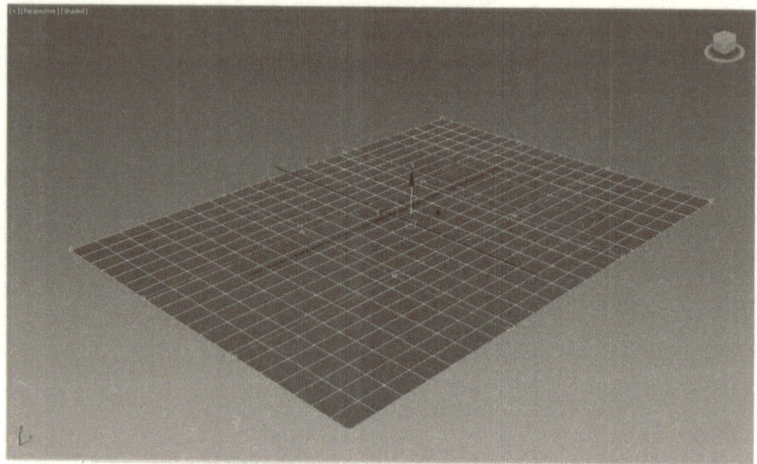

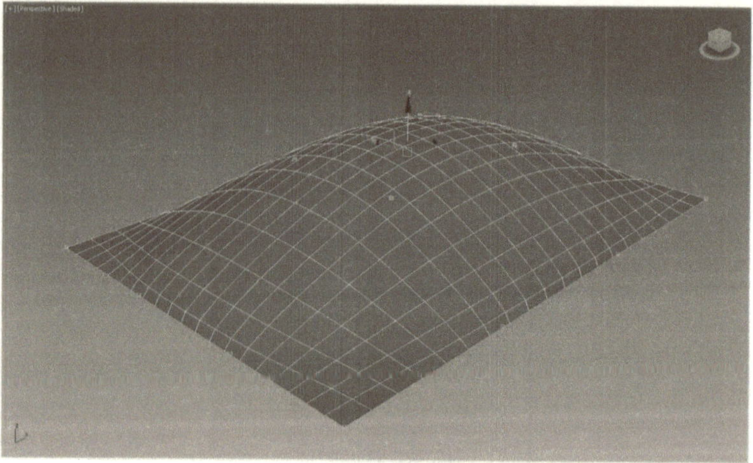

Set number of points nos permite modificar la cantidad de puntos que queremos insertar.

En display, lattice oculta o muestra los puntos del modificador, mientras que source volume lo hace con las aristas. Tension y continuity modifican la forma de la geometría para curvarla.

*Modificador symmetry*

Es un modificador que saca una copia simétrica de un objeto en función del eje de coordenadas.

Para seleccionar el modificador vamos a modify, exploramos la lista de modificadores y escogemos symmetry.

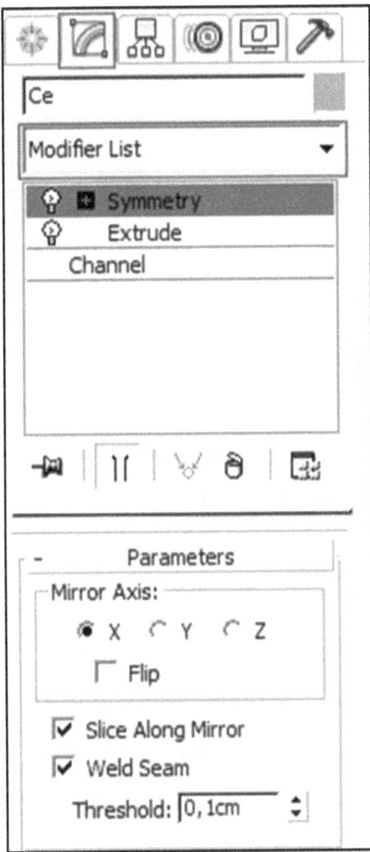


En mirror axis podemos cambiar la dirección de la simetría. Flip invierte el eje de simetría.

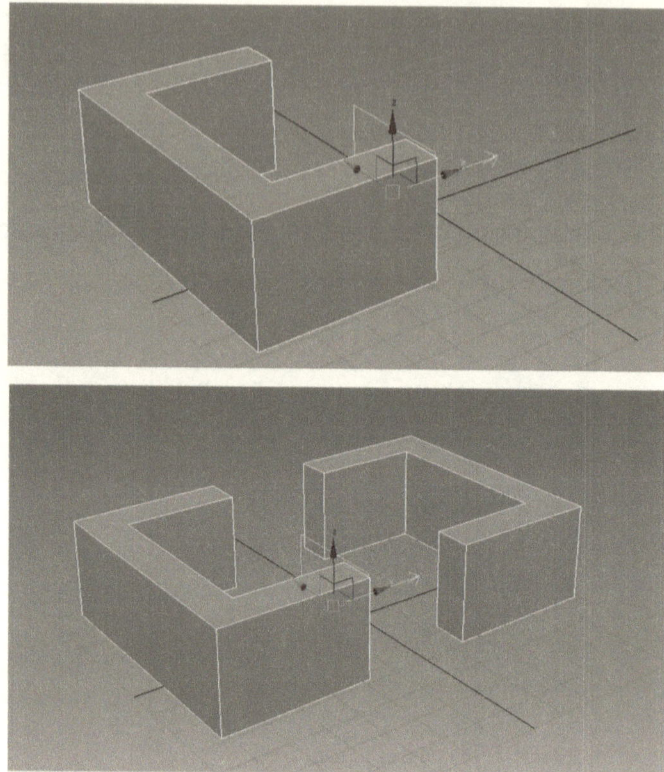

Dicho modificador tiene una herramienta (mirror) que nos permite mover el eje de simetría.

*Modificador sweep*

Es un modificador que realiza una extrusión en base a un perfil determinado por el propio modificador. Es parecido al modificador extrude, pero éste usa una serie de perfiles preconfigurados y sólo hay que seleccionar el que más convenga. También se pueden añadir perfiles personalizados. Funciona con splines y NURBS. Para seleccionar el modificador vamos a modify, exploramos la lista de modificadores y escogemos sweep.

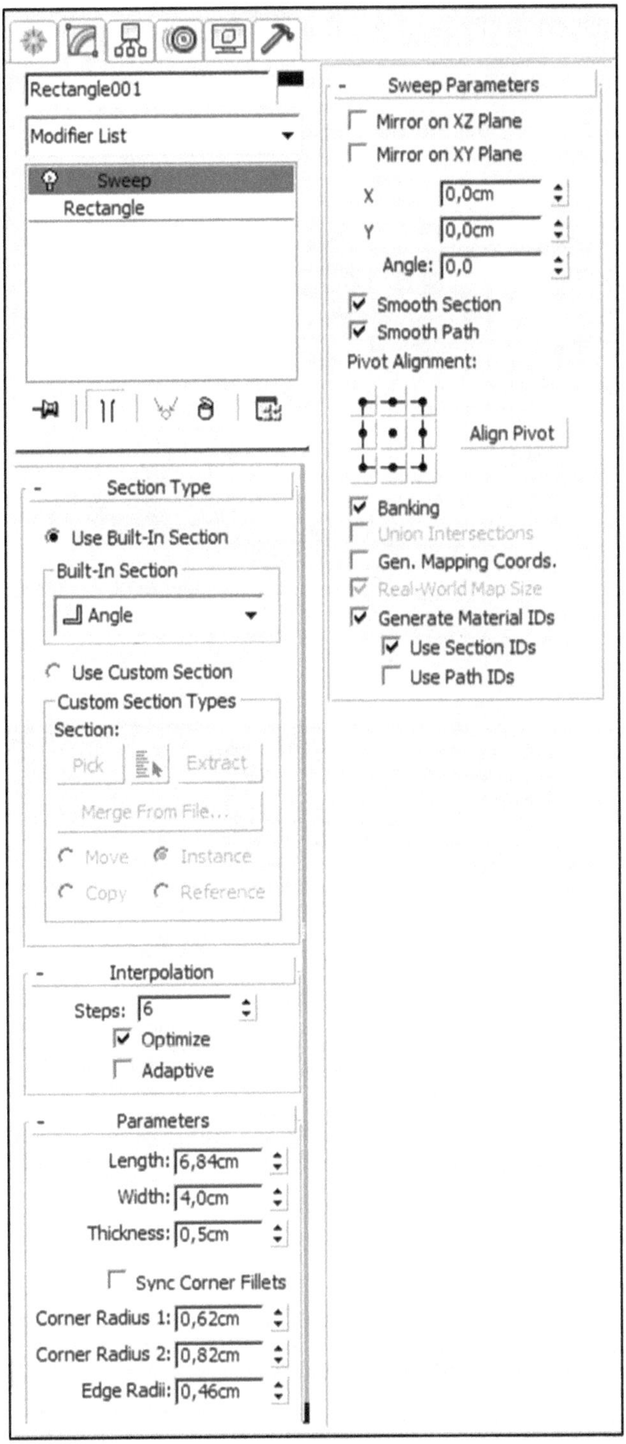

Rectangle001
Modifier List
Sweep
Rectangle

Section Type

Use Built-In Section
Built-In Section
Angle

Use Custom Section
Custom Section Types
Section:
Pick    Extract
Merge From File...
Move    Instance
Copy    Reference

Interpolation
Steps: 6
Optimize
Adaptive

Parameters
Length: 6,84cm
Width: 4,0cm
Thickness: 0,5cm
Sync Corner Fillets
Corner Radius 1: 0,62cm
Corner Radius 2: 0,82cm
Edge Radii: 0,46cm

Sweep Parameters
Mirror on XZ Plane
Mirror on XY Plane
X    0,0cm
Y    0,0cm
Angle: 0,0
Smooth Section
Smooth Path
Pivot Alignment:
Align Pivot
Banking
Union Intersections
Gen. Mapping Coords.
Real-World Map Size
Generate Material IDs
Use Section IDs
Use Path IDs

Pestaña Section Type. Use Built in selection permite usar los perfiles preconfigurados, mientras que use custom section permite emplear perfiles de creación propia.

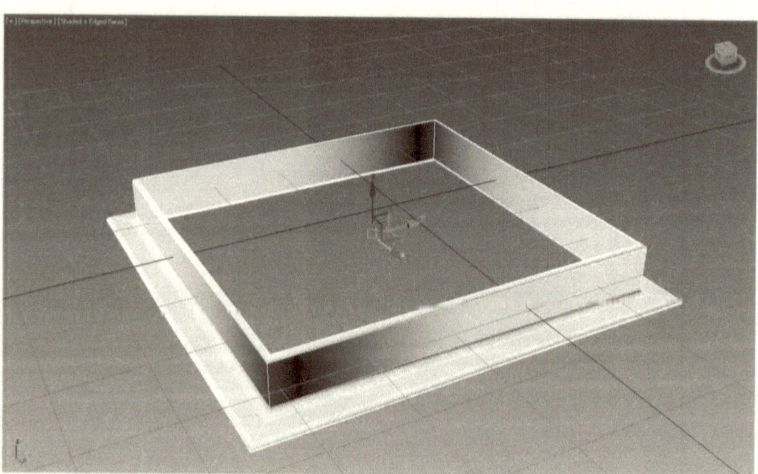

Pestaña interpolation.

Aquí añadimos caras a la geometría del spline para suavizar la geometría y hacerla más 'redondeada'.

Pestaña parameters.

Podemos modificar la longitud, altura y grosor del perfil.

Corner Radius 1, 2 y Edge radius aplica un fillet a las aristas.


Pestaña sweep parameters.

Los parámetros relacionados con mirror permiten modificar la orientación del perfil, como sucede con el mirror del modificador symmetry.


*Modificador turbosmooth*

Es un modificador que añade más geometría al objeto para suavizarlo y evitar que tenga una apariencia facetada.


Para seleccionar el modificador vamos a modify, exploramos la lista de modificadores y escogemos turbosmooth.


En iterations añadimos geometría.

A más geometría mayor suavizado, pero el archivo se hace más pesado y a la hora de renderizar costará más, por tanto, hay que tener cuidado cuando se sube este parámetro.

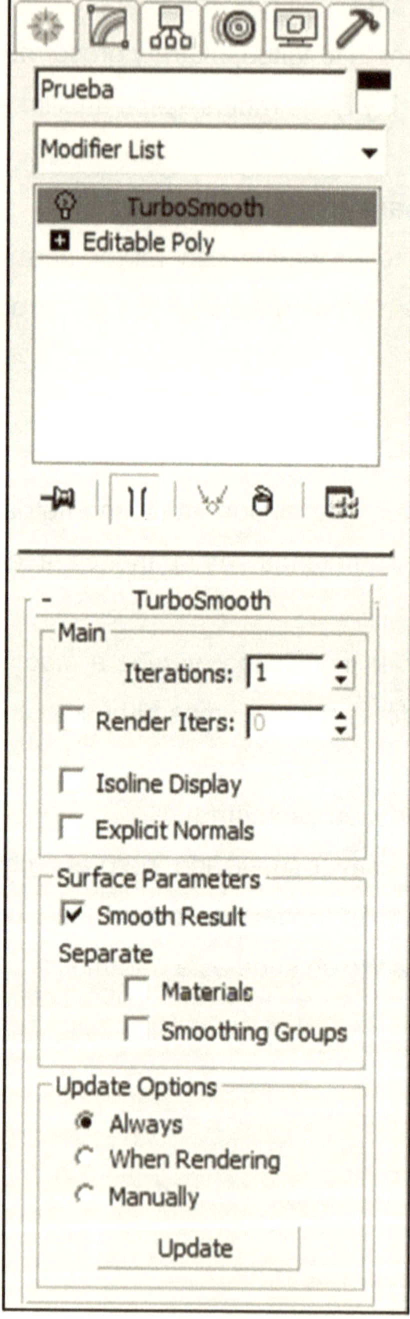
Prueba
Modifier List
TurboSmooth
Editable Poly
TurboSmooth
Main
Iterations: 1
Render Iters: 0
Isoline Display
Explicit Normals
Surface Parameters
Smooth Result
Separate
Materials
Smoothing Groups
Update Options
Always
When Rendering
Manually
Update

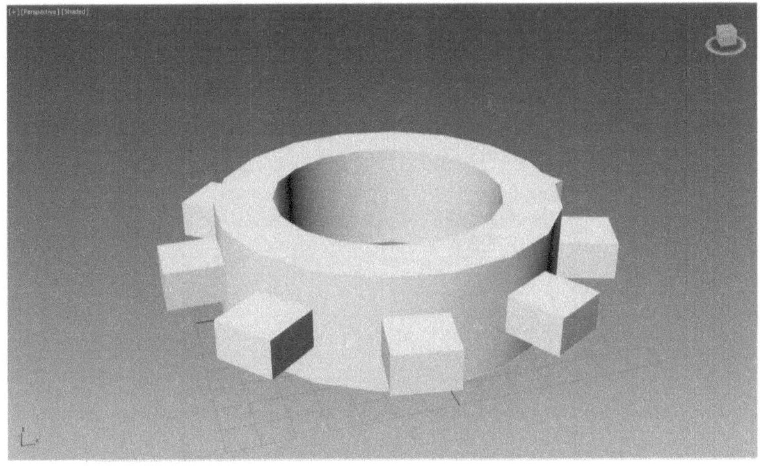

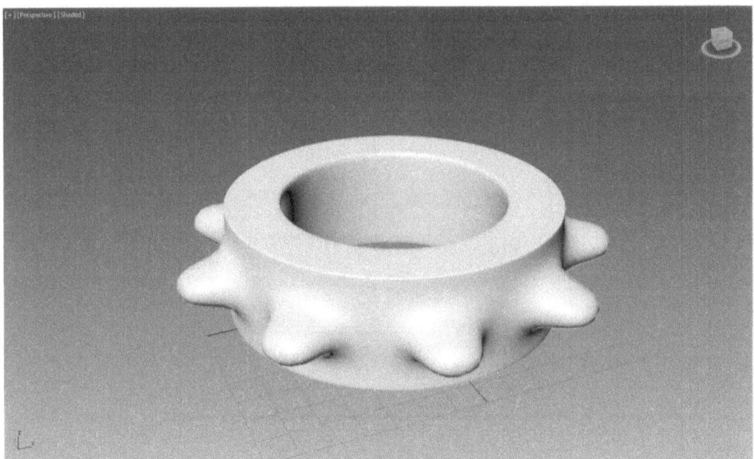

*Modificador wave*

Modificador que produce un efecto ondulado en la geometría de un objeto.

Para seleccionar el modificador vamos a modify, exploramos la lista de modificadores y escogemos wave.

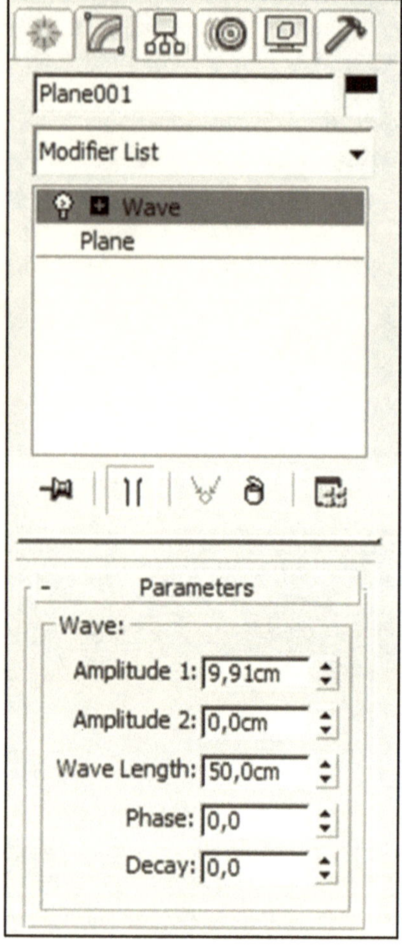


Los parámetros amplitude añaden ondas en función de la dirección de las aristas.

Wave length modifica el tamaño y cantidad de las ondas.

Phase desplaza la posición de las ondas.

Decay cambia la altura de las ondas.

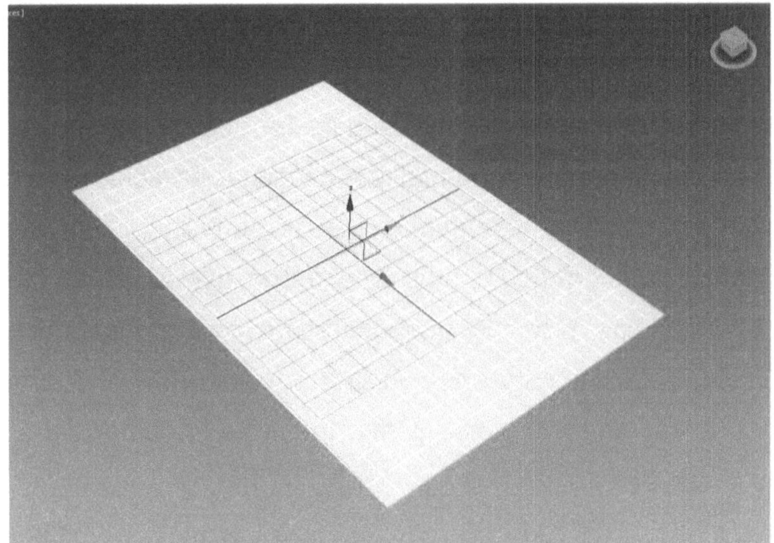

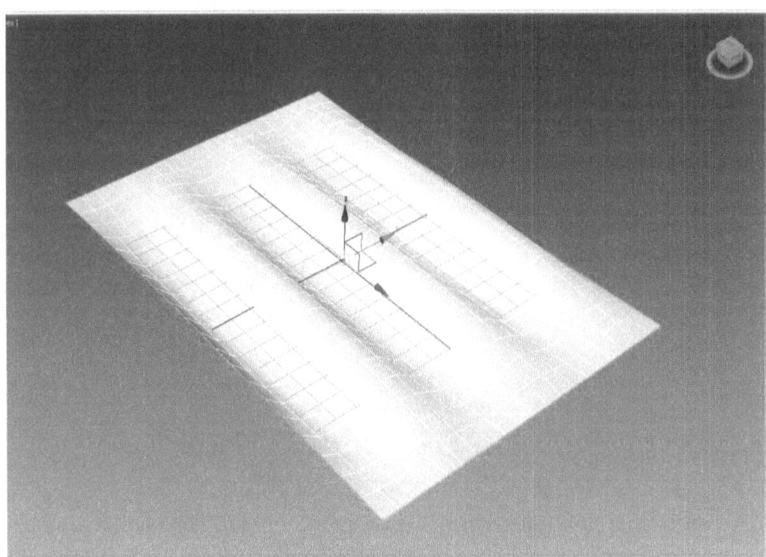

## Cámara en una escena

Empezaremos colocando una cámara en nuestra escena, para ello cambiamos a vista Frontal y a continuación seleccionamos create-cameras-free y marcamos en la pantalla (a una altura cercana a la altura de los ojos de una persona puesta de pie al lado de la casa) con lo que aparecerá el icono de nuestra cámara. Seguidamente en la misma pestaña y en el apartado stock lenses seleccionamos 35mm (equivale en fotografía a un angular de 35mm).

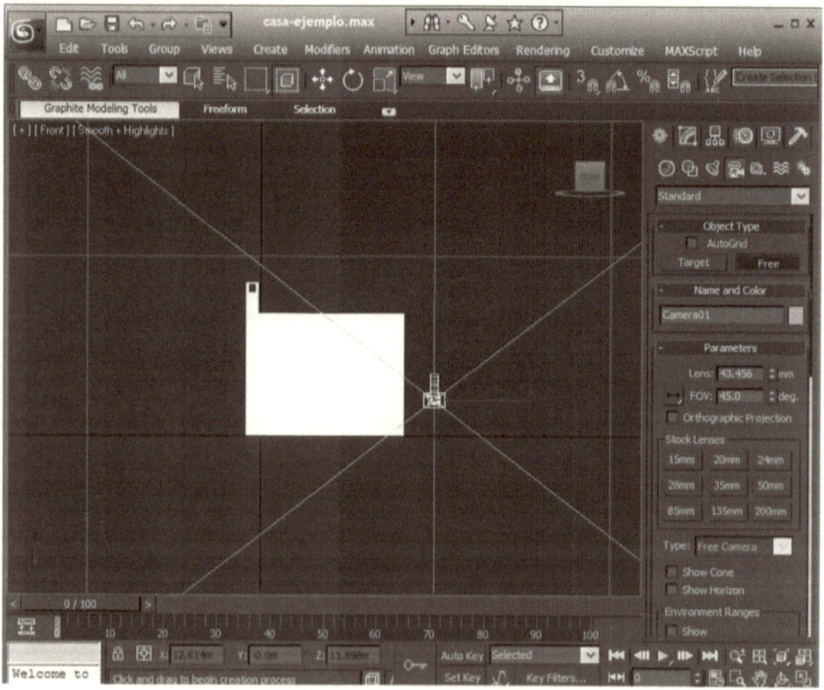

Ahora cambiamos a top view y vista wireframe y colocamos la cámara delante de nuestro porche, ligeramente girada hacia la derecha para tener una vista con mayor profundidad y procurando que el ángulo incluya la totalidad de nuestra casa. Cambiar a vista de cámara.

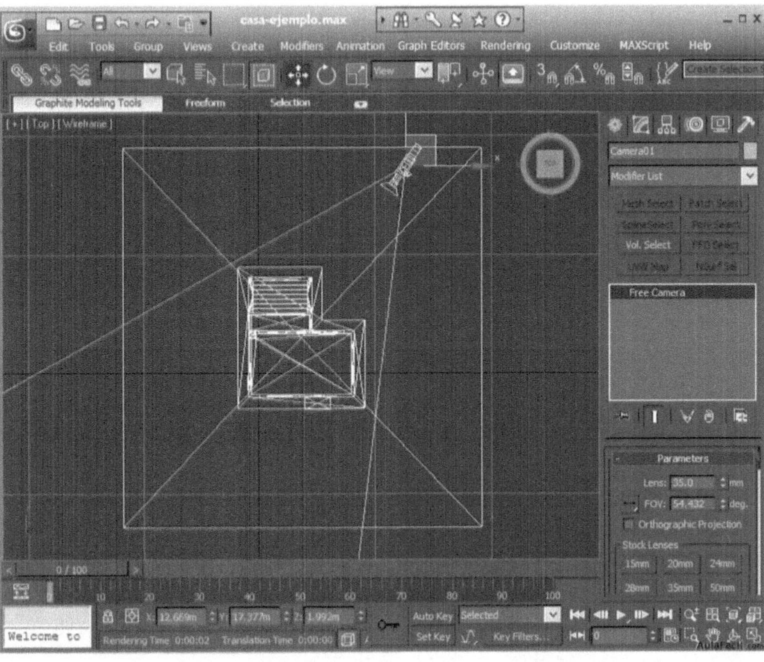

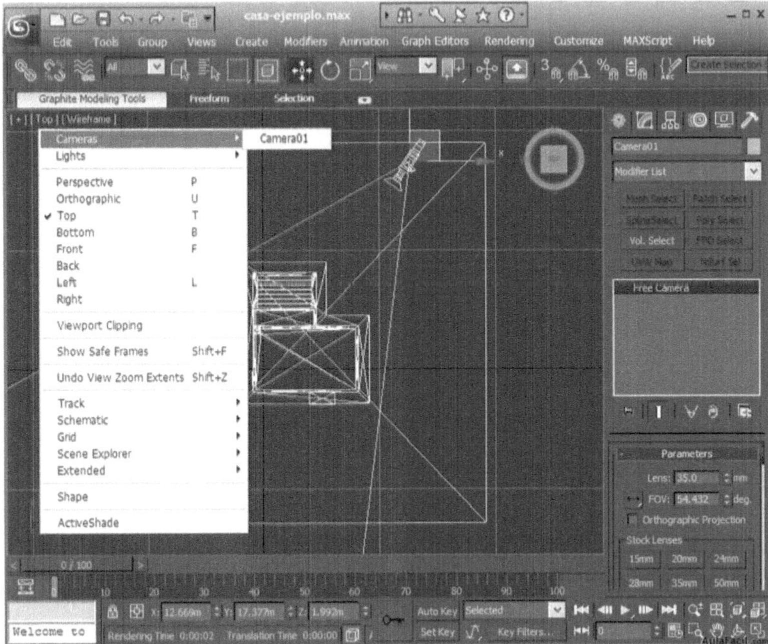

Y el resultado es el siguiente:

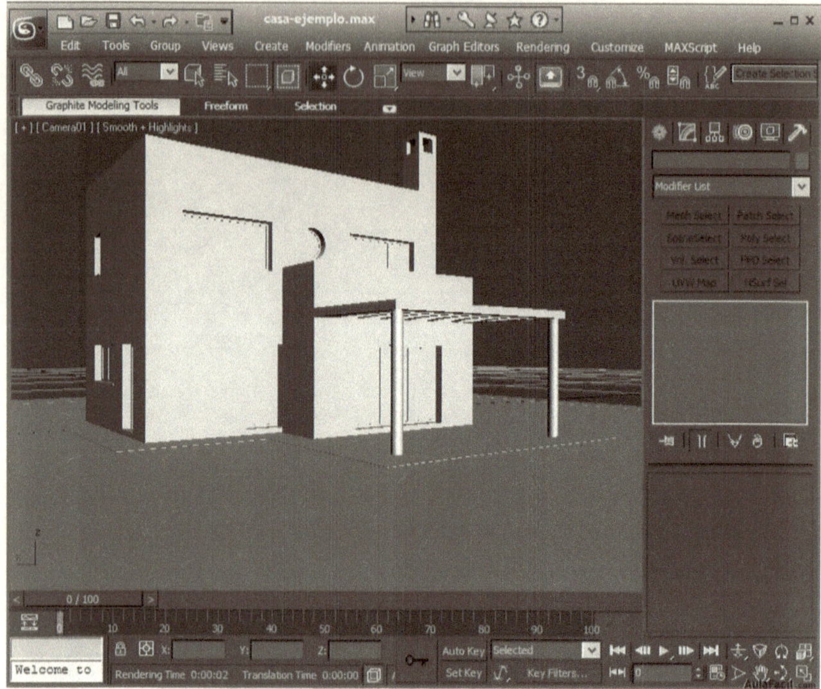

Ahora hacemos un "render" para darle más calidad a la imagen, para ello seleccionamos primero nuestro motor de render con los comandos Rendering-render setup-common-assign render-production-mental ray render.

Para ejecutar el render seleccionamos Rendering-render y el resultado sería el siguiente.

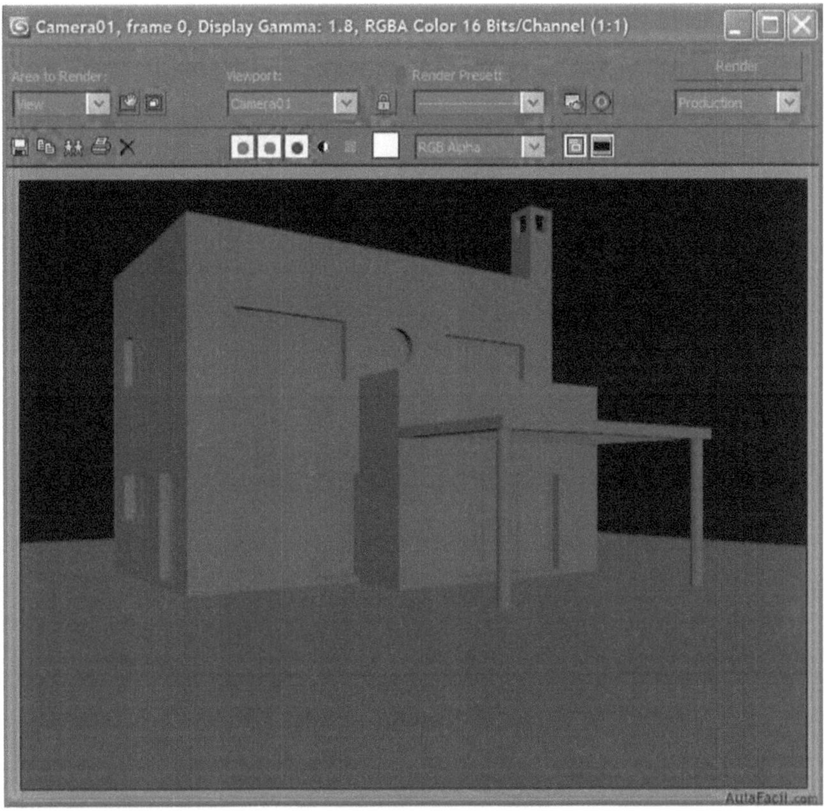

Como vemos la imagen sale más definida pero muy oscura, tenemos que añadir la iluminación a la escena.

## Crear sistema de luz

Cambiamos a vista Top y a visualización Wireframe.

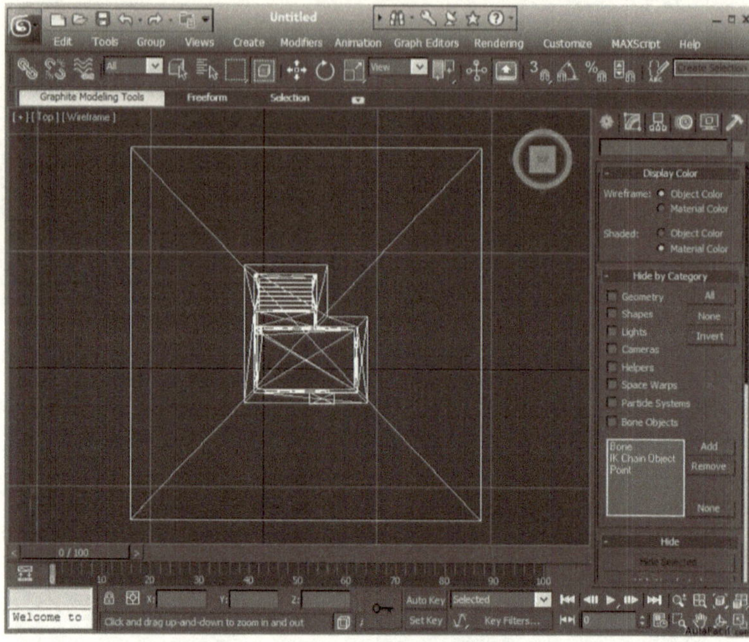

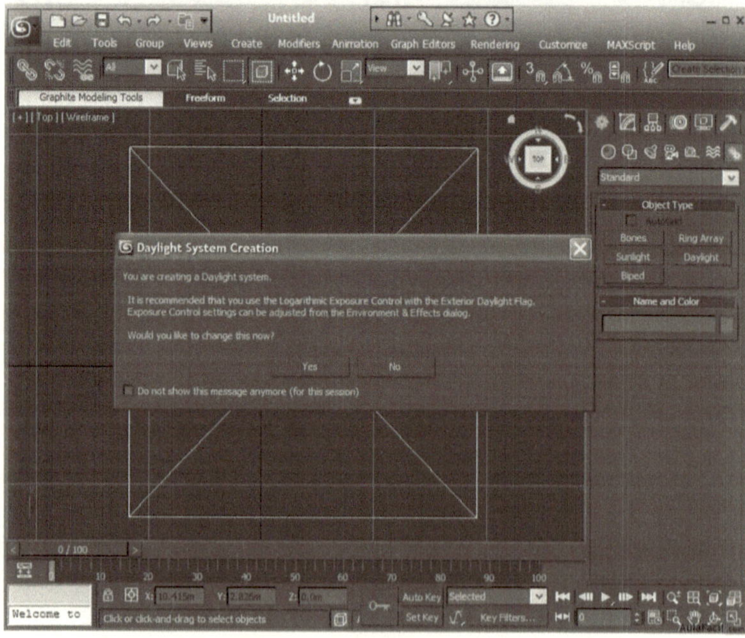

Activamos Create-systems-Daylight y elegimos Yes.

Ahora colocaremos la rosa de los vientos y arrastraremos el icono del sol ligeramente girado, luego vamos a la pestaña Modify y elegimos la opción Manual, volvemos a seleccionar el icono del sol y lo giramos hacia el porche ligeramente hacia la derecha.

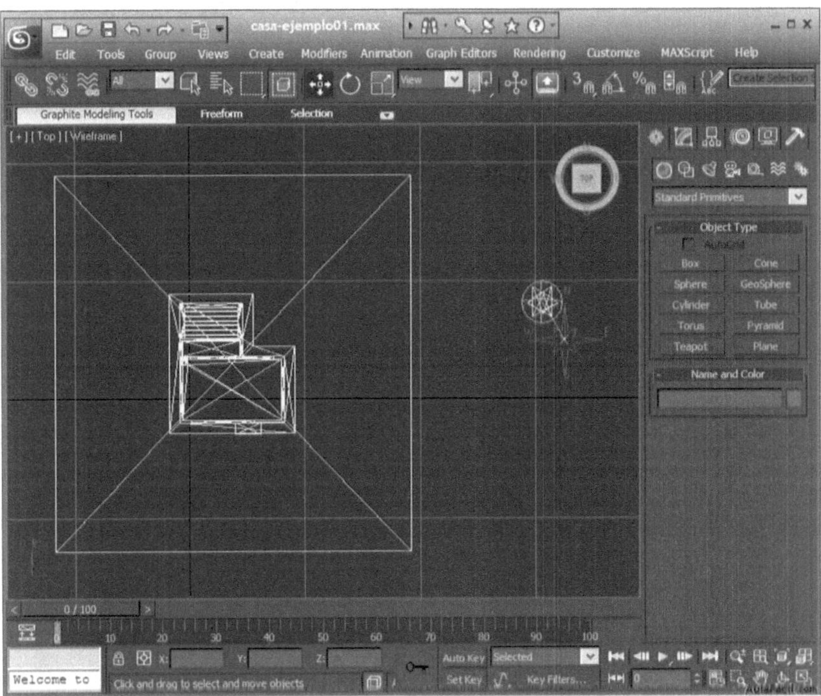

Si cambiamos a la vista Front vemos como quedaría, ahora todavía en la pestaña Modify, en la persiana Sunlight, activamos Mr Sun y en la persiana Skylight activamos Mr Sky con lo que aparecerá un cuadro para activar nuestro entorno de cielo, marcaremos Yes.

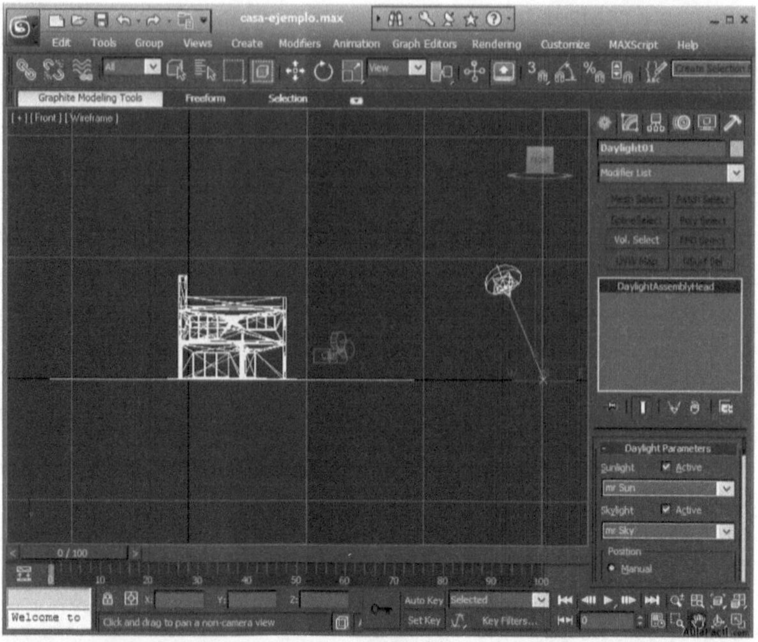

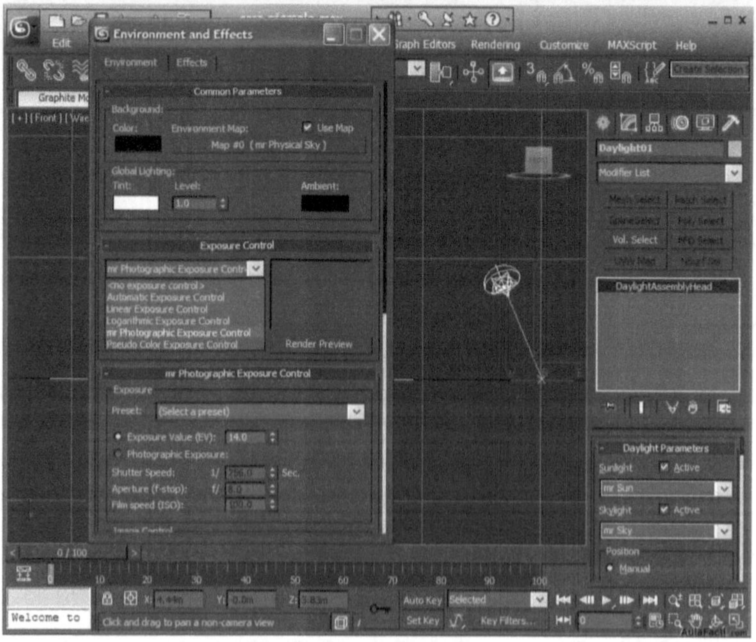

Pasamos del modo de control de exposición al modo Rendering-environment-mr Photographic exposure control, y en la opción

Exposure Value ponemos 14, esto controla la luz de la misma forma que si tuviéramos una cámara fotográfica, usando sus mismos parámetros.

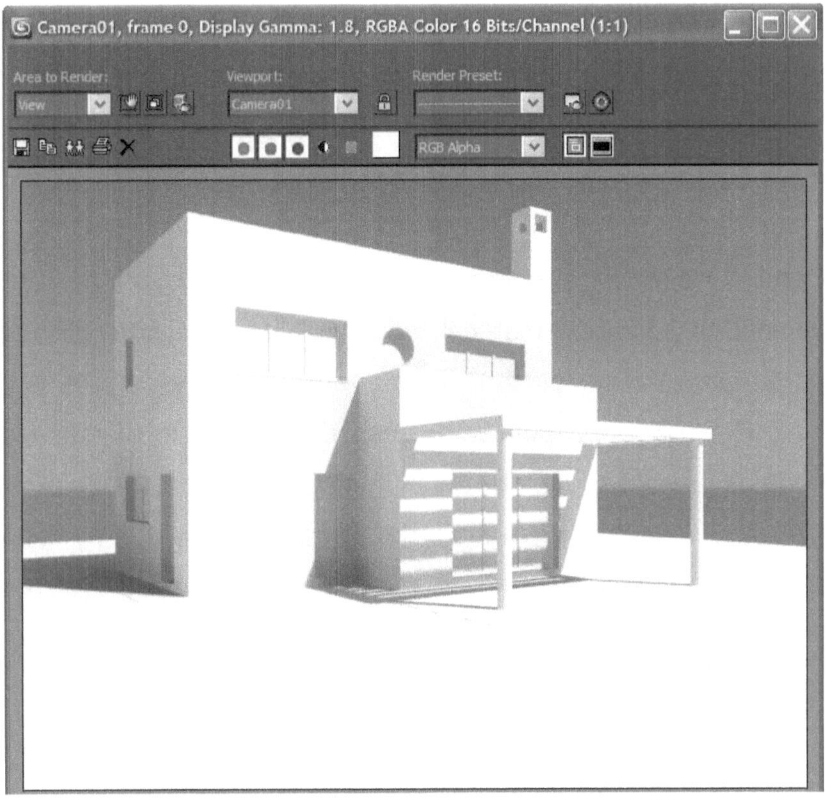

Ya tenemos iluminada nuestra escena, si cambiamos a vista camera01 y hacemos un render vemos que nuestra vivienda está perfectamente iluminada, en nuestra siguiente lección empezaremos a colocar materiales en la escena.

## Aplicar materiales 1

Nuestra casa está ahora blanca en su totalidad, lógicamente hemos de aplicar materiales a sus distintas partes, que hemos dividido en capas y les hemos asignado el nombre del material que están compuestos. Empezaremos por el jardín, para ello crearemos un material similar al césped que aplicaremos posteriormente a la superficie de nuestra capa.

Para ello abrimos el editor de materiales en 3ds Max con los comandos rendering-material editor y en la casilla difusse aplicamos la opción bitman, de esta forma podremos aplicar una imagen similar a una porción de césped que se irá repitiendo a lo largo de nuestra superficie. Esta imagen debe estar alojada en el directorio C: maps de nuestro ordenador, usaremos la imagen de abajo (podemos obtener muchos mapas de imágenes en páginas de internet dedicadas al 3d).

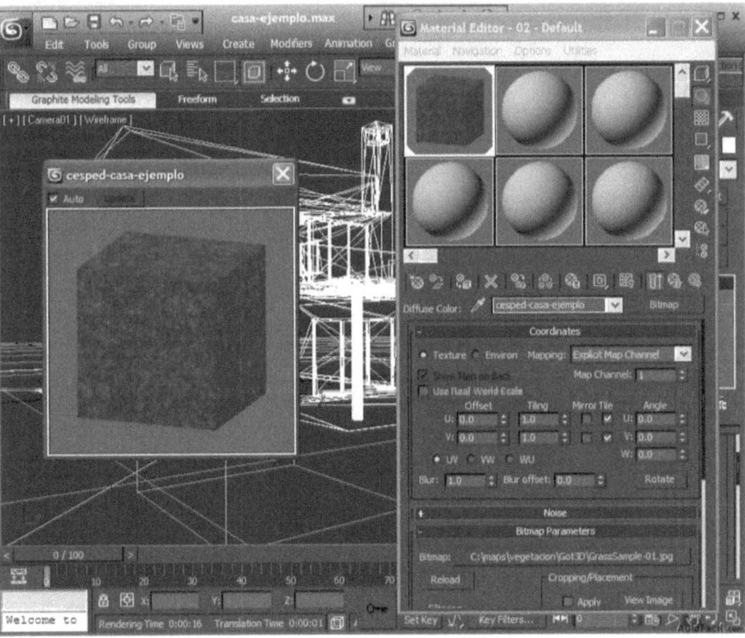

En la casilla bitman de la anterior ventana elegimos la imagen en la ruta donde se encuentra alojada y visualizamos el material de forma cúbica (opción en esquina superior derecha de la ventana del editor) luego le damos el nombre a nuestro material césped-casa-ejemplo. Quedaría de la siguiente manera.

Ya tenemos nuestro material creado, ahora tenemos que aplicarlo a nuestro jardín para ello seleccionamos la capa de nuestro proyecto que hemos llamado p0-jardín y marcamos la casilla assign material to selección.

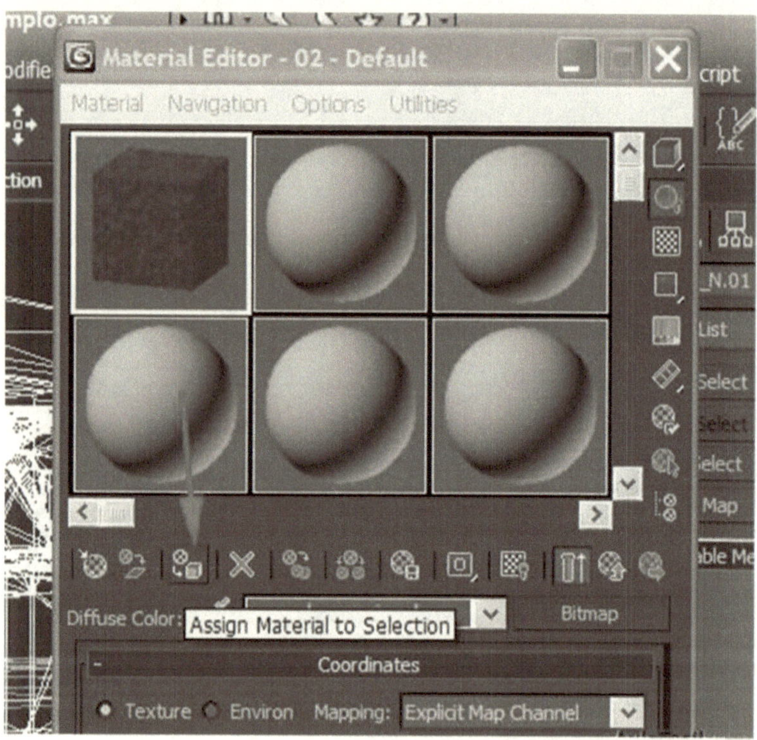


Ahora nos faltaría crear un mapa de coordenadas para definir la distancia a la que queremos empiece a repetirse nuestra imagen a lo largo del plano de aplicación, para ello debemos de calcular que porción de jardín representa nuestra imagen en una situación real para que esta no se vea fuera de escala, calculamos 6mts. Para aplicar el mapa seleccionamos en el panel modify – modifier list – UVW Mapping.

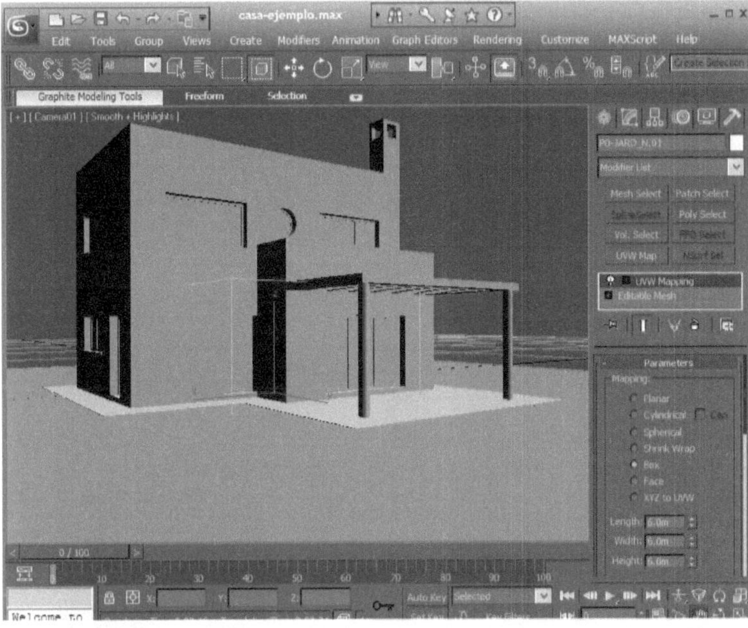

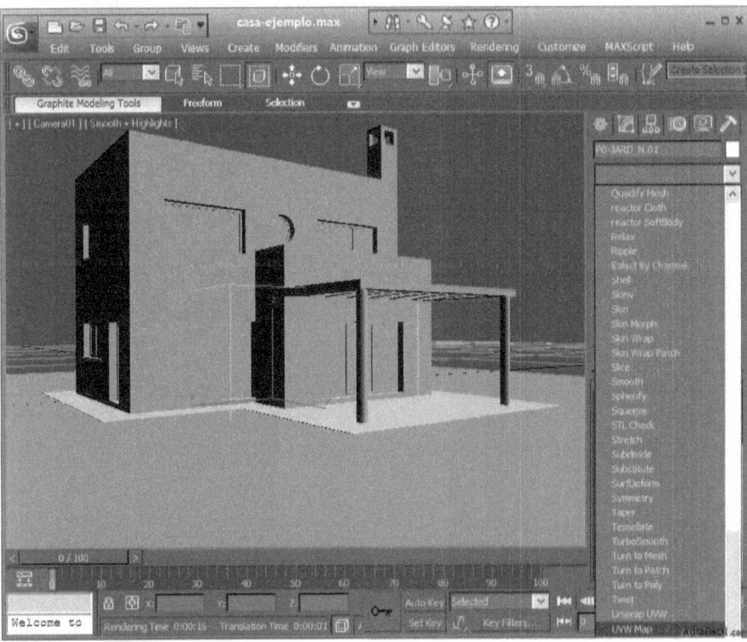

Luego en el apartado Parameters marcamos la opción Box y en las casillas lenght-width-height colocamos el valor 6.

Si realizamos un render veremos como se ha aplicado el mapa.

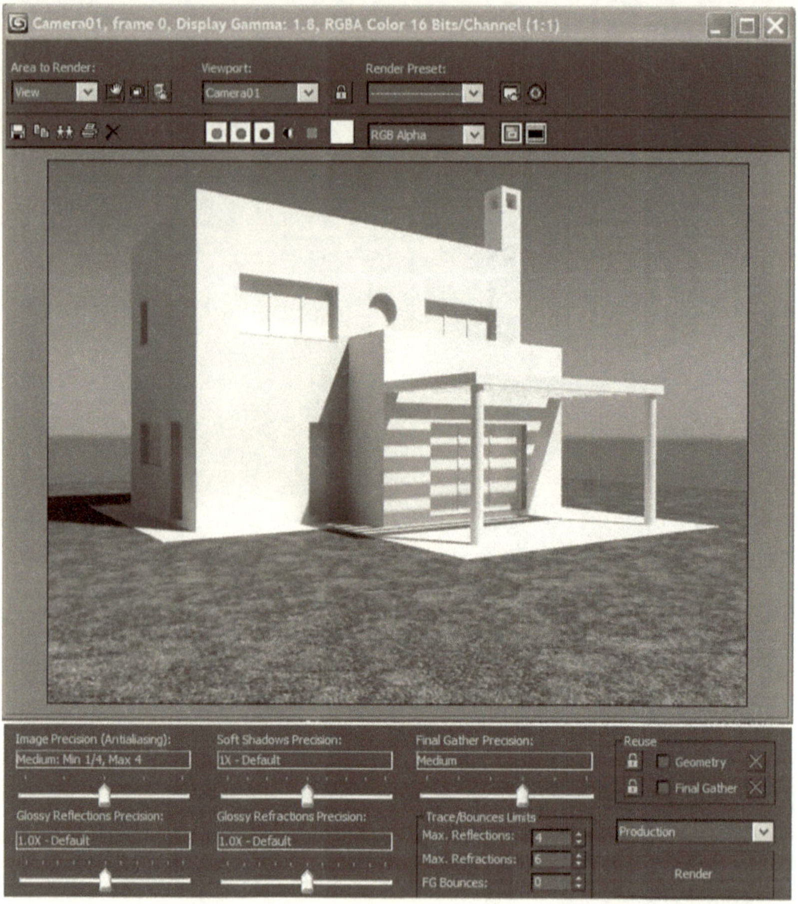

## Aplicar materiales 2

Para aplicar nuestro mapa al acerado exterior primero seleccionamos la capa p0-acerado exterior y ocultamos las demás.

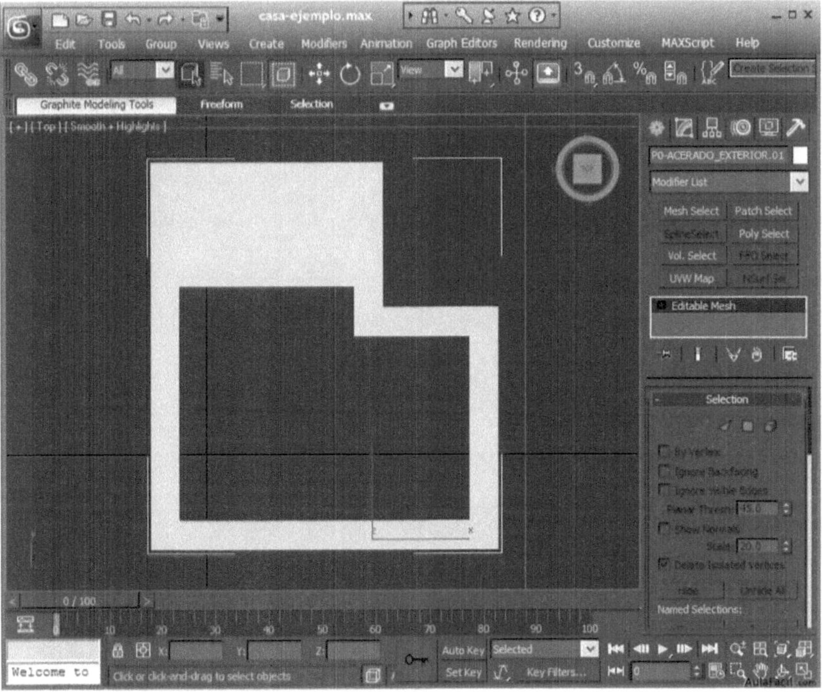

Ahora vamos a usar un mapa que viene integrado en el programa 3ds Max, no nos va ha hacer falta ninguna imagen exterior, vamos a abrir nuestro editor de materiales y marcamos la casilla diffuse con lo que se abrirá la lista de mapas, seleccionamos Tiles.

Una vez dentro del cuadro del mapa seleccionamos opciones avanzadas.

La idea es colocar un suelo de barro tipo gres de 40x40cms cada loseta, para ello conservamos la cuadrícula por defecto del material (4x4) con lo que las coordenadas del mapa que debemos aplicar son de 1,6x1,6x1,6, cambiamos el color por defecto a un color rojizo y la junta a un gris claro, le damos a Color Variance el valor 2 y Fade Variance 0.1 para simular la diferencia de tono de las losetas en la realidad.

También activamos Show Standard map in Viewport para poder visualizar el efecto del mapa sin tener que hacer un render.

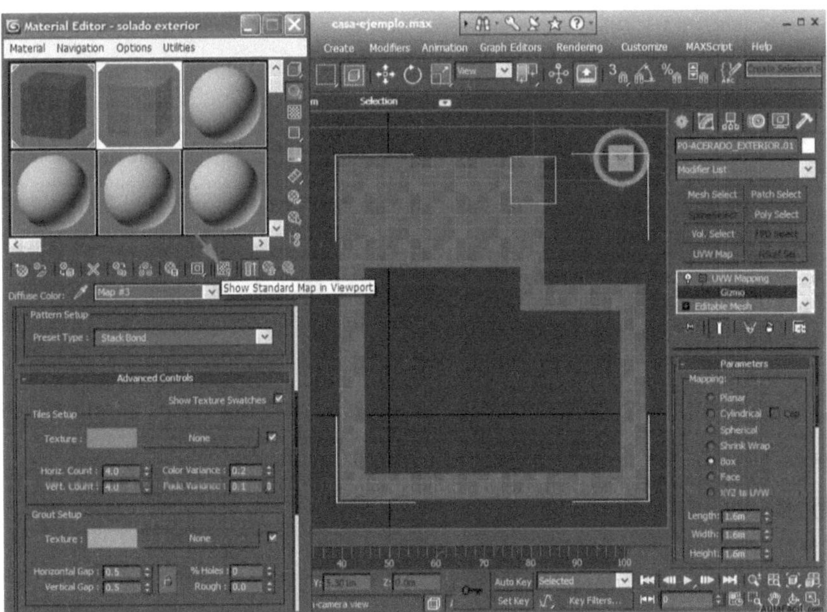

Si cambiamos a vista camara-01, activamos todas las capas y hacemos un render nos quedaría.

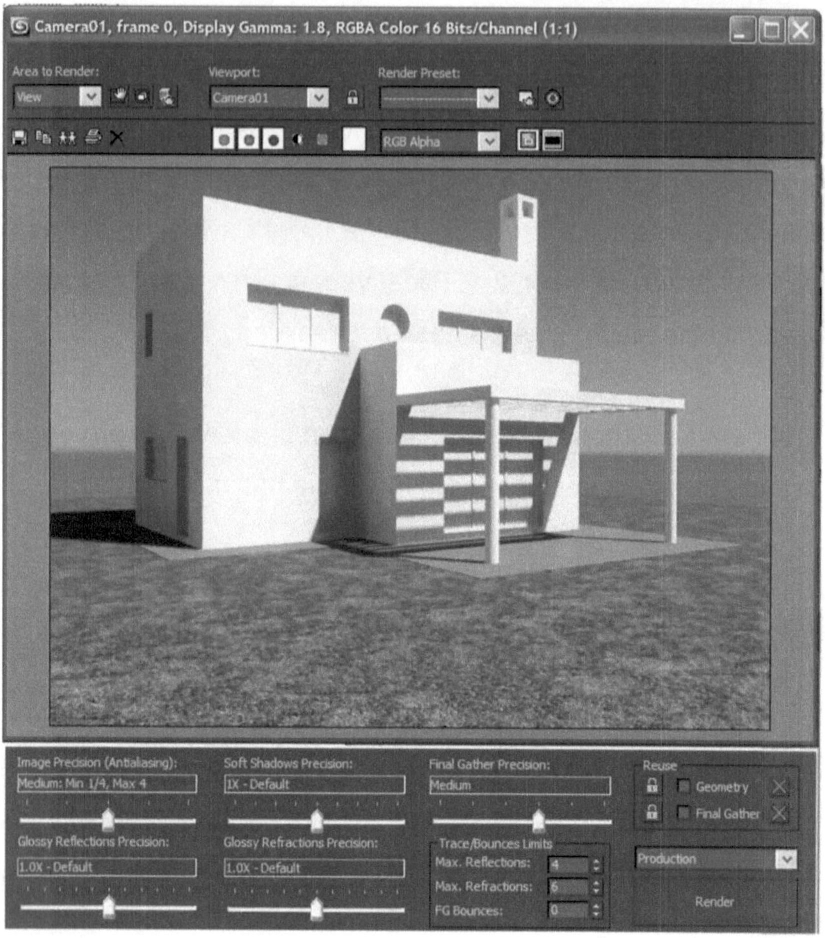

Ya tenemos el césped y el acerado exterior. En la próxima lección pondremos el material en las ventanas con sus marcos y cristales.

---

Nota: Es posible texturizar y renderizar los objetos mediante el V-Ray. Se trata de un motor que funciona como extensión, en este caso para 3DS Max, y que se instala como un Plugin.

---

## Ejercicio Animación 3D

Aprenderemos de una forma fácil y sencilla a hacer una pequeña animación en 3D de un recorrido virtual exterior de una vivienda para poder presentársela a nuestro cliente y pueda ver cómo quedará su casa antes de que esté terminada.

*Ejemplo*

La mejor manera de aprender es con un ejemplo práctico, paso a paso. Para ello usaremos un proyecto de vivienda que usaremos para aprender realizar la animación.

*Guion*

Antes de empezar con el trabajo es muy conveniente que realicemos un bosquejo o pequeño guión de lo que queremos hacer, esto nos ayudará mucho a llevar un orden y no perderemos tiempo en decisiones erróneas o cambios de opinión a mitad del trabajo. Así que para acotar nuestro trabajo empezaremos a definir lo siguiente:

-Duración de la Animación.

-Tipos de recorrido.

-Número de clips de vídeo (trozos de vídeo sin corte

que unidos forman la totalidad del vídeo).

En base a estos tres parámetros vamos a definir una animación que dure entre 50 y 60 segundos, muchas veces este tiempo es más que suficiente para poder enseñar nuestra idea y dejar satisfecho a nuestro cliente sin tener que hacer presentaciones largas y tediosas que a veces lo único que consiguen es aburrir, aunque esto no quita que a veces sean necesarias, pero no es nuestro caso. Como nuestra idea es dar una imagen general de nuestro proyecto haremos un recorrido general, tipo vuelo de pájaro para dar una visión global tanto de la parte delantera como de la trasera de nuestra vivienda. Haremos un vuelo de 20 segundos alrededor de la casa, luego lo copiaremos y le invertiremos el sentido de la animación creando algún fundido entre los dos clips, esto nos creará la sensación de acercamiento hacia nuestra vivienda y luego de alejamiento de ella. Al segundo clip que hemos copiado e invertido el sentido, le podemos aplicar algún efecto o cambio como puede ser convertirlo en Blanco y Negro. A todo esto, le pondremos una música de fondo y unos rótulos de entrada y salida. Los dos clips de entrada de 20 segundos cada uno más los rótulos y fundidos suman una animación de 50 segundos aproximadamente. Con el guion definido y teniendo claro el número de clips de vídeo y

duración de la animación, podemos empezar a acometer nuestro trabajo en las siguientes lecciones.

*Barra de tiempo*

Empezamos iniciando nuestro programa 3ds Max y abrimos el archivo. Primero explicaremos los comandos que usaremos para empezar a realizar nuestro proyecto.

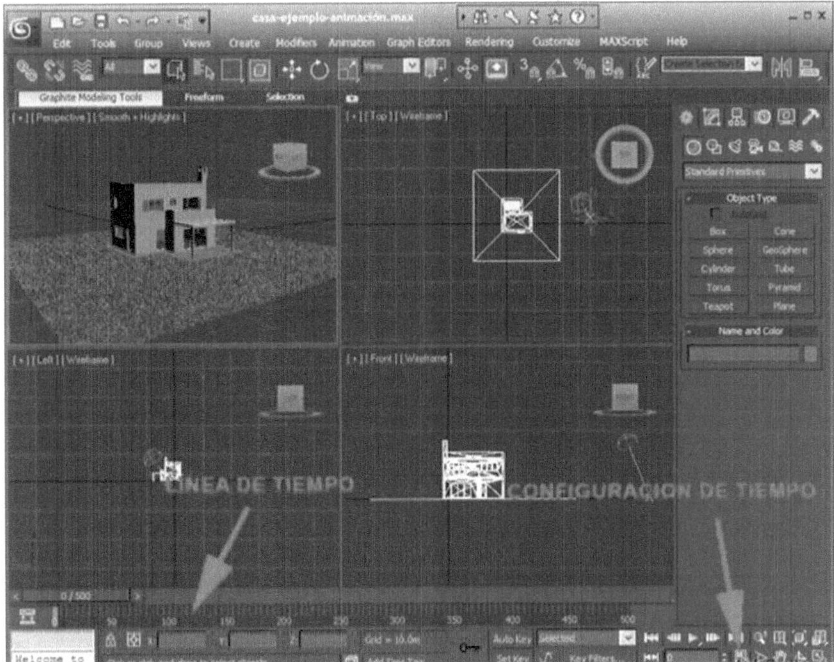


La línea de tiempo es la representación gráfica en forma de regla, de la longitud de nuestro clip medido en cuadros o "frames".

Un cuadro es la imagen fija que repetida en el tiempo crea la ilusión de movimiento.

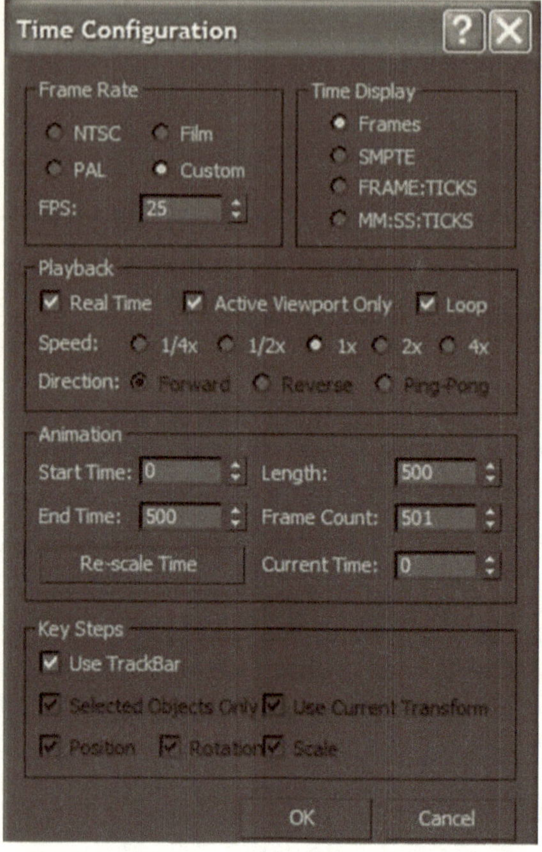


Si seleccionamos el botón Time configuration (Configuración de tiempo) nos aparecerá el cuadro de arriba. En él marcaremos la opción Custom y marcaremos 25 FPS cantidad suficiente y generalmente usada de frames por segundo para una visualización correcta de la imagen. En el cuadro Playback dejamos marcado Real Time. En Animation, en la casilla lenght, colocamos 500, que serán los frames reflejados en nuestra línea de tiempo, si dividimos 500 frames entre 25 (frames por segundo) nos darán 20 segundos, que será el recorrido total de nuestra línea de tiempo y la duración del clip de vídeo que generemos a partir de ésta. Con nuestros parámetros ya configurados continuamos.

*Parámetros*

Debemos definir el tamaño y parámetros de archivo de nuestro proyecto. Para realizar una animación de calidad y con mayor versatilidad para futuras ediciones, vamos a usar el sistema de cuadro a cuadro en formato TGA, este formato nos va a dar una calidad de imagen superior y una perdida de calidad mínima cuando la convirtamos (compresión de frames) a los formatos de vídeo más usados. El Tamaño de los cuadros lo vamos a definir en la pestaña Rendering-rendering setup con una resolución estándar de calidad DVD con y unas dimensiones de 720x486 píxeles.

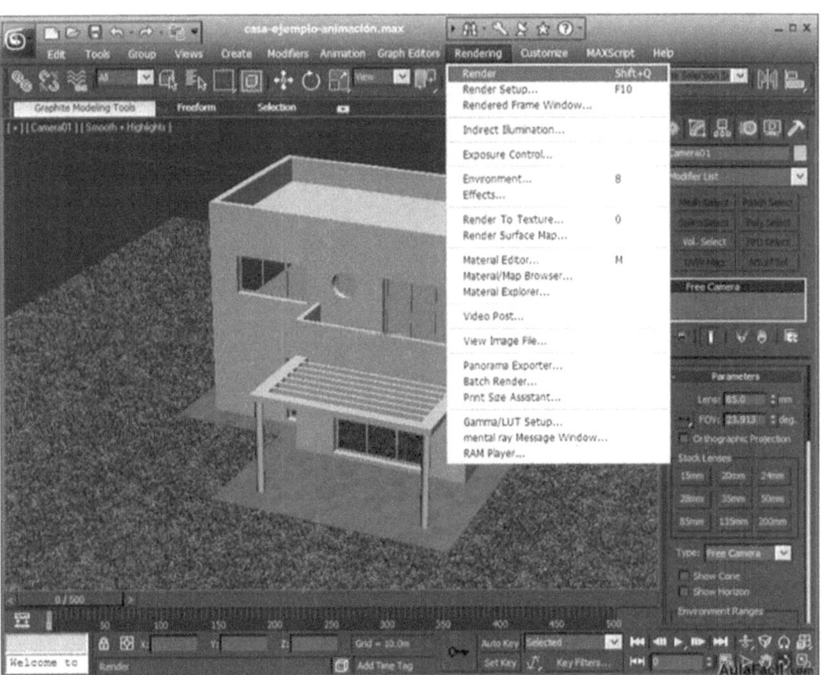

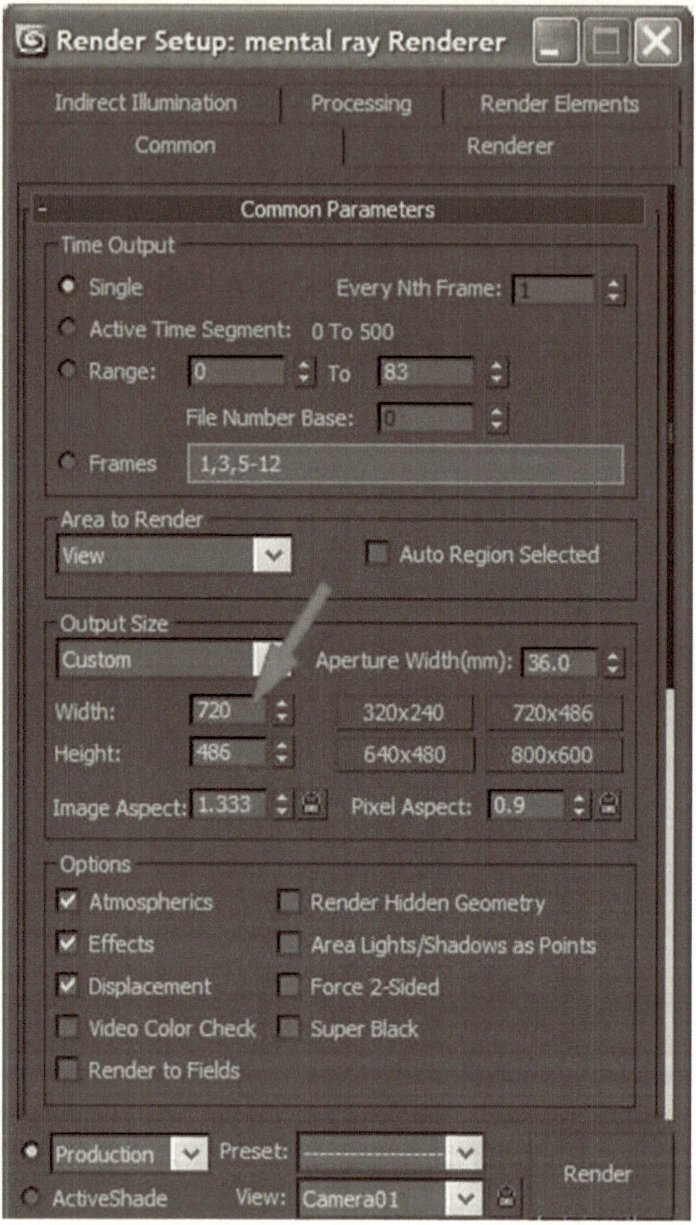

En el botón files más abajo, marcamos la opción de archivo con formato TGA a 32 bits y en el cuadro emergente creamos una carpeta que llamaremos Vuelo A, donde se alojarán cada uno de los cuadros que vallamos creando, y en el campo nombre de archivo (file name) también le llamaremos Vuelo A.

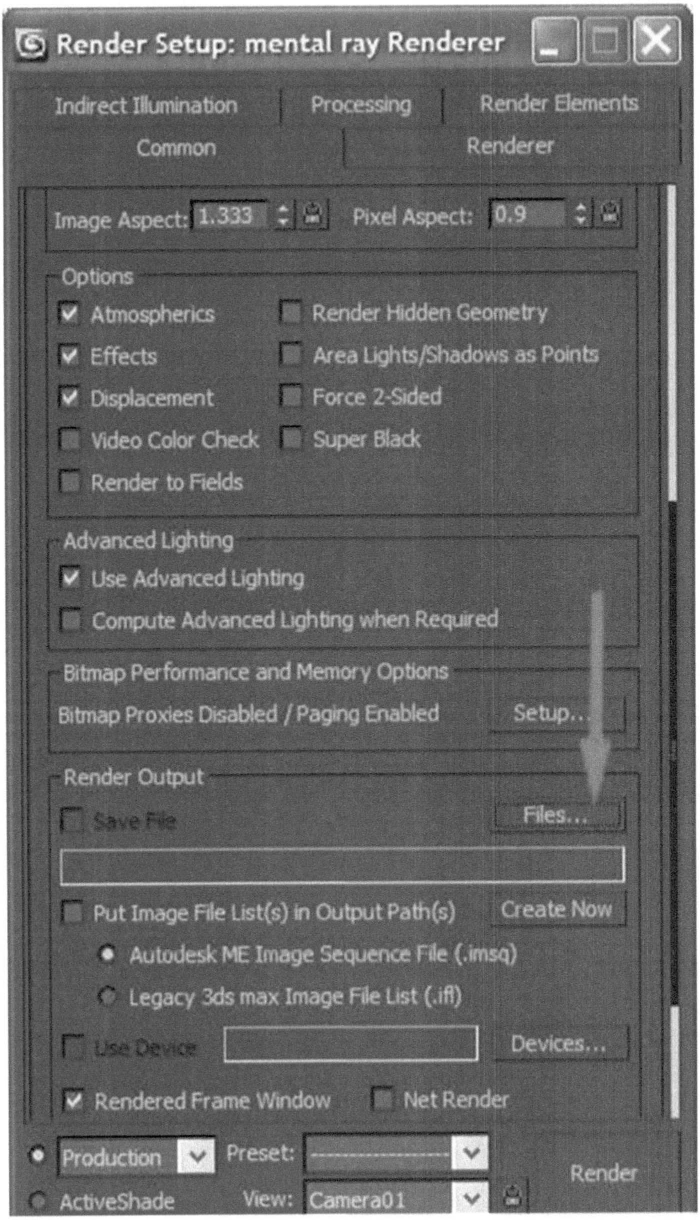

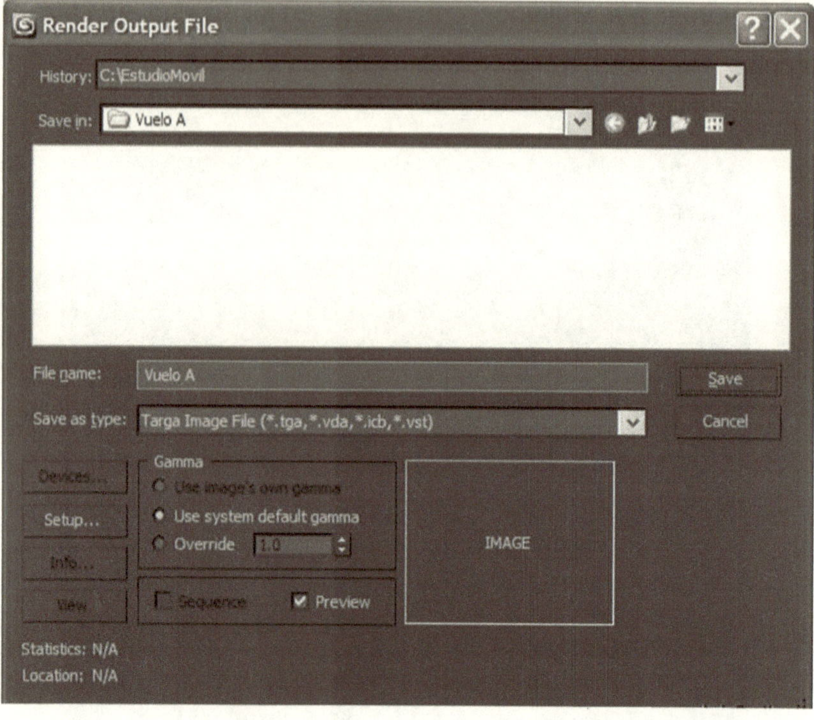

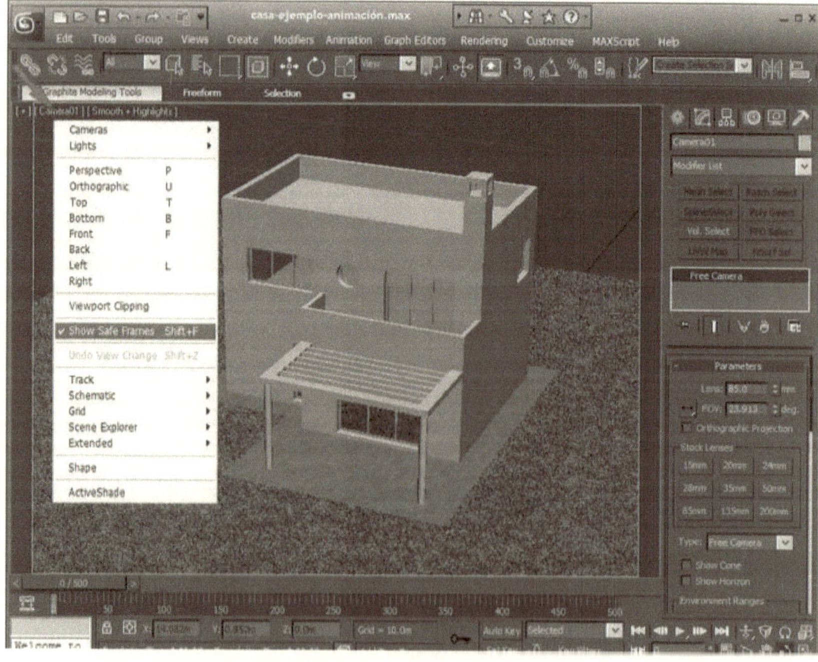

Por último, para visualizar en pantalla los límites del tamaño de nuestra imagen marcamos encámara-show safe frame y aparecerán unas líneas amarillas delimitando el contorno de nuestro cuadro. Estamos listos para empezar nuestro recorrido, creando una cámara y generando cuadro por cuadro nuestra animación.

*Colocar la cámara*

Empezaremos con el vuelo general como habíamos definido en nuestro guión y para ello haremos un barrido en el sentido de las agujas del reloj empezando desde el lado derecho de la parte posterior de la casa (zona del porche) hasta la zona trasera o de acceso de la vivienda. Seleccionamos crear cámara libre (Free) y cambiamos a nuestra vista trasera (back), pinchamos a una altura por encima de la azotea y ahí quedara situada nuestra nueva cámara.

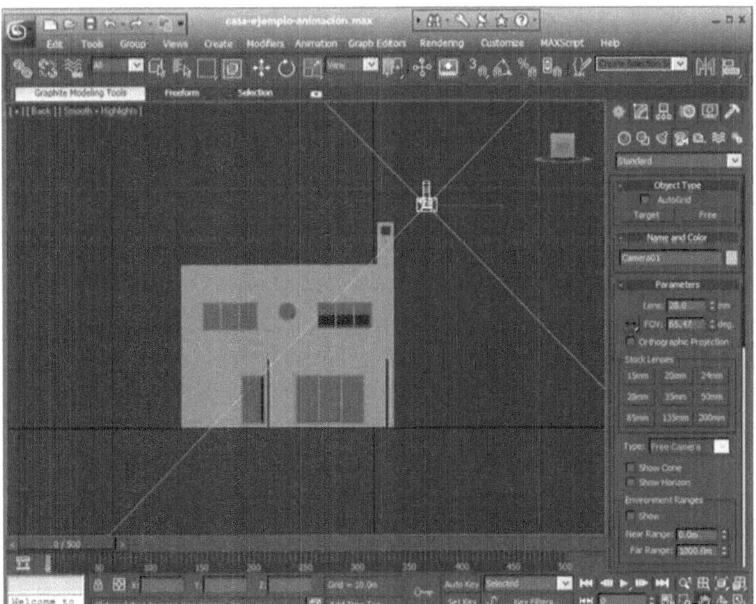

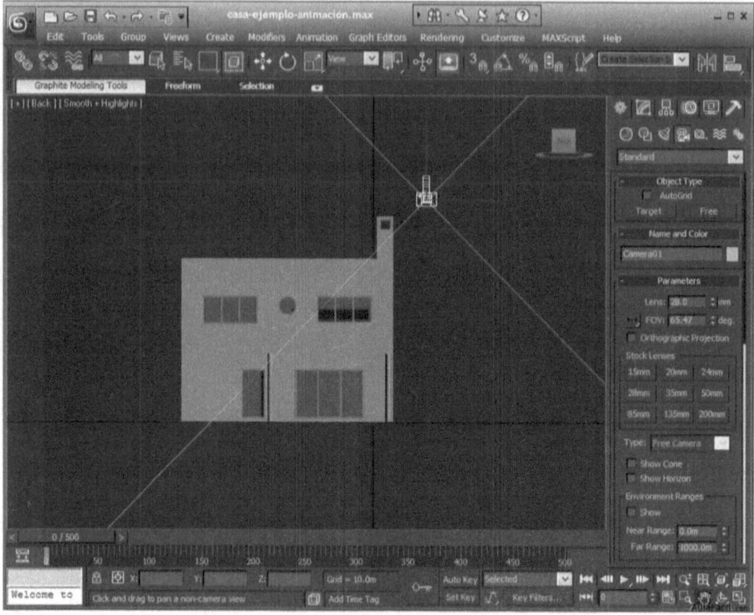

Cambiamos a la vista Top (arriba) y movemos nuestra cámara hasta colocarla de manera que abarque la fachada donde se haya de nuestro porche.

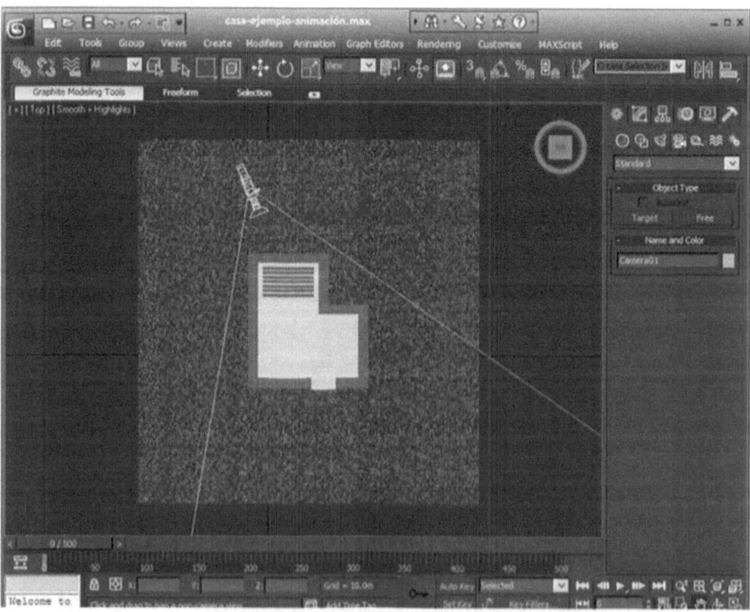

Ahora cambiamos a vista cámara 01 y con el comando Pan Cámara y Truck Cámara centramos nuestra vivienda en el cuadro de la cámara. Para que las líneas verticales de nuestra casa no se vean torcidas y estén lo más paralelas posibles aumentamos el valor de la distancia focal de nuestra cámara a 85 mm, de tal forma que quede nuestro encuadre más o menos de la siguiente manera.

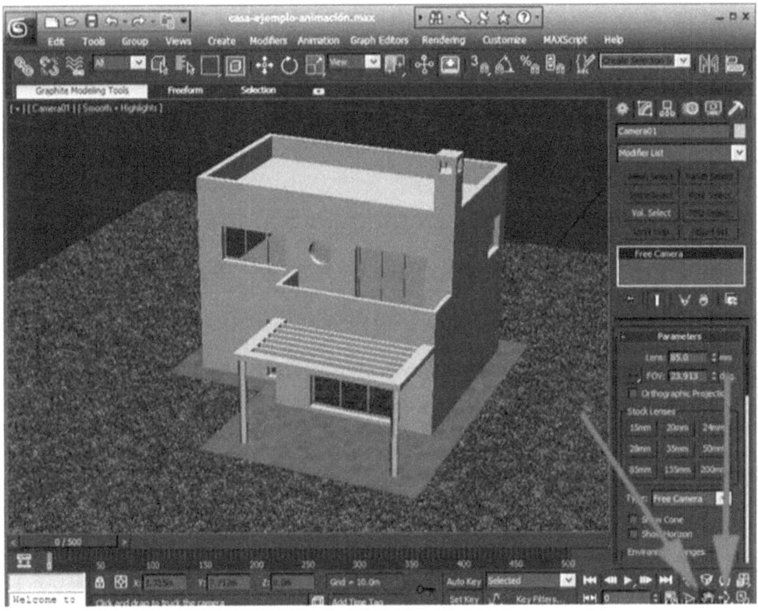

Ahora tenemos colocada la cámara en el inicio de nuestra animación.

*Keys*

Los Keys son los puntos a partir de los cuales se generará el recorrido (path) por el que transcurrirá nuestra cámara. En 3ds Max nosotros solamente definiremos esos puntos y el programa traspolará los puntos intermedios creando una trayectoria única que nos servirá de recorrido. Debemos tener en cuenta la cantidad de cuadros (frames) pues de eso va a depender el tiempo de nuestra animación.

En nuestro caso vamos a generar 500 frames que si lo dividimos entre 25fps (que es la velocidad unitaria que hemos definido en nuestros parámetros) resulta que obtendremos una animación de 20 segundos de duración.

Sabiendo la duración podemos imaginarnos la velocidad del recorrido, si el recorrido es corto la animación será muy lenta y si el recorrido es largo la animación será muy rápida. A crear nuestros keys, el primero será logicamente donde hemos situado la cámara.

Como vamos a hacer un recorrido de 500 frames vamos a crear un key cada 100 frames, para colocar el segundo key primero vamos a seleccionar nuestra cámara y vamos a marcar la opción autokey en la barra inferior de nuestra pantalla con lo que se marcará en rojo y aparecerá un marco de color rojo en nuestra ventana, ahora vamos a colocar en el cuadro contador de frames el número 100 y vamos a imaginarnos la trayectoria que queremos realizar y con la ayuda de los comandos pan y girar movemos nuestra cámara hacia el punto que represente aproximadamente la quinta parte del recorrido que vamos a realizar, ese será el cuadro 100 de nuestra animación.

Para crear el frame 200 repetimos la misma operación, escribimos 200 en el recuadro de frames y llevamos nuestra cámara al punto que queremos que esté situada para ese cuadro y así continuamos repitiendo las mismas operaciones para los cuadros 300, 400, 500 que será el final de nuestra trayectoria.

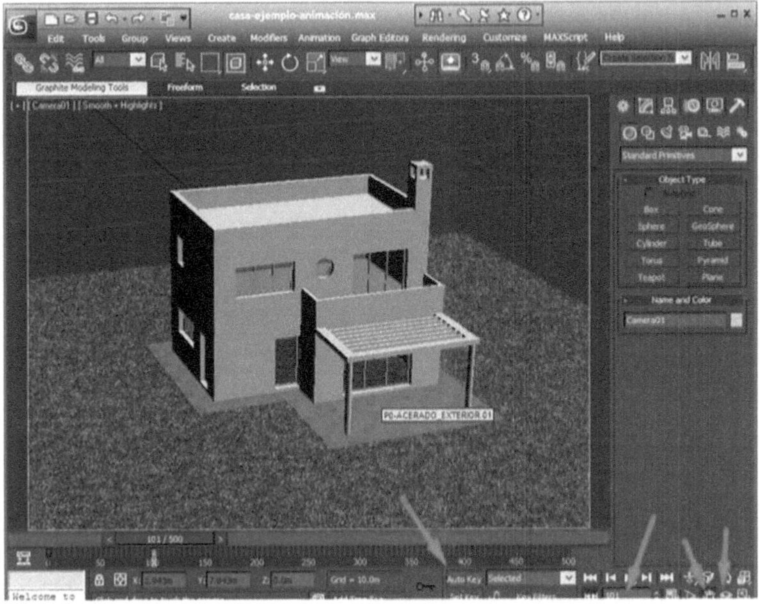

Nuestra posición en los frames 200, 300, 400 y 500 serían las siguiente.

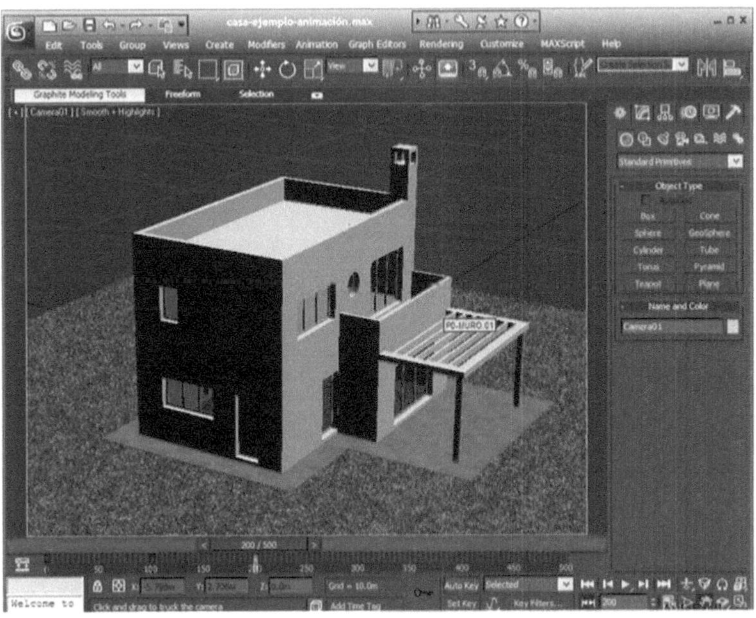

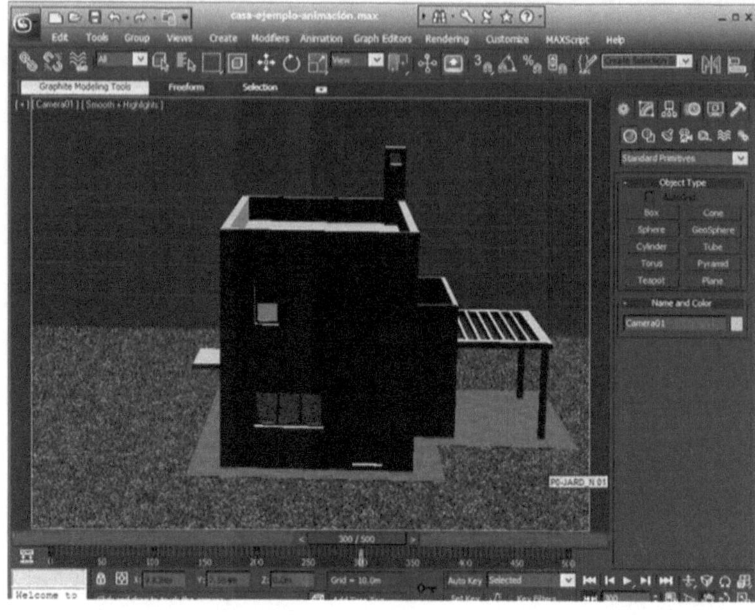

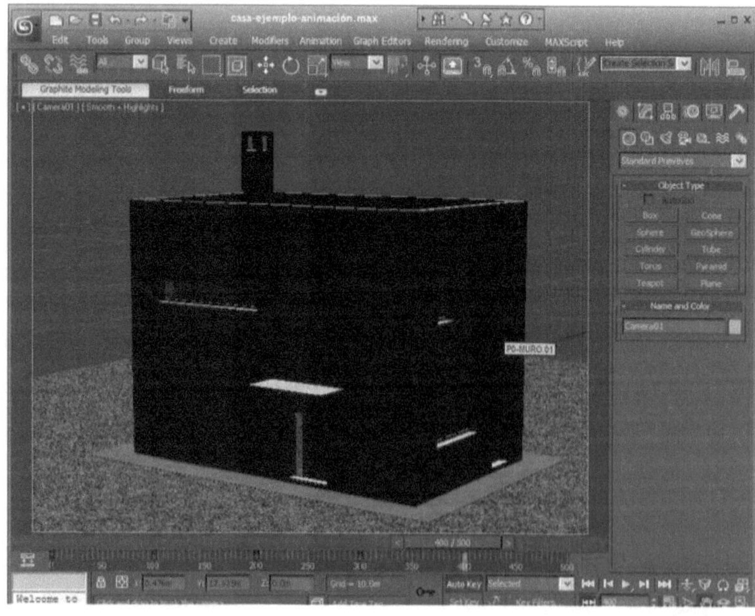

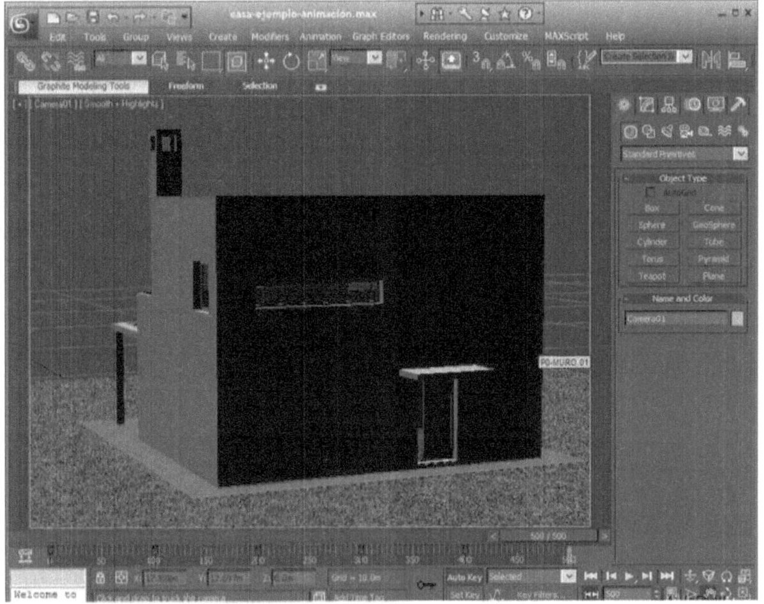

## Previsualuzación de la animación

Una vez que hemos definido nuestro recorrido marcando los "Keys" podemos hacer una previsualización rápida de nuestra animación en un formato y con una calidad menores que las de el resultado final pero que nos puede servir mucho para corregir y analizar posibles fallos antes de crear la animación definitiva que lleva mucho más tiempo en realizarse. La visualización en tiempo real se hace usando los controles de reproducción de la barra de herramientas inferior, colocando la animación en el "frame 0" y accionando play. También podemos deslizar la barra de frames. El inconveniente de esta previsualización es que si no tenemos un procesador potente veremos una serie de saltos y paradas que dificultará mucho la visualización de nuestra animación. Es importante que tengamos marcado smooth+highlightscomo forma de representación pues así se verá en forma de sólido nuestro modelo.

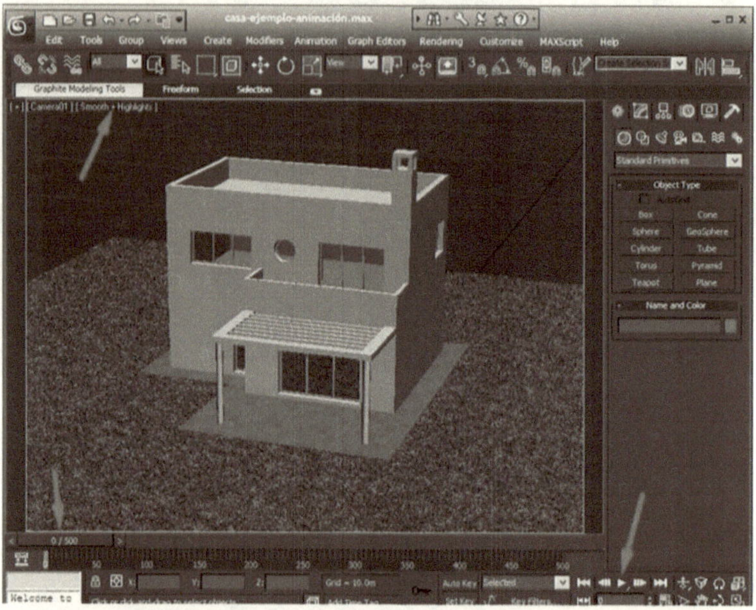

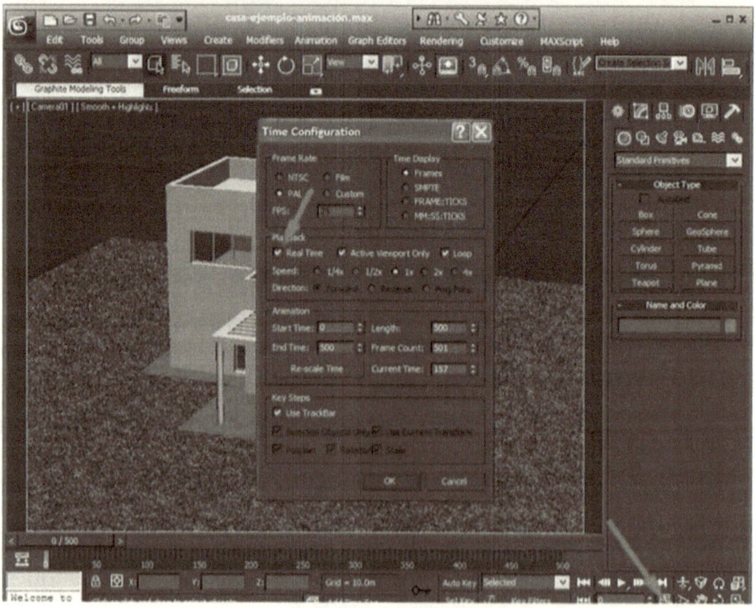

También es importante tener marcado en el cuadro de configuración de tiempo la opción Real time, pues así la animación, aunque tenga saltos y tropiezos se reproducirá en el tiempo establecido.

*Previsualización de la animación creando un archivo*

Podemos tener otra opción de previsualización que es generando un archivo de tipo avi para luego reproducirlo como una película en el ordenador. Para ello vamos a la pestaña animación (animation) y seleccionamos make preview con lo que nos aparecerá otro cuadro con unos parámetros de configuración que dejaremos por defecto excepto el tamaño de la imagen que pondremos 100 y en el tipo de salida cambiamos a un códec (programa que crea flujo de datos uniendo imágenes) muy genérico como es microsoft Video 1.

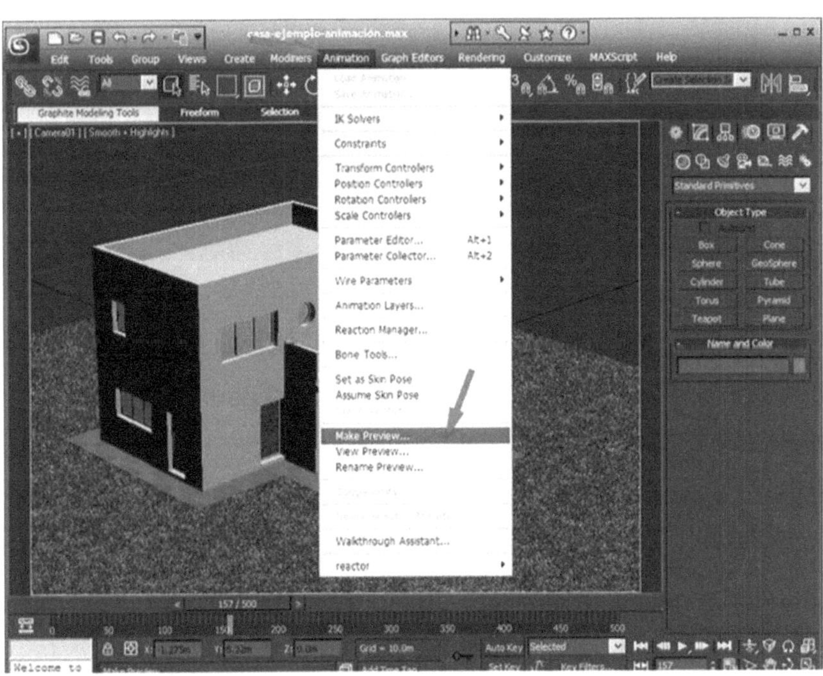

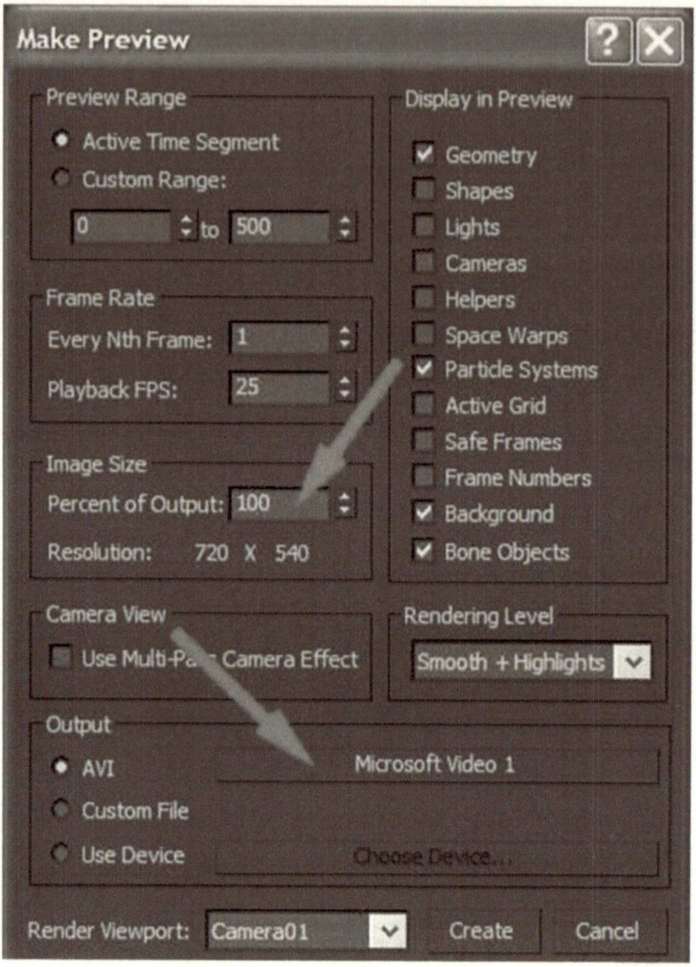

Marcamos create e inmediatamente el ordenador empezará a generar un render básico de los cuadros de nuestra animación y dependiendo de la velocidad de nuestro procesador tardará mas o menos tiempo, una vez terminado éste se abrirá el reproductor multimedia que tengamos configurado por defecto en nuestro ordenador y se visualizará nuestra animación. Si queremos volver a visualizarlo simplemente volveremos a la pestaña animation y seleccionaremos View Preview.

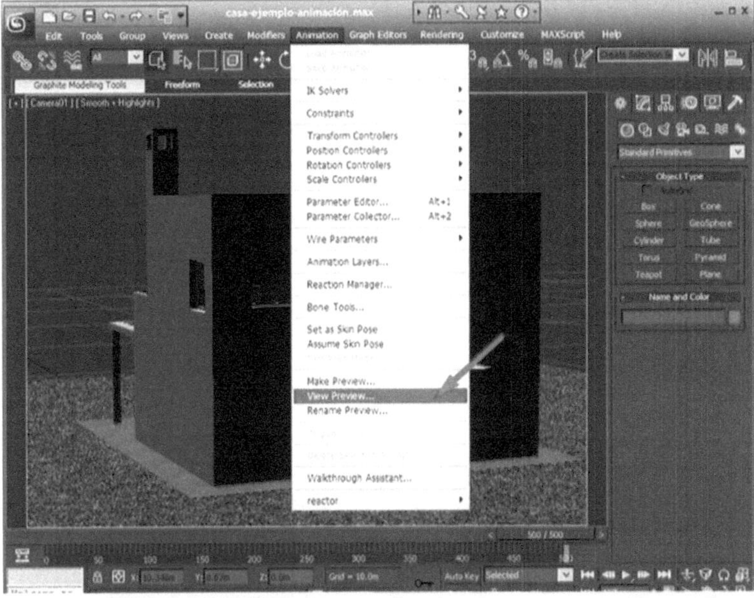

*Renderización de los cuadros (frame) definitivos*

Una vez realizada la trayectoria de nuestra animación y comprobada con los "previos" que está a nuestro gusto nos dispondremos a realizar los renders uno a uno y en máxima calidad de los cuadros o frames. Como vimos en otra lección, establecimos en las opciones de render setup como salida de nuestro proyecto archivos tipo TGA con una resolución de 720x486 y los guardaremos en una carpeta llamada Vuelo A en el directorio c. Cambiamos a Active Time segment para que el programa vaya renderizando automáticamente uno a uno todos los frames de nuestra animación.

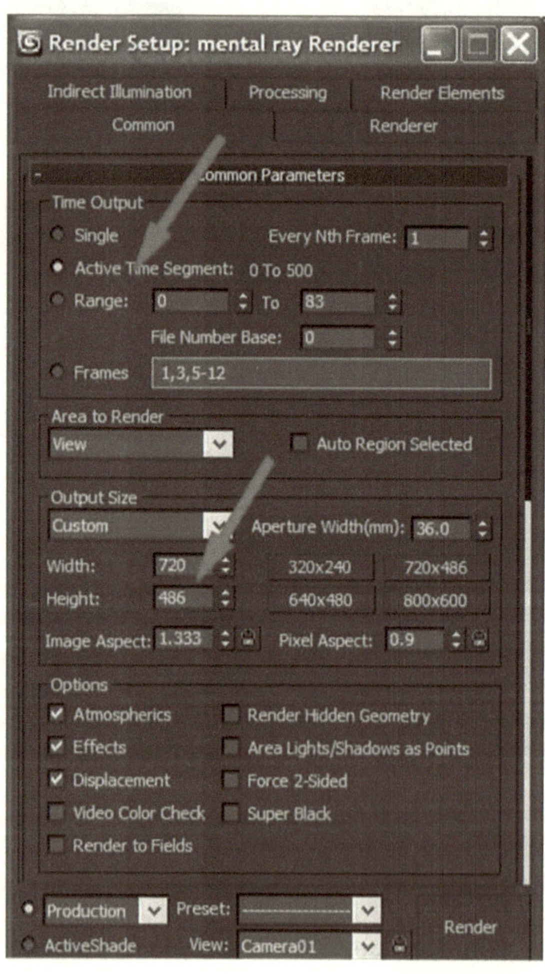

En Assing Renderer ponemos mental ray como motor de render que nos proporcionará la mejor calidad de iluminación global para nuestro proyecto.

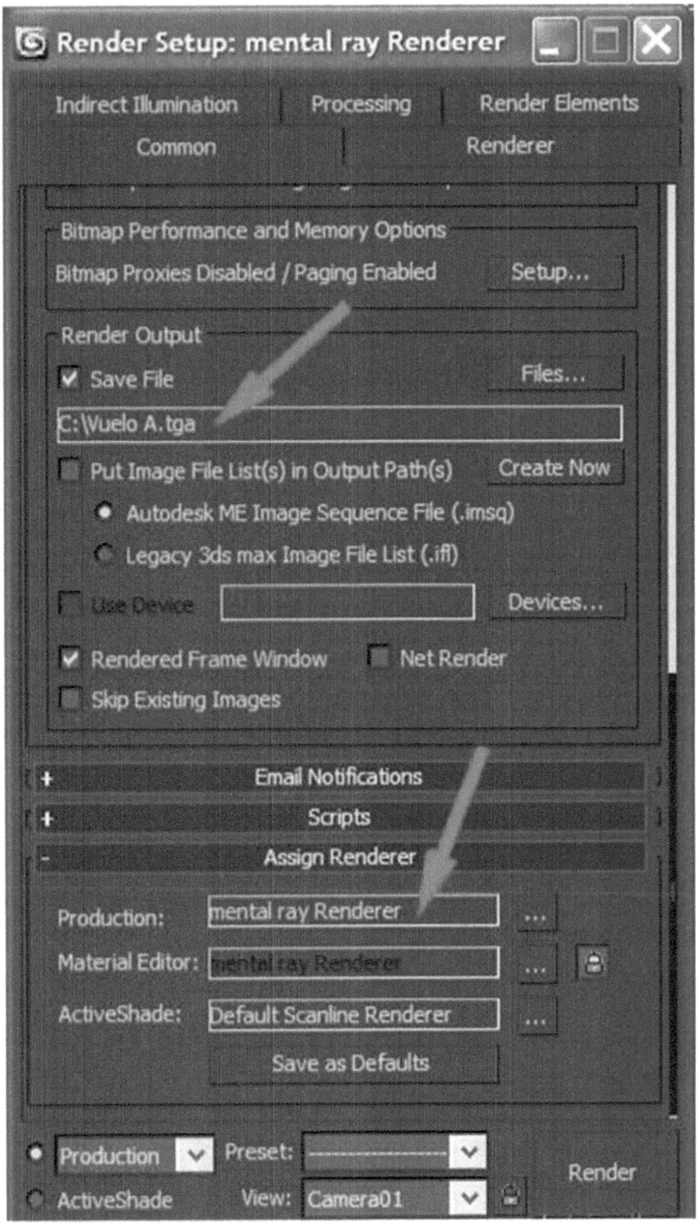

Realizados estos ajustes solo nos queda cambiar los parámetros de mental ray, para obtener unas imágenes de calidad, en la ventana rendered frame window de la pestaña rendering y los colocamos de la siguiente manera:

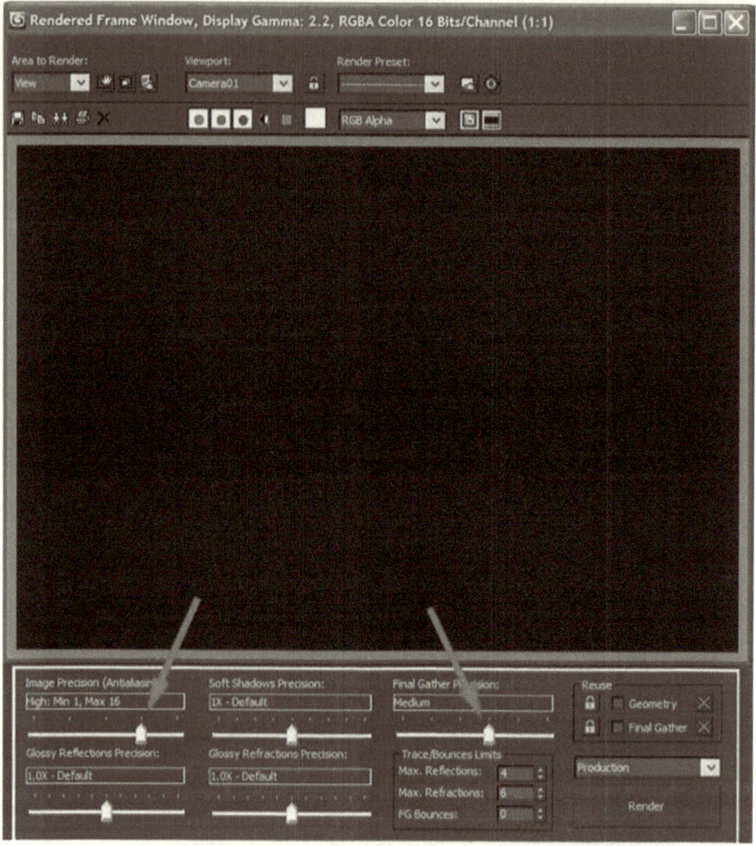

Ahora le damos a render y empezarán a generarse y guardarse en la carpeta destino uno a uno los 500 frames de nuestro proyecto, tarea que puede tardar dependiendo de la velocidad del procesador de nuestro ordenador de 4 a 20 horas o incluso más si nuestro ordenador es lento y antiguo.

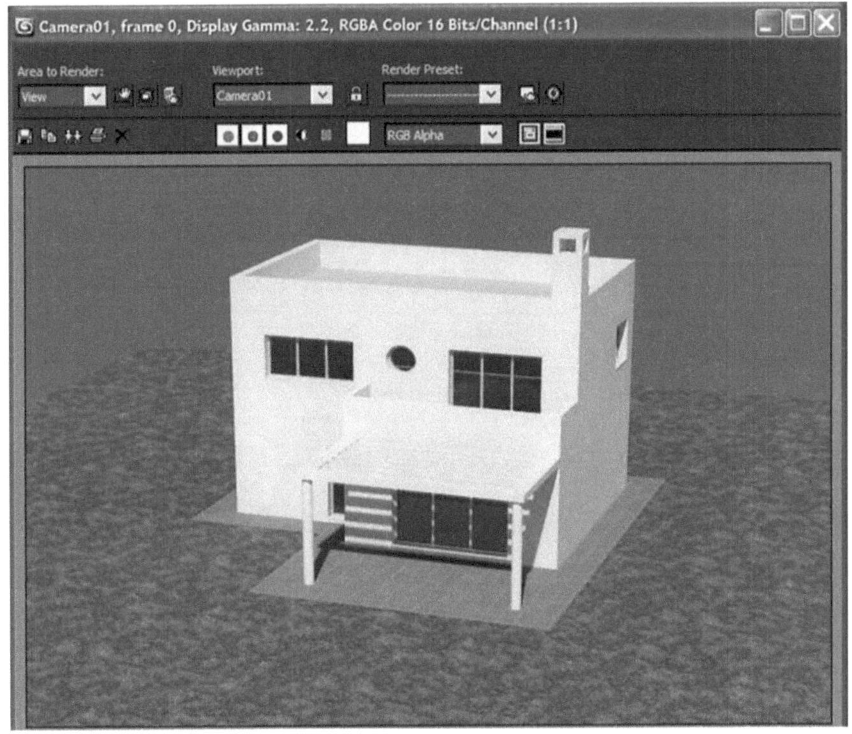

## Atajos del teclado

En Customize-customize user interface ponemos atajos de teclado.

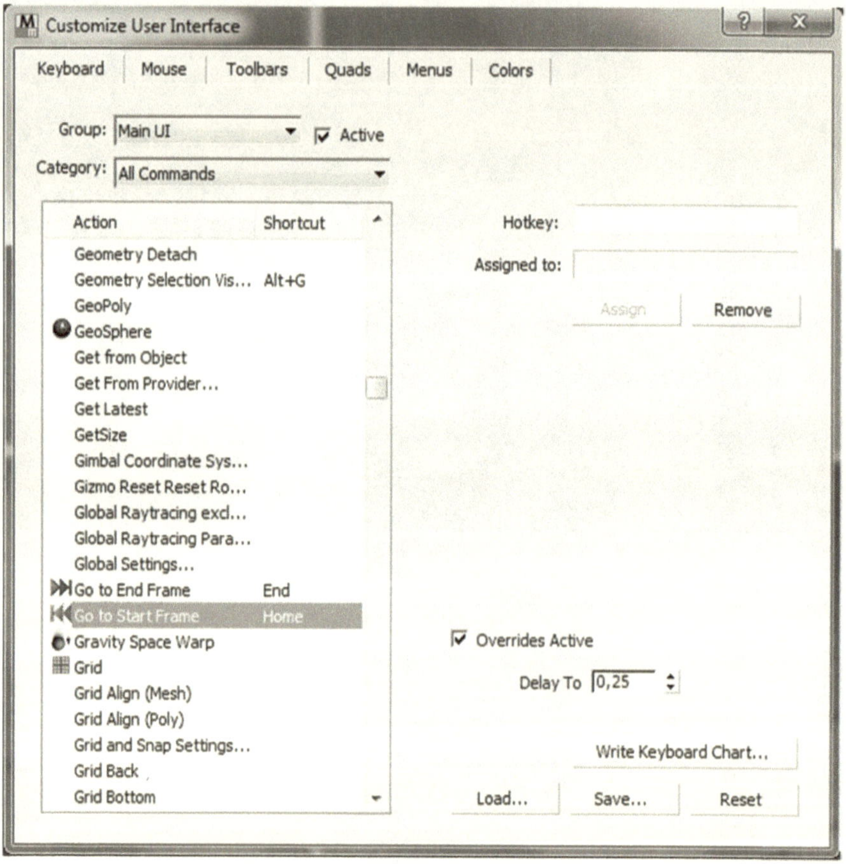

En la pestaña keyboard se puede buscar aquéllos que no tengan asignado un atajo.

En hotkey asignamos el atajo de teclado.

Si está cogido nos lo indica.

Le damos a aceptar una vez hayamos escogido la tecla y salimos de la ventana.

*Sin clasificar.*

Alt-Q: aisla un objeto (isolate).

Ctrl-S: guardado automático.

Ctrl-Z: deshacer una acción.

N: activa la calculadora de 3DS Max.


*Alinear.*

Alt-A: alinear.


*Coordenadas.*

Alt-botón medio del ratón: sobre un spiner, sube la velocidad del nº de la coordenada.

Alt-botón medio del ratón: sobre un spiner, baja la velocidad del nº de la coordenada.

Ctrl-botón medio del ratón: sobre un spiner, aumenta el intervalo de movimiento.

Tabulador: sobre un spiner, pasa valores de forma escalonada.


*Copiar y pegar.*

Ctrl-V: activa la ventana de clonación para hace una copia in situ.

Shift: copia un objeto previamente seleccionado.

Shift-I: activa la ventana de spacing tool.


*Guizmo.*

] y - (no del teclado numérico): modifica el tamaño del guizmo.

X: activa y desactiva el guizmo.

*Render.*

F9: realiza un render

F10: activar la ventana render setup.

Shift-Q: realiza un render del visor que esté seleccionado.


*Selecciones.*

Barra espaciadora: bloquear objetos para que no puedan moverse ni editarse.

Ctrl-A: seleccionar todo.

Ctrl-Alt: deseleccionar de un conjunto seleccionado.

Ctrl-botón izquierdo del ratón: selecciona varios objetos sin deseleccionar los que ya estén cogidos.

Ctrl-D: deseleccionar todo.

Ctrl-I: invertir la selección (selecciona los objetos no seleccionados y deselecciona los que ya estaban cogidos)

H: desplegar la ventana de objetos.

Q: activar el modo selección.


*Snap.*

Alt-D: activa o desactiva la restricción del snap.

F5: restringe el snap al eje X.

F6: restringe el snap al eje Y.

F7: restringe el snap al eje Z.

S: activa o desactiva el snap.


*Texturización.*

M: editor de materiales.

*Transformaciones.*

E: rotar un objeto.

F12: despliega desplegar la ventana de transformaciones.

R: escala un objeto.

W: selecciona y mueve un objeto.


*Visores.*

Alt-W: minimiza y maximiza un visor.

I: centra el visor en el cursor del ratón.

V: muestra una ventana con las vistas disponibles del visor:

B: vista desde abajo.

C: vista de cámara.

F: vista frontal.

K: vista trasera.

L: vista desde la izquierda.

P: vista perspectiva.

R: vista desde la derecha.

T: vista desde arriba.

U: vista ortométrica.

Z: centra el visor en el espacio donde estén situados los objetos de la escena.

## Listado de Modificadores

*Anotaciones e índice*

Los modificadores son herramientas muy útiles que nos permitirán flexibilizar nuestro trabajo de modelado.

*Funcionamiento*

Podemos usar varios de ellos en un solo objeto, aparte de poder copiarlos y pegarlos. Si queremos meter un modificador vamos a modify, hacemos clic en modifier list y seleccionamos el modificador. Si queremos copiar un modificador a otra figura ya existente hacemos clic derecho del ratón sobre el nombre del modificador y seleccionamos copy. Ahora vamos al otro objeto y con el botón derecho seleccionamos paste. Podemos hacer un paste instance si lo que queremos es que las propiedades del modificador del objeto afecten también al otro. Los modificadores tienen un icono de bombilla a la izquierda del nombre. Este permite activar o desactivar el modificador. Muy útil cuando queremos acceder a otras características de la figura para que no nos estorbe el modificador. No olvides que los modificadores tienen un icono '+' a la izquierda del nombre. Si hacemos clic sobre él veremos que hay más opciones del modificador (mover el guizmo, opciones extra, etcétera). Si tienen más de una opción se pueden seleccionar pulsando las teclas del 1 al 9 (no del teclado numérico). Cuando añadimos modificadores los inferiores se ocultan. Sólo hay que pinchar sobre el icono con forma de probeta (show end result). Para buscar los modificadores rápidamente, despliega la lista de modificadores y a continuación pulsa la primera letra que corresponda al modificador. Por ejemplo, si buscas el modificador Shell, pulsa la letra S y el programa te conducirá al modificador. De esta manera ahorrarás tiempo.

*Lista de modificadores*

Modelado básico:

-Bend.

-Bevel.

-Bevel profile.

-Cross section.

-Edit mesh.

-Edit poly.

-Extrude.

-FFD Box.

-Lathe.

-Lattice.

-Noise.

-Push.

-Shell.

-Smooth.

-Symmetry.

-Sweep.

-Turbosmooth.

-Wave.

Texturizado:

-UVWMap.

## Ejercicios prácticos
## Modelado de copa

En este primer ejercicio de modelado daré una serie de pautas para aprender a modelar una simple copa. No sólo me fijaré en el método de modelado, sino en cómo organizar el trabajo previo al mismo.

Uno de los errores que se suelen cometer a menudo es, precisamente, comenzar a trabajar sin un esquema previo. Ya sea una escena simple o un objeto como el de este ejercicio, se necesita poner en orden todo lo que se va a hacer. Y para ello hay que hacerse unas cuestiones previas.

En este caso, mi objetivo es crear una copa de champán (o de cava), sin texturización, porque me interesa sólo el modelo. Para crearla, usaré una imagen de referencia, una caja que me sirva de guía, una línea y el modificador lathe.

Así es como se comienza el trabajo, cualquier trabajo. Recomiendo apuntar hasta cómo se realizarán los modelos, la iluminación, o qué texturas emplear.

La justificación de todo esto se reduce a la optimización de nuestro tiempo.

Cuando nos encargan un trabajo el tiempo es reducido, así que hay que aprovecharlo bien.

Con nuestra imagen de referencia a mano podemos comenzar el modelado. Para crear modelos realistas necesitamos referencias reales. La imaginación suele jugarnos malas pasadas. Para crear nuevos modelos hay que llenar la cabeza de modelos de nuestra vida cotidiana, recuérdalo.

Creamos una caja de guía en el visor top, le ponemos de nombre 'guia' e introducimos las medidas: 15x15x40 cm. Acostúmbate a poner nombres a cada objeto que crees, sin tildes, comas o puntos, aunque puedes emplear barras bajas (_) o rayas (-). En escenas pequeñas puede que no tengas problema, pero en las grandes sí, porque tendrás muchos objetos y cuando eches mano de alguno y quieras seleccionarlo tardarás tiempo en encontrarlo.

Metemos dos segmentos en width y length, y 5 segmentos en height. Nos vamos al visor front y creamos una línea. Para evitar usar el modificador shell, haremos el contorno cerrado, así podremos modificar a nuestro antojo el grosor del cristal en los puntos que queramos. Recuerda, el control en la modelación es esencial.

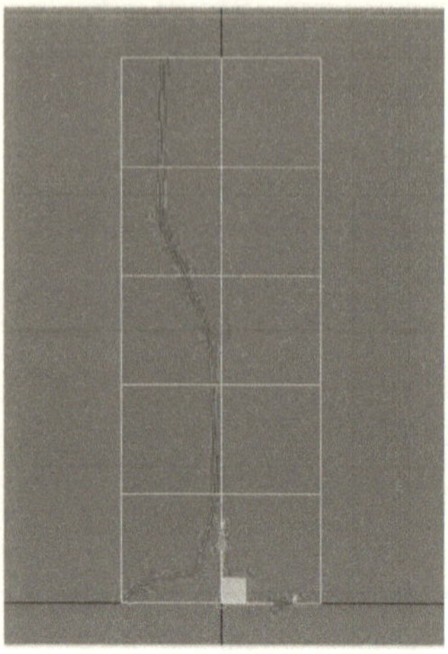

Lo siguiente es aplicar fillet en todos los puntos para suavizar la geometría. Si en algún momento hay varios puntos que se juntan y queremos que estén así, selecciónalos y aplica weld para fusionar ambos puntos en uno solo.

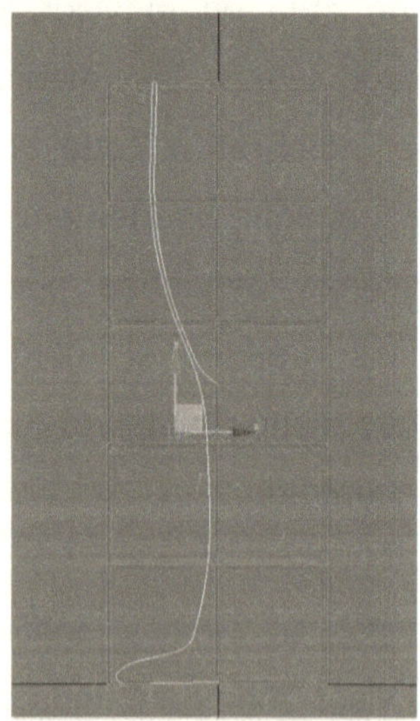

Esto comienza a tener forma de copa, ¿verdad? Aplica el modificador lathe. Dicho modificador proyecta una geometría de 360° de un spline. Probablemente no ha salido la copa tal y como queríamos. Ve al modificador y pulsa max (o min, porque depende de la orientación de la copa) y el modificador corregirá automáticamente la geometría. Debe quedarte algo así:

## Escritorio modelado

En este ejercicio os muestro mi método para modelar una mesa a partir de una referencia. Os aconsejo que estudies bien los pasos que doy y comprendáis por qué hago las cosas de esta forma. A la hora de modelar cualquier cosa hay que servirse de referencias. Para ello, vamos a Google Imágenes y buscamos 'medidas escritorio'. Yo he escogido esta imagen, que tiene las suficientes acotaciones para realizar el escritorio.

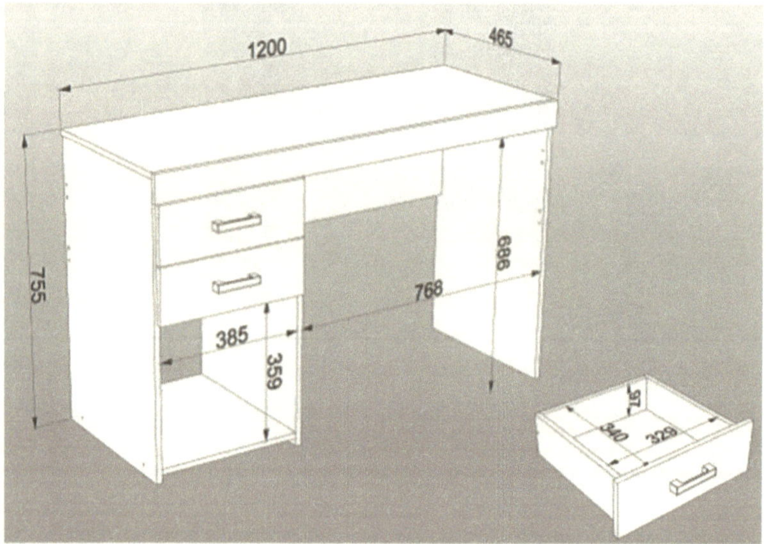

Como veis, tenemos casi todas las medidas para realizar el modelo. En ocasiones, no tendremos esa suerte y no tendremos más opción que modelar en base a una fotografía. Siempre que podamos tenemos que encontrar planos acotados del modelo.

Comenzaremos por la pata izquierda. Creamos una caja en el visor top, asignamos las medidas y pon un nombre para identificar la pieza. Para el grosor de las patas pon 3 cm.

Normalmente, el grosor suele rondar entre 2,5 y 3 cm. Convierte el objeto en editable poly, selecciona las aristas menos las superiores, clic derecho y selecciona chamfler.

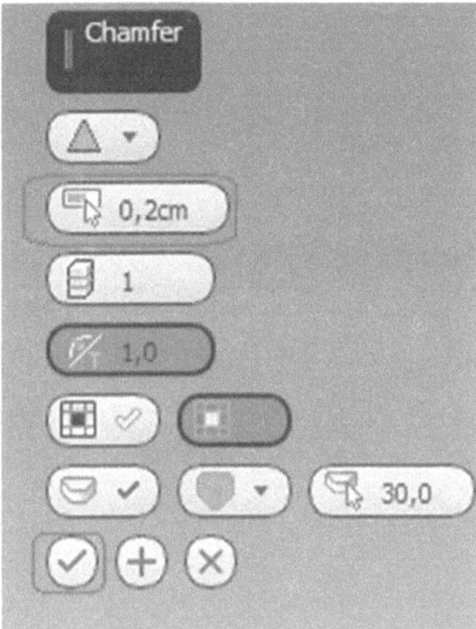

Introduce el valor 0,1 y pulsa en el icono de visto bueno. El resultado debe ser este:

Ahora crearemos el tablero horizontal. Creamos otra caja en el visor top, asignamos las medidas y ponemos un nombre para identificar la pieza. El grosor del tablero debe ser de 3 cm.

Convierte el objeto en editable poly, selecciona todas las aristas menos las que están cubiertas por el tablero frontal, clic derecho y selecciona chamfler. Introduce el valor 0,1 y pulsa en el icono de visto bueno.

El resultado debe ser este:

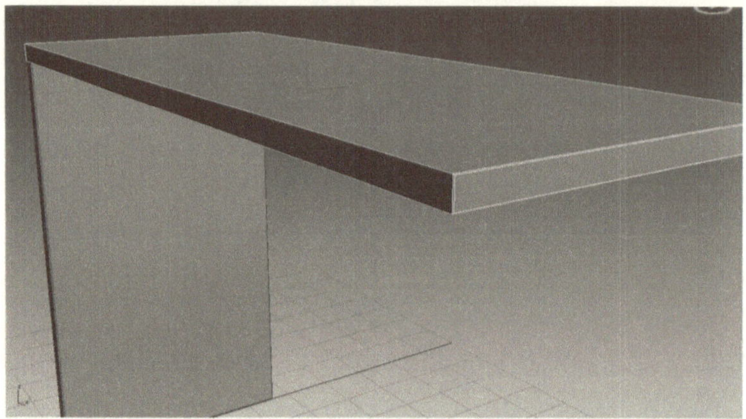

Copiamos la pata derecha y la llevamos al otro extremo de la mesa.

Lo siguiente a modelar serán las cajoneras.

Calculamos la distncia del hueco inferior de la cajonera usando una caja como guía (introduce los valores y listo) y copia la pata izquierda para delimitar el espacio de las cajoneras.

Ahora crea otra caja con las medidas del cajón, añade un segmiento vertical y horizontal, y súbela.

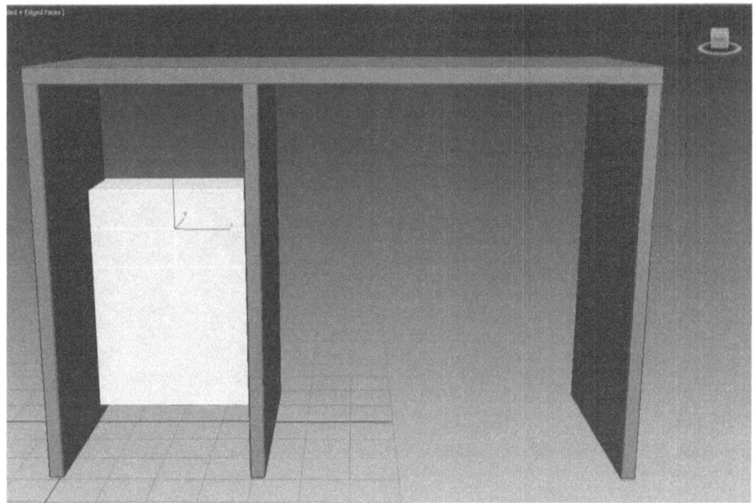

Creamos otra caja que será el cajón. Colocamos las medidas y transformamos a editable poly. Seleccionamos todas las aristas y le hacemos un chamfler de 0,1 cm. Asegúrate de que el cajón está nombrado y está en la posición correspondiente.

Crearemos el asa. Emplearemos un spline extendido, el channel. Lo creamos en el visor top e introducimos los siguientes valores:
Lenght: 22 cm.
Width: 4 cm.
Thickness: 2 cm.

Ahora aplicamos el modificador extrude. Le aplicamos 2 cm. Convertimos a editable poly, seleccionamos todas las aristas, seleccionamos chamfler y damos de valor 0,1 cm. Ahora situamos bien la pieza empleando la caja que tiene los segmentos como guía. De esta forma seremos precisos a la hora de colocar los objetos.

Lo siguiente es acabar el resto del cajón. Para los laterales emplearemos el spline extendido channel. El grosor será de 1,2 cm. Crearemos una caja adicional de un grosor fino para el fondo del cajón. En estas dos piezas no hace falta usar chamfler, ya que serán piezas que no se verán.

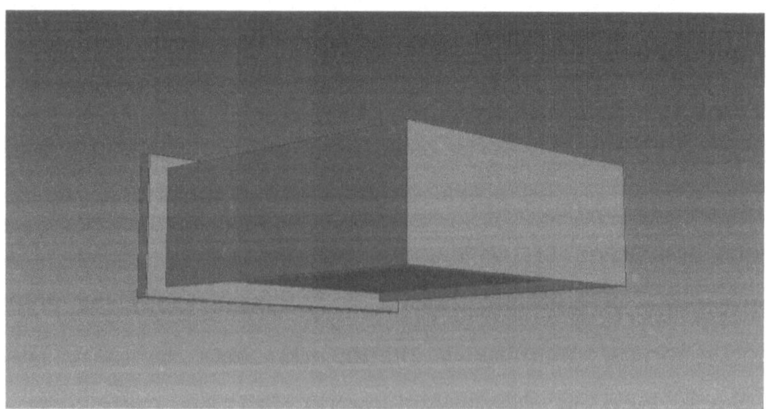

Ya podemos eliminar las cajas de referencia, copiar el cajón y colocarlo en su sitio.

Vamos a crear dos piezas más: el frontal que hay encima de la cajonera y el tablero inferior, que está debajo de la cajonera. Son dos cajas. El frontal tendrá un chamfler de 0,1, pero la arista superior se quedará sin chamfler. El tablero inferior tendrá un chamfler de 0,1 en todas las aristas.

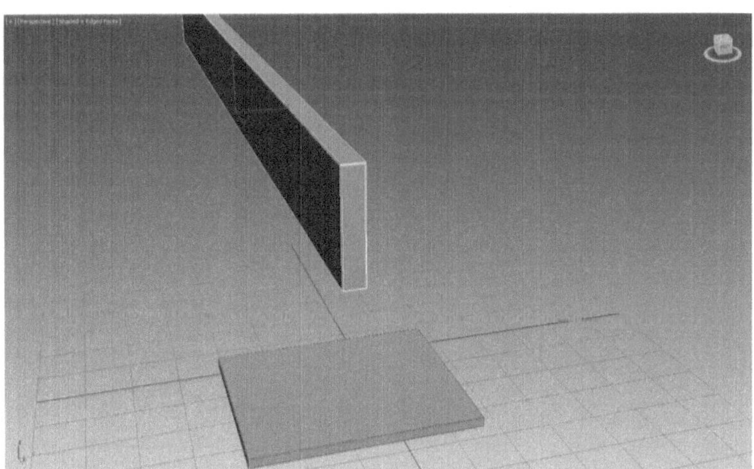

Crearemos dos tableros más usando cajas. El primero es el que une la pata derecha con la pata central. El segundo es el que cubre la parte trasera de la cajonera. Ninguno de ellos necesita chamfler.

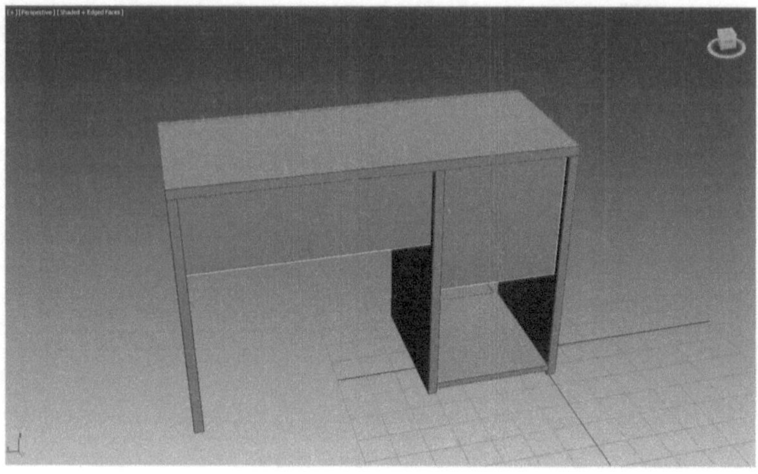

Ya tenemos la mesa casi hecha, solo nos falta un pequeño detalle. Por norma general, las mesas tienen unos tacos debajo de las patas para proteger los tablones de madera del suelo. Para este ejercicio, usaré una primitiva extendida, el oiltank. Crea este objeto, colocamos los siguientes datos y los situamos justo como aparece en la captura.

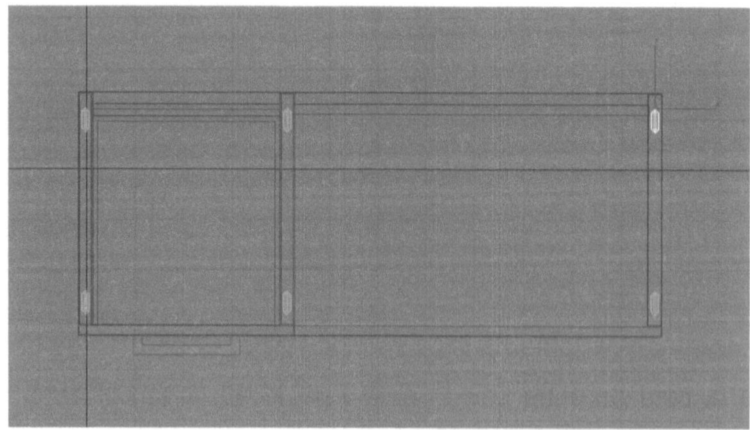

Y este es el resultado final:

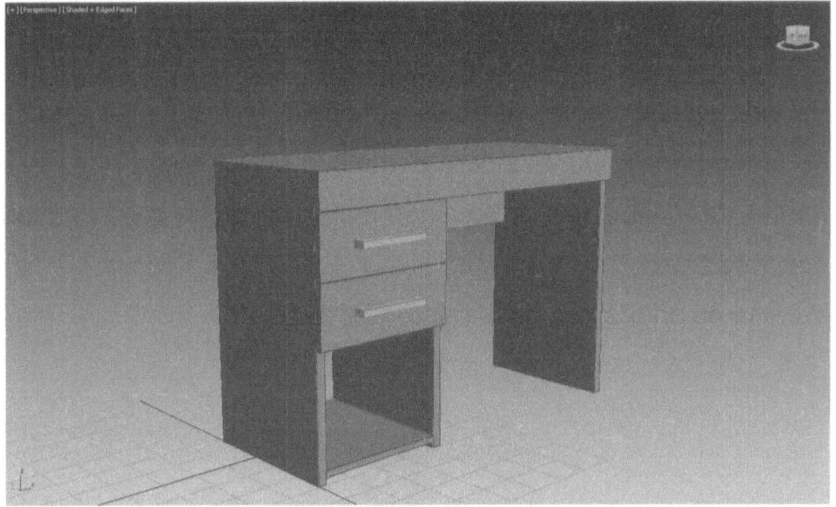

Gran parte de los objetos tienen las aristas suavizadas, de ahí la importancia del chamfler.

## Columna modelada

En este ejercicio aprenderemos a modelar una columna clásica de orden dórico. Os enseñaré el método básico, pero hay otras formas de modelado que permiten mayor precisión que veremos más adelante.

Y cómo no partiremos de la referencia de rigor:

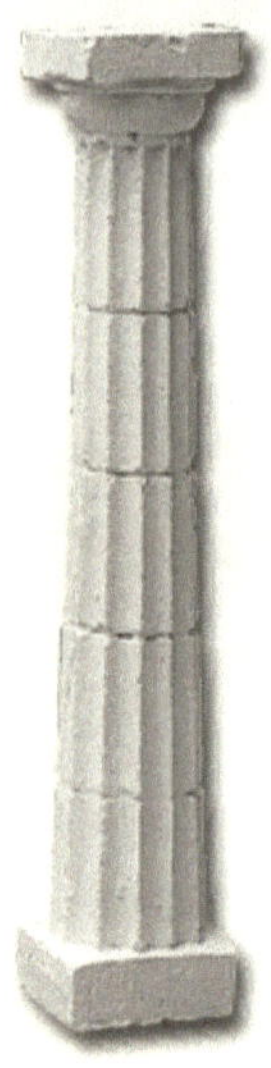

Usaremos las siguientes herramientas:

-Splines: línea, rectángulo, círculo y estrella.

-Herramienta loft.

Primero, crearemos los splines.

Sitúa todas las formas en las coordenadas 0,0,0 porque así tendrás los splines posicionadas correctamente.

Si quieres, puedes usar estas medidas como referencia:

Línea: 250 cm.

Rectángulo: 45x45 cm

Circunferencia mayor: 21,47 cm

Estrella mayor: radio 1: 21,03. Radio 2: 19,76. Fillet para ambos radios: 0,5 cm

Circunferencia mediana: 20 cm

Circunferencia menor: 19 cm

Estrella menor: radio 1: 17,46 radio 2:16,20. Fillet para ambos radios: 0,5 cm.

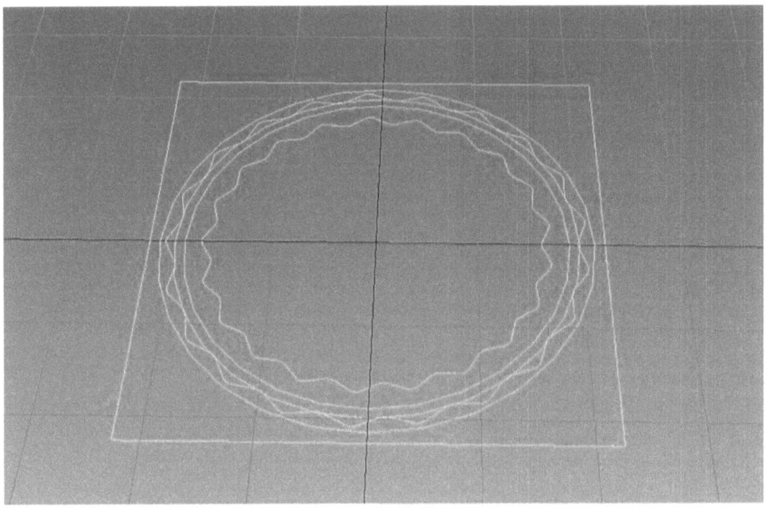

Para facilitarte las cosas, crea la línea en el visor frontal (front).

Si tienes problemas al visualizar mentalmente la columna incluso partiendo de la referencia, te recomiendo que copies los splines que has creado y que las posiciones de tal forma que veas la columna.

Algo así:

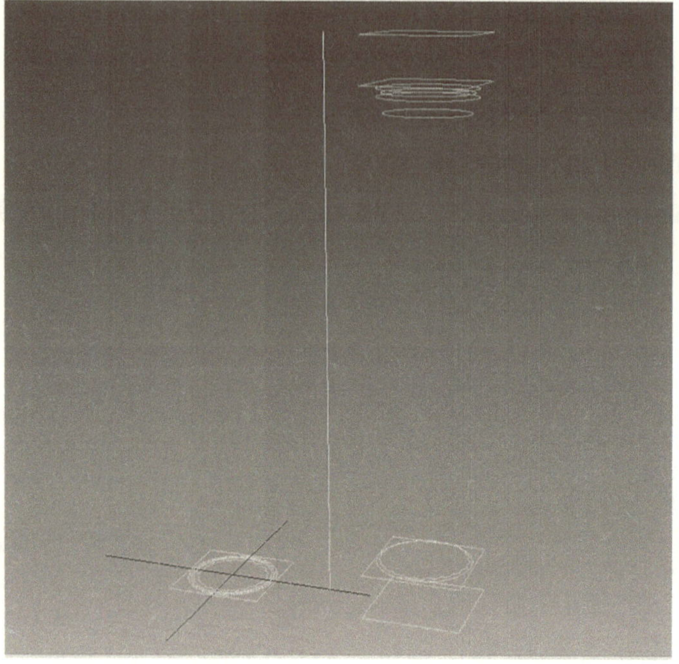

Con la línea seleccionada, ve a modify-compound objects-loft.

Esta parte del modelado puede resultar confusa, ya que empezaremos con la basa en primer lugar, luego el capitel y por último el fuste.

Antes de proseguir el trabajo quiero mostraros un error que es frecuente a la hora de modelar con la herramienta loft:

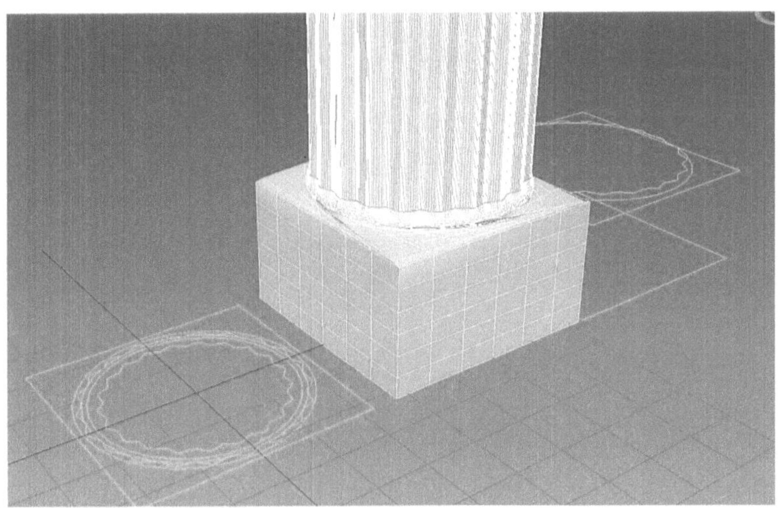

Como veis, la basa esta retorcida cuando he usado dicha herramienta.

Esto sucede por el orden de los vértices de los splines. Loft une el vértice 1 con el vértice 1, el vértice 2 con el 2... y así sucesivamente.

Para mostrar el orden de los vértices debemos convertir las formas en editable spline, seleccionamos el subobjeto vértice, luego vamos a la pestaña selection y activamos show vertex numbers.

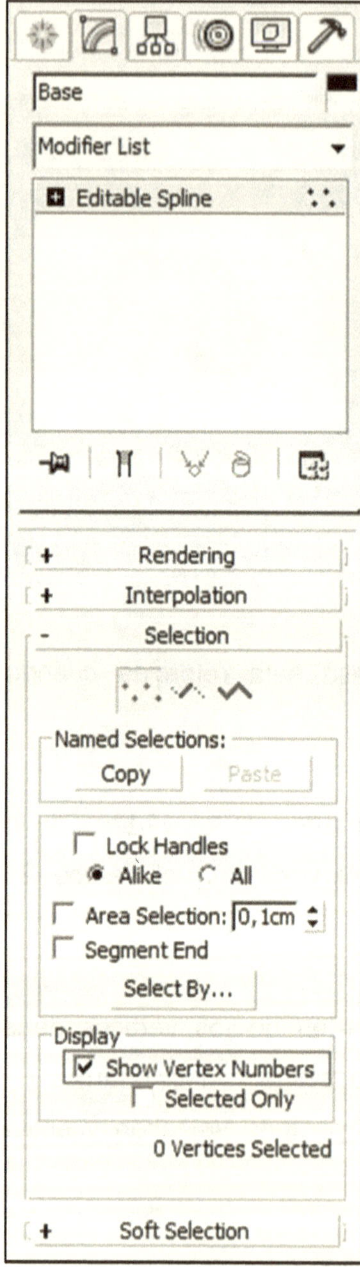


Convertimos todas las formas en editable spline y averigüemos cuál forma (o formas) es la que da problemas:

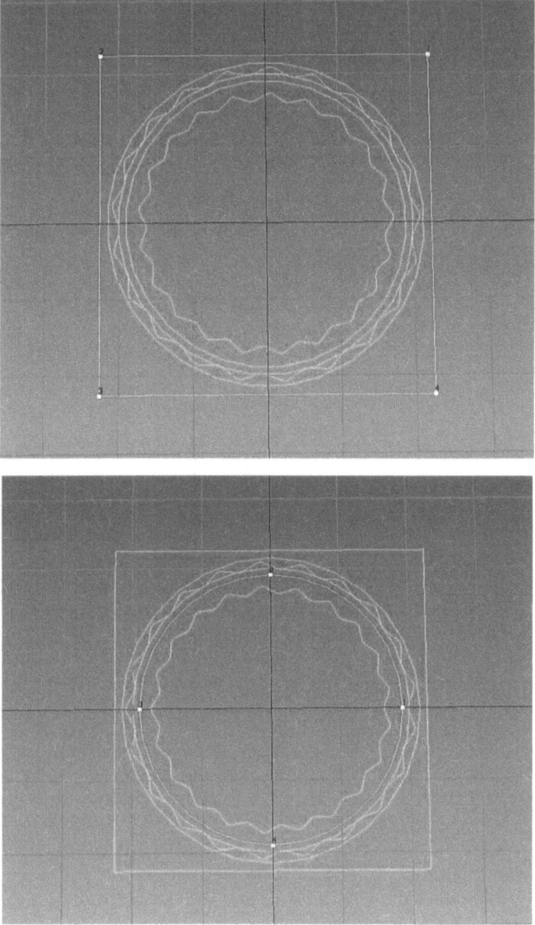

Resulta que el vértice 1 de cada estrella y circunferencia está orientado en el eje Y, mientras que el vértice 1 del rectángulo está entre el eje X e Y, así que debemos rotar dichas formas 45° hacia el vértice 1 del cuadrado de forma manual. Y resalto en negrita ese aspecto porque sólo funcionará así. Si acudís a la caja de rotación e introducís 45° no funcionará. Por algún motivo que desconozco loft da ese problema. Una vez solucionado, seleccionamos la línea, aplicamos loft, vamos a la pestaña path parameters, en path metemos de valor 10 cm, pulsamos en get shape y seleccionamos el spline.

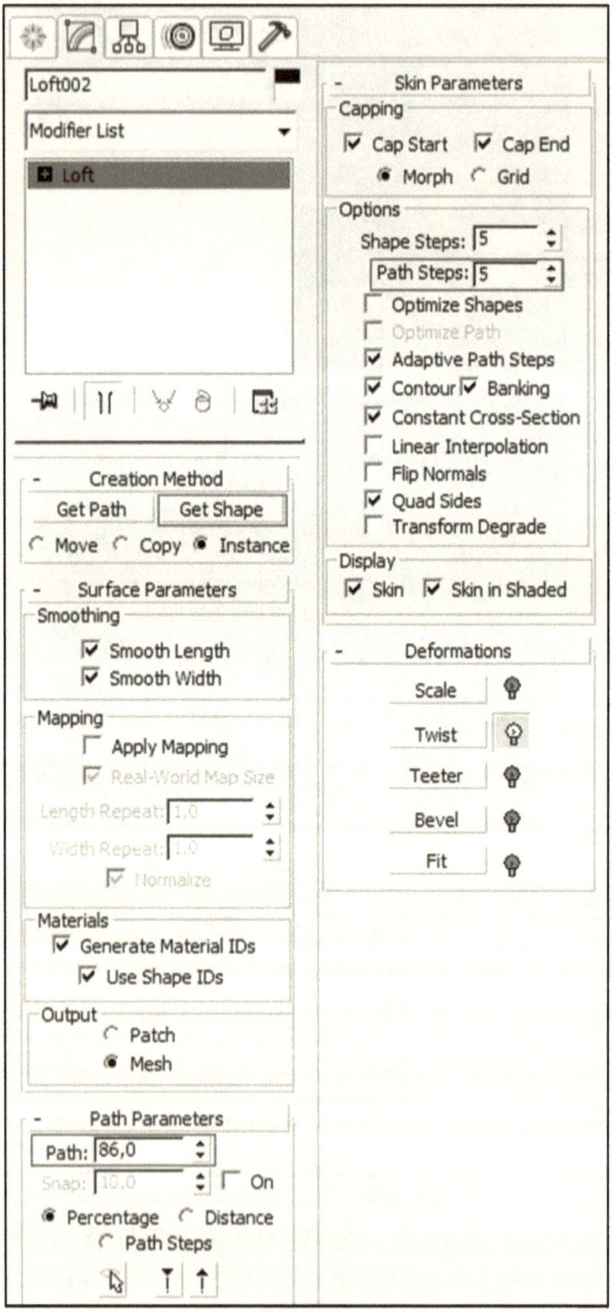

Con este valor hemos determinado la altura de la basa. Recuerda que este parámetro va desde 1 a 100, donde 100 es la altura máxima del recorrido (la línea en nuestro caso). Comenzamos modelando la basa de la columna de abajo arriba. Vamos a path y ponemos de valor 20, seleccionamos el rectángulo y pulsamos en get shape. El siguiente es la circunferencia mayor con la que evitaremos que la forma del fuste comience desde la basa y genere errores o efectos raros en la geometría. En path metemos de valor 11, pulsamos en get shape y seleccionamos la circunferencia mayor. Ahora modelaremos el comienzo del fuste. Ponemos 12 en path, pulsamos en get shape y seleccionamos la estrella mayor. Ya tenemos la basa y parte del fuste. Sigamos con el capitel. Metemos un valor de 100 en path para indicarle a la herramienta que comenzaremos a trabajar de arriba abajo, pulsamos get shape y seleccionamos el rectángulo. Introducimos 90 de valor en path para delimitar la altura del capitel, pulsamos en get shape y seleccionamos el rectángulo de nuevo. Introducimos 89 de valor en path, pulsamos en get shape y seleccionamos la circunferencia mayor.

La siguiente parte para modelar será la zona redondeada. Introducimos 88 en path, pulsamos get shape y seleccionamos la circunferencia menor.
Metemos 87 en path, pulsamos get shape y seleccionamos la circunferencia mediana. Introducimos 86 en path, pulsamos get shape y seleccionamos la circunferencia menor.
Por último, acabaremos con el fuste.

Ponemos 85 en path, pulsamos en get shape y seleccionamos la estrella menor.

Quitemos los splines que teníamos como referencia. Este es el resultado final:

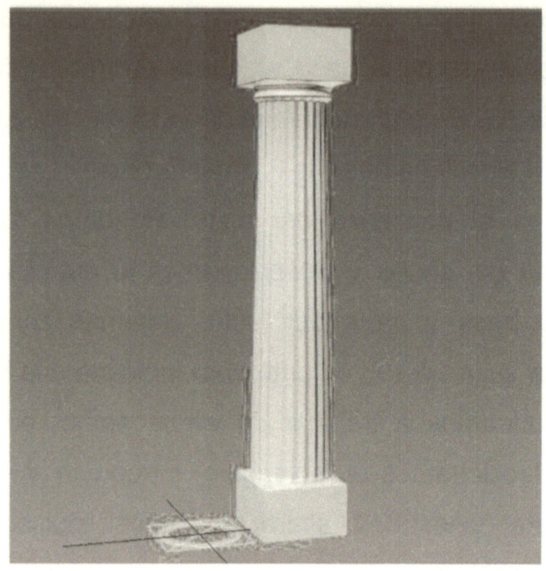

Sin embargo, podemos hacer más cosas. ¿Qué tal si torsionamos el fuste?

Seleccionamos la columna, nos dirigimos a la pestaña deformation y seleccionamos twist.

Nos saldrá la ventanita de twist deformation.

Solo tenemos que insertar puntos en la línea roja que delimiten la basa y el capitel y moverlos según nuestras necesidades.

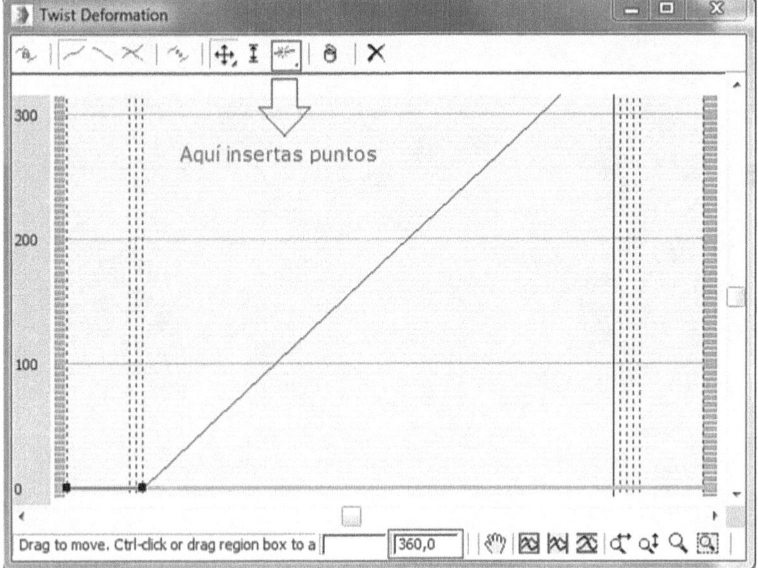


En este caso, he seleccionado los puntos que hacen referencia al capitel y he insertado de valor 360º. El resultado es el de abajo:

Pero todavía queda raro. Para solucionarlo, vamos a la pestaña skin parameters y en path steps aumentamos el número hasta que el fuste se quede lo más recto posible. Y este es el resultado final:

En la referencia, el fuste se compone de bloques, pero para este ejercicio mi objetivo es que practiques con loft. Además, esta herramienta genera mucha geometría, por lo que hay que saber usarla, o en su defecto emplear otro método de modelado que aproveche mejor la geometría.

## Dado modelado

En este ejercicio aprenderemos a modelar un dado. Como siempre, las imágenes de referencia:

Para hacer el dado usaremos las siguientes herramientas:

-ChamflerBox.

-Cubo.

-Esfera.

-Herramienta proboolean.

Primero realizamos el chamflerbox de 10x10x10 cm. En fillet ponemos 0,2 cm. Hacemos un cubo, le metemos el mismo tamaño que el chamflerbox e insertamos 8 segmentos en length, width y height. que nos servirán como referencia para situar las esferas. Colocamos el cubo y chamflerbox en la misma posición, porque de esta manera seremos capaces de posicionar las esferas con precisión. Ahora iremos insertando esferas en función del despiece de referencia.

Dichas esferas tendrán un radio de 0,625 y 13 segmentos. Recuerda introducir la esfera en la geometría del cubo.

El resultado debe ser este:

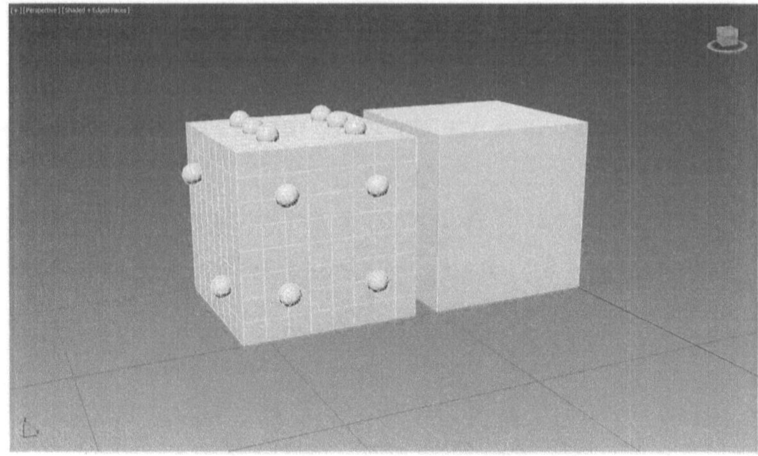

En la imagen he desplazado el cubo de referencia para que apreciéis cómo quedaría.

Bien, eliminemos el cubo de referencia, seleccionemos el dado y vayamos a modify-compound objects-proboolean.

En la pestaña parameters, seleccionamos subtraction, ya que lo que queremos es que las esferas dejen un hueco en la geometría. Vamos a la pestaña pick boolean y pinchamos en start picking. Seleccionamos todas las esferas. Este debe ser el resultado:

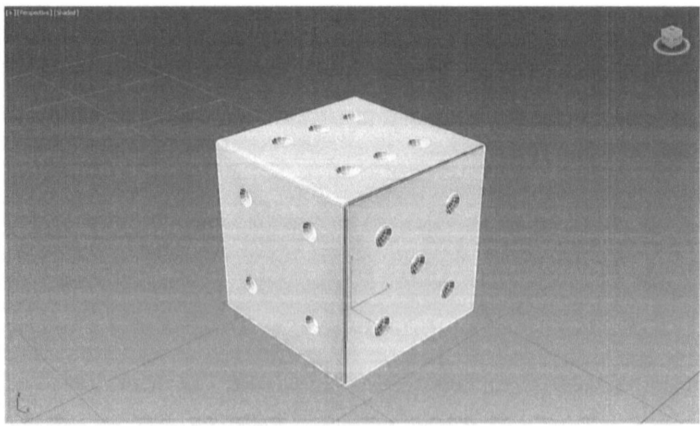

Convertimos en editable poly y listo.

## Sofá modelado

Usaremos los siguientes comandos:

-Cubo.

-ChamflerCyl.

-Modificador turbosmooth.

Creamos una caja de referencia de 108x200x90 cm. Ahora creamos otra caja de 108x200x30 cm que será el sofá que vamos a modelar. A continuación, insertamos aristas: 2 en length y 3 en width. Convertimos la caja en editable poly. Seleccionamos las aristas y las posicionamos para poder modelar los asientos. Además, alzaremos la caja 10 cm para después colocar las patas. Debería quedar algo así:

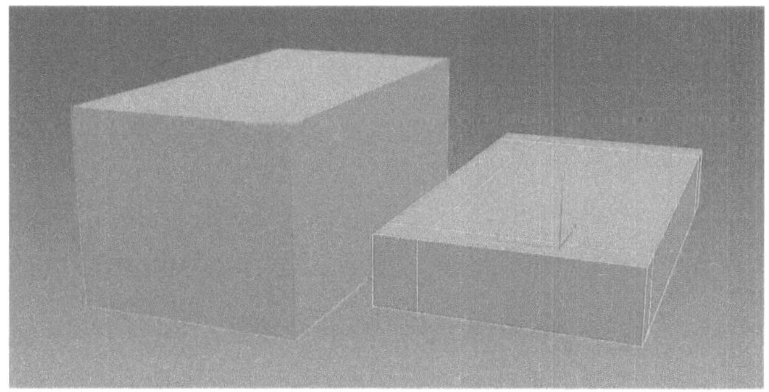

A la izquierda la caja de referencia, a la derecha el sofá.

Seleccionamos el respaldo y los reposabrazos desde el visor top, aplicamos extrude y le metemos 40 cm:

Para darle inclinación a los reposabrazos y al respaldo seleccionaremos los puntos que conforman el asiento y los desplazamos 6 cm en función del eje de coordenadas:

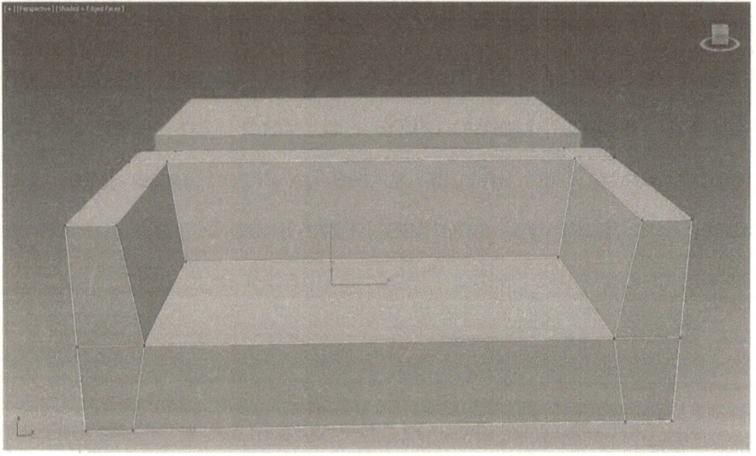

Antes de aplicar turbosmooth tenemos que insertar segmentos cerca de las aristas para que el modificador haga bien su trabajo. Vamos a la Gaphite modeling tools-pestaña-edit y seleccionamos swift loop. Añadimos aristas cerca de las existentes, tal y como viene en la imagen:

Aplicamos turbosmooth y ponemos 2 en interations.

Lo siguiente son las patas. Creamos un rectángulo, metemos 2 cm en corner radius, activamos enable in renderer y enable in viewport, activamos rectangular y en length ponemos 6 y en width ponemos 1. Convertimos la pata a editable poly, la copiamos y la colocamos en los extremos, tal y como se ve en la imagen de referencia.

Ahora podemos eliminar la caja de referencia y colocamos la pata central usando un chamflercyl de 2 cm de diámetro y asegúrate que aplicas un chamfler suave en la pata. Por último, transforma esta pata cilíndrica en editable poly.

## Silla modelada

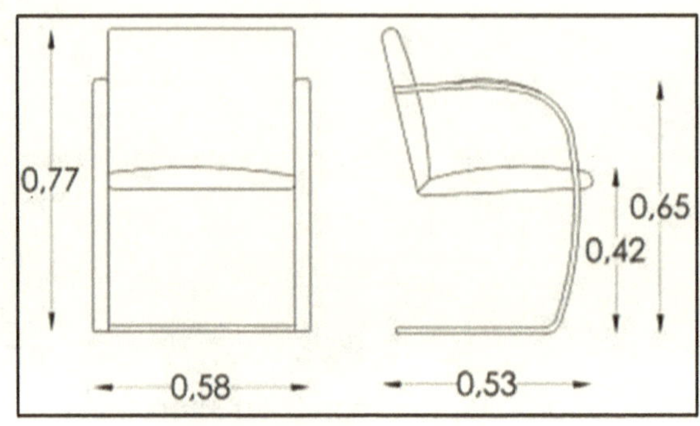

Necesitaremos las siguientes herramientas:

-Dos cajas de referencia

-Línea para los reposabrazos y las patas.

-Dos rectángulos para el asiento y el respaldo.

-Modificador extrude.

-Modificador turbosmooth.

-Herramienta mirror.

Vamos al visor top y comenzamos creando las dos cajas de referencia. La primera (que he llamado 'ref 1') tendrá de

dimensiones 53x58x77 cm, mientras que la segunda (de nombre 'ref 2') tendrá 53x58x65 cm.

Vamos al visor left y creamos la línea que hará de reposabrazos y pata del asiento. Teniendo de referencia la caja 'ref 2' creamos la línea. Activamos enable in renderer, enable in viewport y rectangular. En lenght ponemos 4 cm y en width 2 cm para delimitar el grosor de la pata.

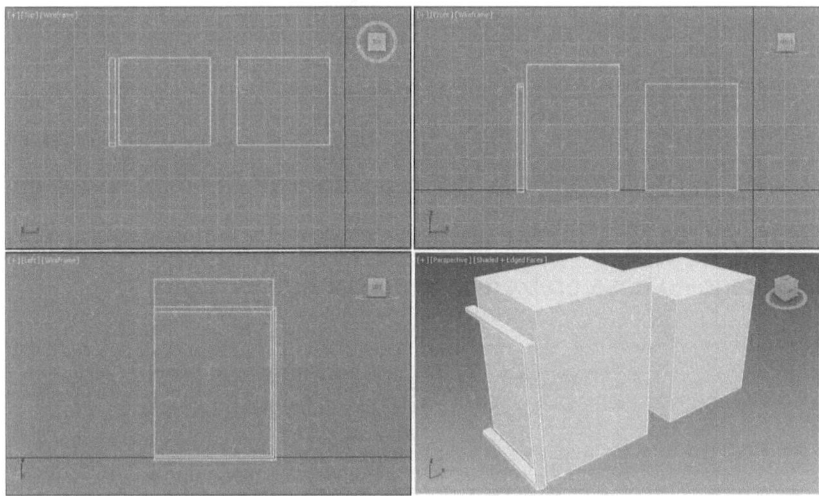

Ahora redondearemos las aristas hasta que se parezca a la imagen de referencia. Para ello, emplearemos bezier corner en los vértices que demarcan los 90° del reposabrazos y pata del asiento. Te recomiendo que juegues con el vértice superior, ya que conseguirás un resultado inmediato con poco esfuerzo. Una vez tengas la curvatura deseada, convierte en editable poly. Ahora, vamos a la ribbon tools-edit y seleccionamos Swift loop. De esta forma podremos crear la geometría que une ambas patas de la silla. Insertamos segmentos en la pata, tal y como muestro en la imagen:

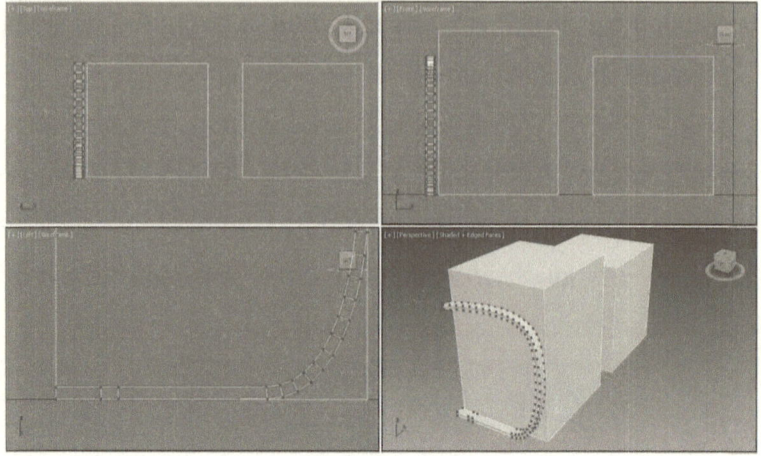

Seguramente habrás notado que hay una cara triangulada en una de las terminaciones del reposabrazos. Elimina esas dos caras y crea una nueva usando create. Esto lo hacemos para que luego no haya problemas al aplicar turbosmooth.

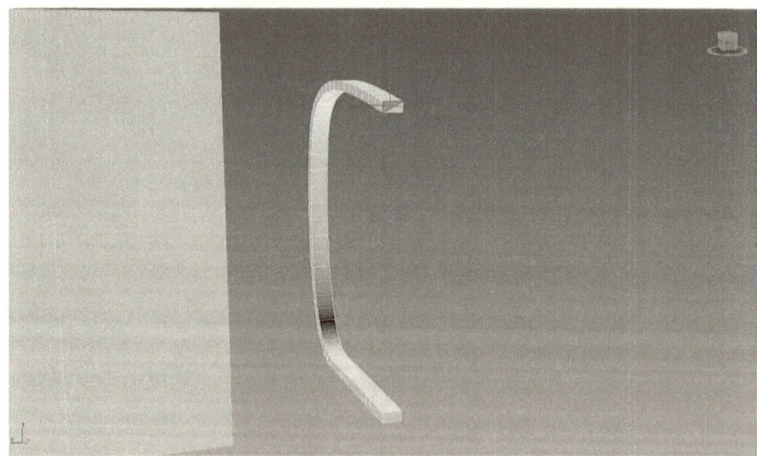

Copiamos la pata-reposabrazos y la colocamos en el otro extremo usando siempre la caja de referencia. Hacemos attach en la otra pata para que forme parte del objeto. Aplicamos bridge en la cara que hemos creado con los segmentos anteriores.

Ahora, insertaremos segmentos en la geometría para aplicar el modificador Turbosmooth
(¿Recuerdas el ejercicio del sofá? Aquí haremos lo mismo).

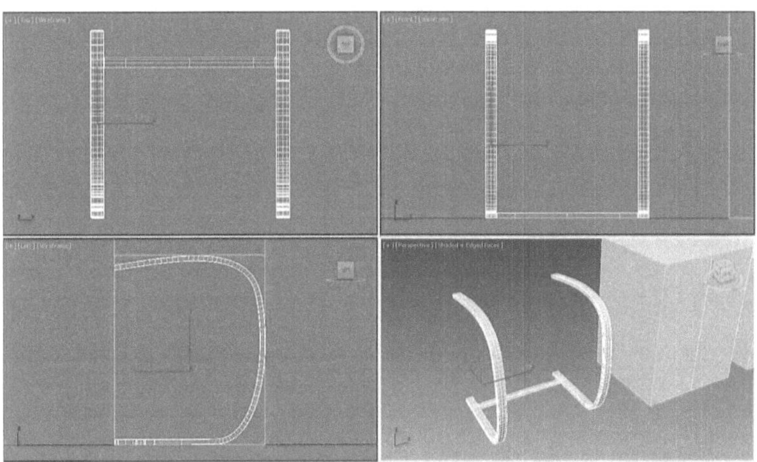

Lo siguiente es el asiento. Cogemos el cubo 'ref 2' y metemos en height 42 cm, que es la altura a la que se posiciona el asiento. Crearemos el asiento a partir de un rectángulo.

Lo convertimos en editable spline y jugamos con los vértices hasta que salga la forma aproximada del asiento.

Después, aplicamos extrude.

Este debe ser el resultado:

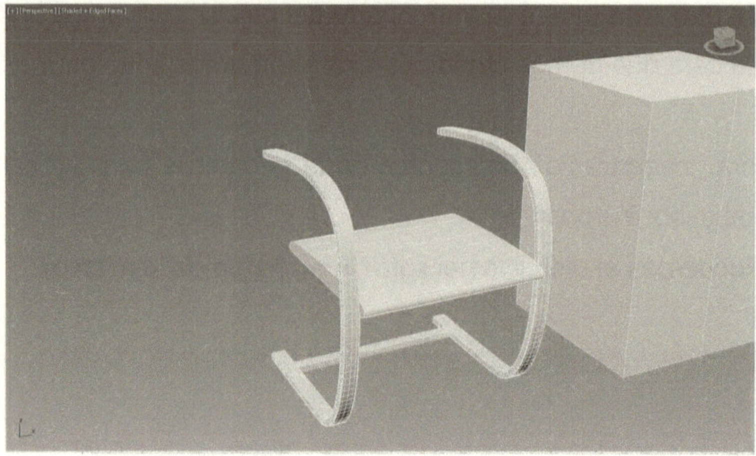

Por último, seleccionamos el asiento y lo convertimos en editable poly. Usamos la herramienta mirror y en mirror axis seleccionamos el eje Z. Ahora sólo tenemos que posicionar el respaldo junto al asiento. Finalmente, le damos un poquito de inclinación al respaldo y al asiento. En este paso probablemente tengas que usar la herramienta escalar y mover algunos puntos de la geometría del asiento, pero al final se consigue un buen resultado.

Quitamos los cubos de referencia y listo.

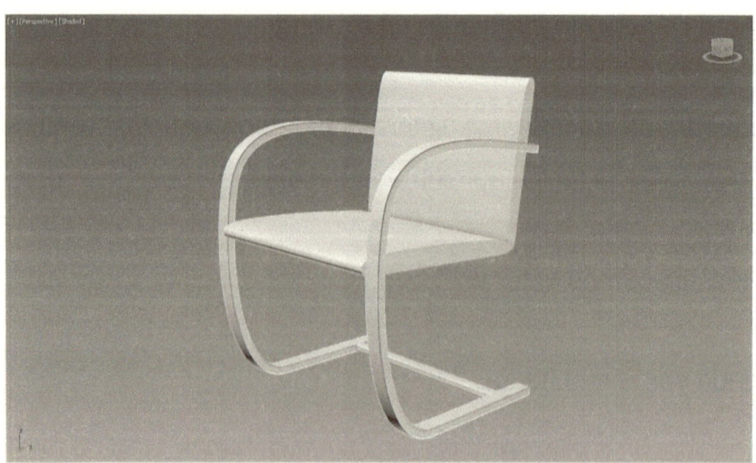

## Cortinas modeladas

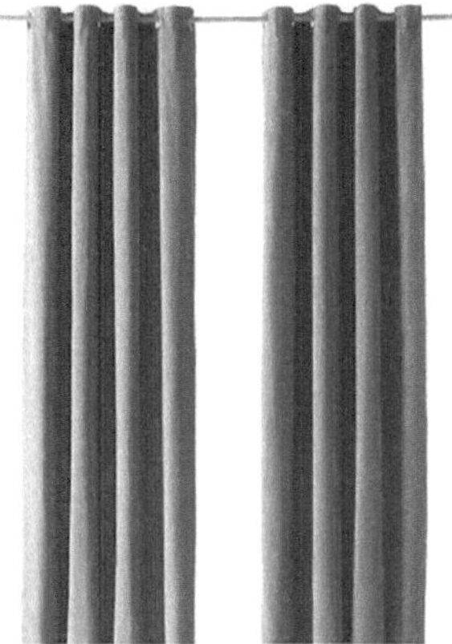

Necesitaremos las siguientes herramientas:

-Un plano.

-Varios cilindros para las aperturas de la tela.

-Otro cilindro donde se apoye las anillas de la cortina.

-Varios toroides para las anillas de la cortina.

-Modificador wave

-Modificador shell.

-Herramienta Proboolean.

Creamos un plano de 190x100 cm en el visor front. En length segs y width segs metemos 70 de valor. Buscamos el modificador Wave y lo aplicamos. Con esto haremos las ondulaciones de la cortina.

En el modificador, en amplitude 1 metemos 5 cm, en amplitude 2 ponemos 5 cm, en wave length ponemos 16 cm y en phase ponemos -0,7. Verás que las ondulaciones de la tela no se hacen en el eje correcto, deberían proyectarse en el eje X. Vamos al subobjeto guizmo y lo giramos 90º.

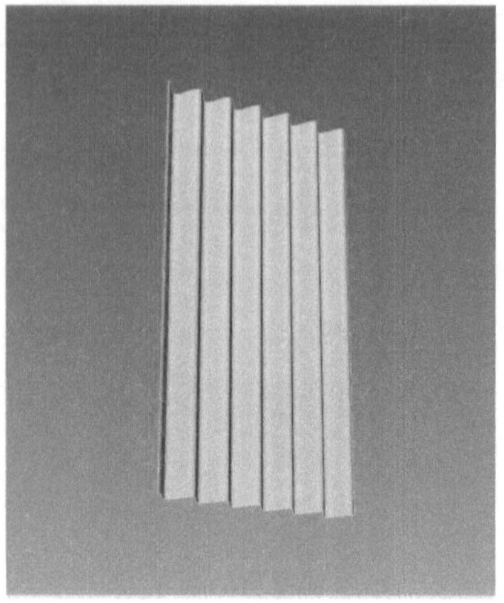

A continuación, creamos un cilindro. En radius ponemos 3 cm, en height 2 cm, quitamos los segmentos de altura y listo. Copiamos los cilindros en la parte superior de la cortina, donde haremos los agujeros para que pase la barra. Tendrás que girarlos en función de la orientación de la tela.

Aplicamos proboolean, seleccionamos substraction y cookie (este último para que realice la operación sin dejar la geometría del cilindro) y pinchamos en start picking. Seleccionamos todos los cilindros. Una vez hecho, aplicamos editable poly, insertamos el modificador Shell y en outer amount ponemos 0,1 cm.

Haremos las anillas que protegen las aperturas circulares de la cortina. Usaremos un toroide. En radius1 ponemos 3 cm, en radius2 0,4 cm. Lo siguiente consiste en copiar los toroides para que encajen en los agujeros.

Creamos un cilindro donde descansará la cortina. Copiamos todo el conjunto y lo trasladamos a la derecha.

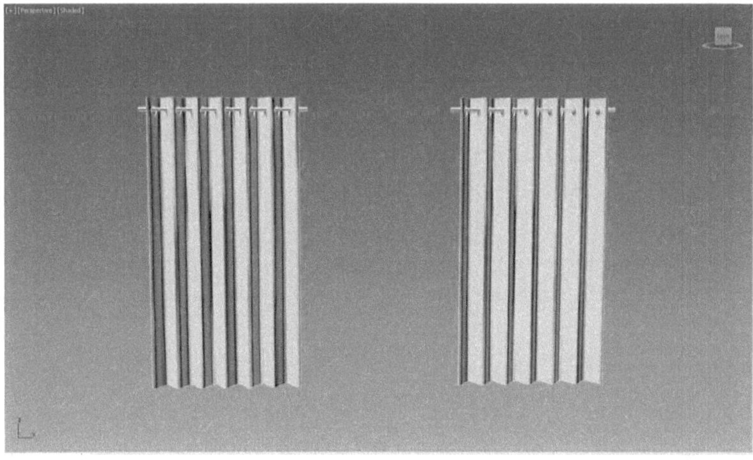

## Almohadilla modelada

No nos centraremos en las arrugas, ya que es un ejercicio de modelado básico, pero si intentaremos que luzca lo más realista posible.

Creamos un cubo en el visor top de 40x40x5 cm. En lenght segs y width segs metemos 5 cm, mientras que en height metemos 2 segmentos. Convertimos a editable poly.

Ahora daremos forma al cojín usando soft selection. Seleccionamos el segmento de mitad del cojín de cada cara y lo metemos hacia adentro, tal y como muestro en las imágenes:

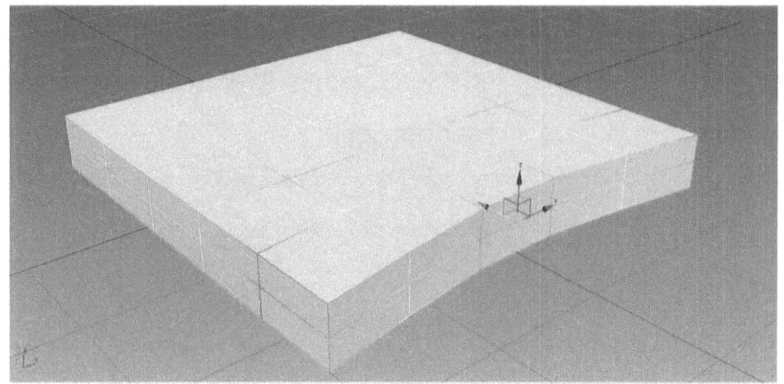

Desactivamos la opción de soft selection, seleccionamos las caras superiores y escalamos un poco para reducir el tamaño, tal y como muestro en las capturas. Lo mismo hacemos para la cara inferior:

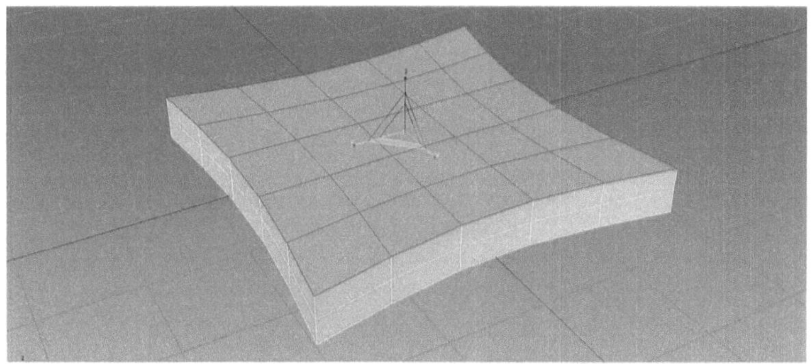

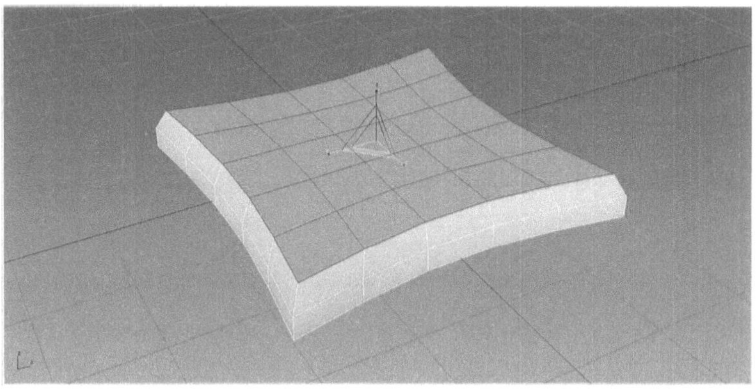

Selecciono el polígono central de la cara superior del cojín, activo soft selection y tiro hacia arriba ligeramente. Lo mismo haremos para la cara inferior del cojín:

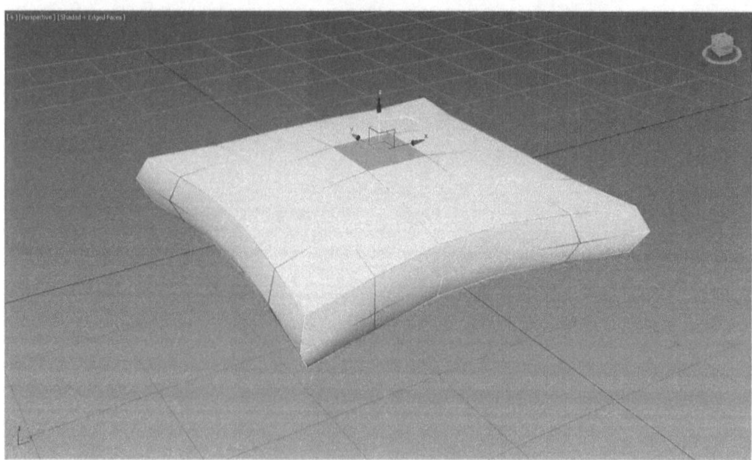

Desactivamos soft selection y aplicamos el modificador turbosmooth. En iterations ponemos 2. Convertimos a editable poly.

Lo siguiente es hacer una pequeña costura. Escogemos el subobjeto arista, cogemos una arista que quede a la mitad de los laterales del cojín, hacemos loop para seleccionar el resto de las aristas que harán de costura, pulsamos el botón derecho del ratón y escogemos create shape. Ponemos de nombre 'costura' y el resto lo dejamos por defecto. Aceptamos los cambios.

Por último, seleccionamos la costura, activamos enable in renderer, enable in viewport, radial y en thickness ponemos 0,5 cm.

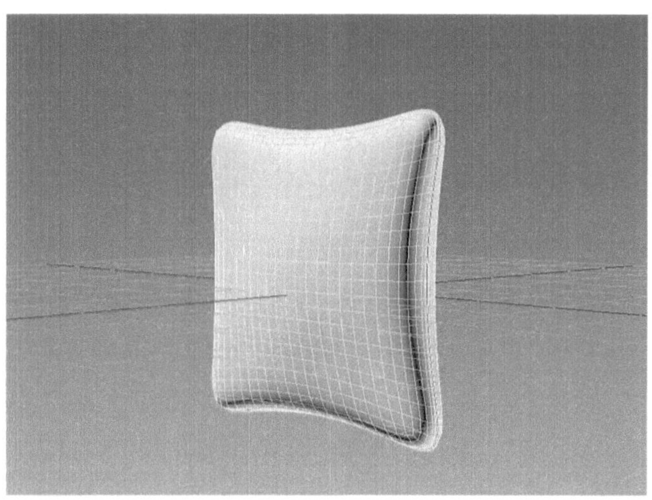

## Puerta modelada

Hacemos una caja que hará de puerta de dimensiones 200x80x3 cm. Pasamos a editable poly y elevamos ligeramente los vértices inferiores de la puerta. Recuerda que nunca una hoja de puerta toca el suelo, sino que hay una pequeña distancia. Lo siguiente será realizar el marco de la puerta y para ello nos basaremos en el detalle que he adjuntado. Lo crearemos con una línea. Este debería ser el resultado:

Como ves, es una especie de C invertida. He redondeado los vértices usando fillet y he metido 0,3 cm. Las dimensiones de la línea son de 14x11 cm. Para este ejercicio no es necesario centrarse demasiado en los detalles del marco de la puerta. Buscamos que luzca realista, no un despiece.

Creamos una línea que hará de marco de puerta y la ajustamos al tamaño de la misma puerta. Aplicamos el modificador bevel profile, pinchamos en pick profile y seleccionamos la línea que hace de marco que acabamos de crear. Veremos que el marco no está bien orientado, de modo que seleccionamos el subobjeto guizmo del modificador y lo rotamos 180º. Ahora si está bien orientado. Si vemos que se ha reducido la anchura del marco, convertimos a editable poly y ajustamos a la hoja de la puerta:

Tal vez esta era la parte más compleja de modelar, porque la hoja en sí es mucho más sencilla. Lo siguiente es el picaporte, que a diferencia de la referencia lo haremos redondeado. Creamos un cilindro de 5,5 cm de diámetro, 3,9 cm de altura y retiramos todos los segmentos de altura. Posicionamos el cilindro a mitad, de modo que sobresalga ligeramente por ambas caras de la hoja de la puerta. A continuación, copiamos el mismo cilindro en el mismo lugar, pero le metemos un radius de 1,5 cm y 7 cm en height:

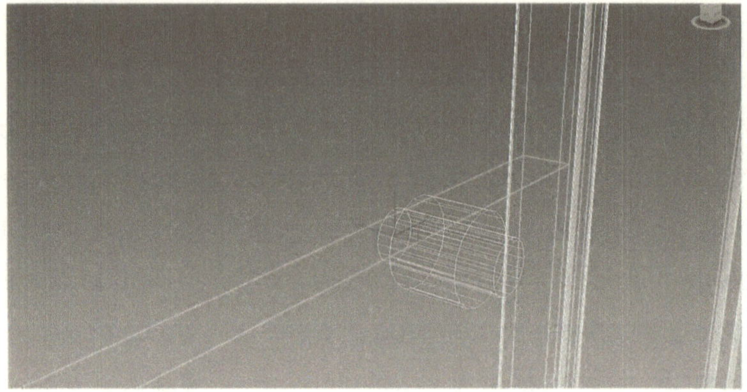

Insertamos una esfera de 4 cm de diámetro y la copiamos en el otro lado de la puerta (recuerda que también hay picaporte al otro lado. Es algo obvio, pero siempre hay despistes).

Si queremos una puerta acristalada sólo necesitamos las medidas (tendremos que usar una caja como referencia para centrar los cristales) y que la hoja de la puerta esté convertida en editable poly. Usamos swift loop para insertar aristas, luego seleccionamos la cara donde va el cristal (recuerda que debes hacerlo por las dos caras) y usamos inset.

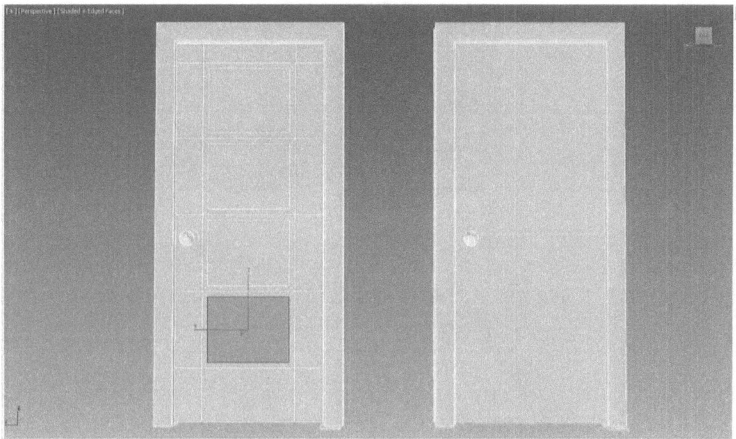

Quitamos las caras donde van los cristales, creamos la geometría (botón derecho del ratón-create), extruimos los marcos un poco (no hay que exagerarlos. Recuerda usar by local normal), creamos cuatro cajas que simulen cristales y listo.

## Pantalla TV modelada

Creamos una caja de 88x149x4,8 cm. Convertimos a editable poly. Seleccionamos la cara de la pantalla, usamos inset y ponemos 2,5 cm. Con la misma cara seleccionada, usamos extrude y metemos -1 cm, así se extruye la cara hacia dentro. Ahora seleccionamos todas las aristas (excepto las que cruzan el marco del televisor), aplicamos chamfler e insertamos 0,06 cm.

Seleccionamos la cara trasera del televisor, aplicamos extrude y metemos los valores que aparecen en la captura.

Crearemos la base del televisor. Creamos una caja de 40x60x3 cm. Convertimos a editable poly, seleccionamos todas las aristas, aplicamos chamfler y metemos 0,2 cm.

Por último, la pieza que une la base y el televisor.

Creamos una caja de 9x12x10 cm y la convertimos en editable poly.

Extruimos la cara superior 1 cm.

Desde el visor left subimos los vértices superiores de la derecha.

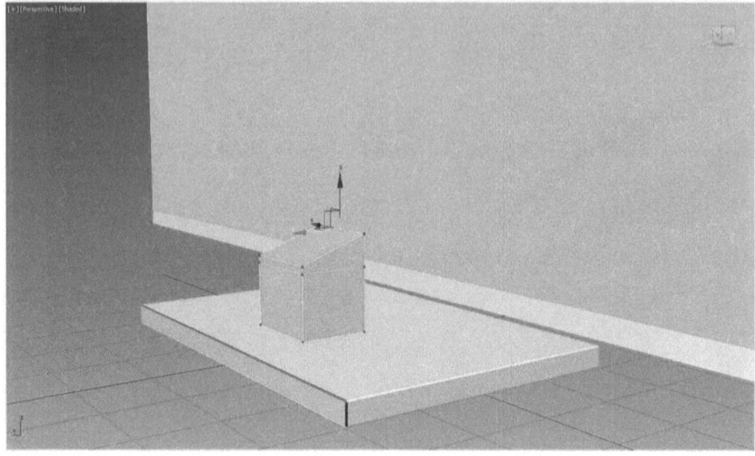

Aplicamos chamfler a las aristas (salvo a las que nos generó extrude) y le damos 0,2 cm.

## Escalera caracol modelada

Crearemos un cilindro que tenga 14,5 cm de radio y 500 cm de altura. Este cilindro será la columna donde posicionemos los peldaños. Creamos una circunferencia del mismo radio situado justo en el mismo lugar donde está la columna. Creamos un rectángulo de 50x90 cm, lo convertimos a editable spline y eliminamos uno de los vértices. Ahora el rectángulo se ha convertido en un triángulo. Cogemos el vértice y los transformamos en bezier para que adopte la curvatura de la columna. Vamos a la pestaña interpolation y en steps metemos 16. El resultado debe ser el de abajo:

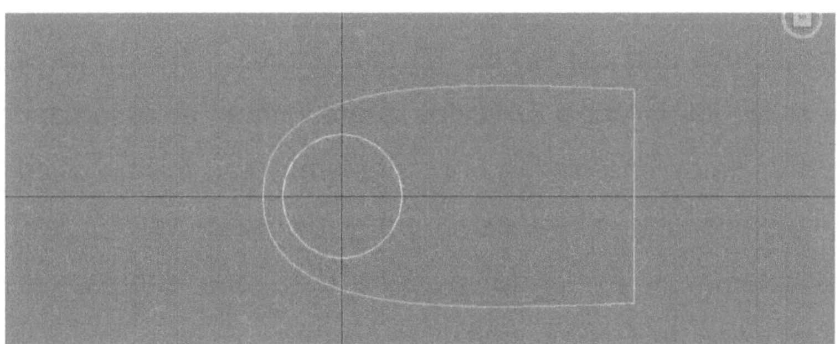

Ahora aplicamos attach al círculo, de manera que forme parte de la geometría del editable spline. Aplicamos el modificador extrude y le damos 4 cm en amount. El modificador ha rellenado el espacio que no incluye la circunferencia. Ahora convertimos en editable poly, seleccionamos los segmentos que conforman la forma de la geometría y aplicamos chamfler tal y como muestro en la captura:

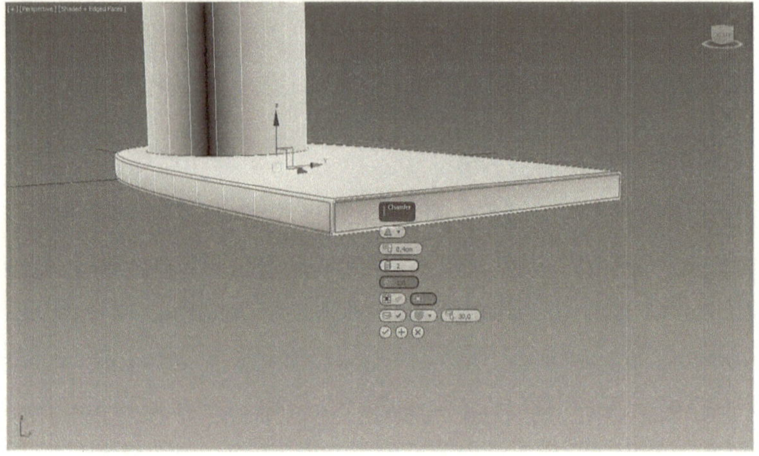

Antes de realizar el resto de los peldaños, es conveniente subir un poco la altura del primer peldaño unos 18 cm usando las coordenadas absolutas.

Insertaremos otro cilindro de 1,5 cm de radio y 95 cm de altura que serán los listones verticales que sujetarán el pasamanos, y lo convertimos en editable poly. Copiamos ese mismo cilindro y le metemos una altura de 5 cm y un radio de 1,7 cm. Lo posicionamos a mitad del peldaño para que sobresalga por ambos lados, tal y como sale en la captura:

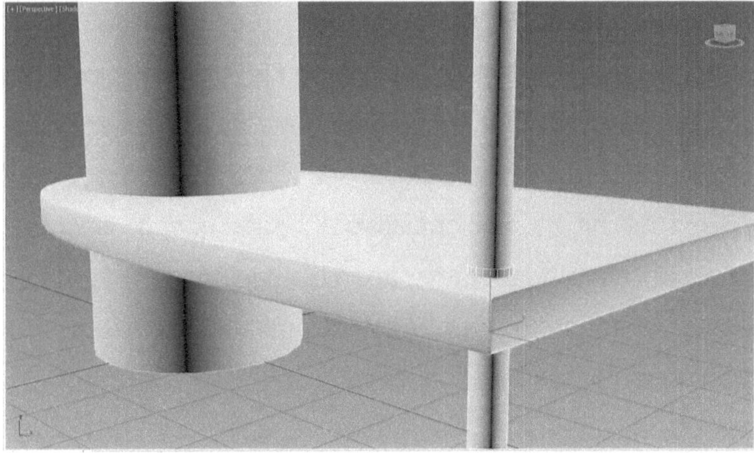

Vamos al icono de transformar y seleccionamos la tercera opción: transformar desde un tercer punto. Esto lo hemos para que array funcione bien y rote las piezas en el lugar correcto. Vamos al menú tools-array y saldrá la ventana de array. Introduce los parámetros marcados con una casilla roja:

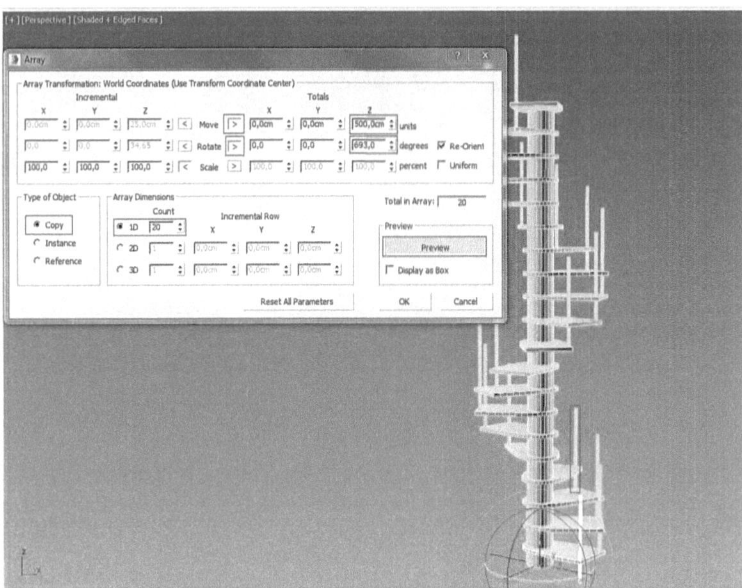

1D indica al programa que solo se hará en una dimensión. En nuestro caso, nos ha interesado que todo se haga en el eje Z. En totals hemos puesto 500 en units, porque es la altura total de la columna central. En degrees he rotado 693 porque quería que el listón que está señalado en rojo se quedara en esa posición. Y haciendo clic en preview vemos una vista preliminar. Además, los 5 cm de altura adicionales eran para que el listón de la escalera encajara perfectamente en los peldaños.

Volvemos a transformación y seleccionamos la primera opción, tal y como teníamos anteriormente.

Ahora, el pasamanos. Insertamos el spline helix, activamos enable in renderer, enable in viewport, seleccionamos radial y en thickness metemos 5,5 cm.

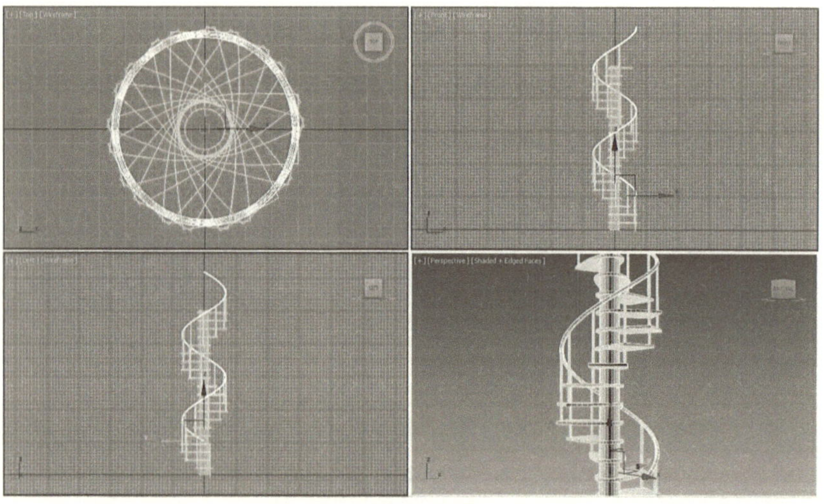

En la pestaña parameters, radius 1 y radius 2 tienen 68 cm, de altura tiene 516 cm, en turns ponemos 2 y seleccionamos CCW para que el giro de la hélice lo haga en el sentido de los listones verticales. Procura centrar el spline hélix de forma que ningún listón vertical se quede libre, tal y como muestro en la captura anterior.

Copiamos el pasamanos y le metemos un thickness de 1 cm. Convertimos a editable poly, al igual que el pasamanos. En ambos tendremos que recortar en la parte superior y extruir en la parte inferior (recuerda usar create para tapar el extremo de la barandilla). Ahora sólo tenemos que copiar el helix más delgado tres veces y posicionarlas bien en altura para obtener este resultado definitivo:

Por último, subimos un poquito la altura de la columna y ponemos la pieza circular de la base de la columna.

## Váter modelado

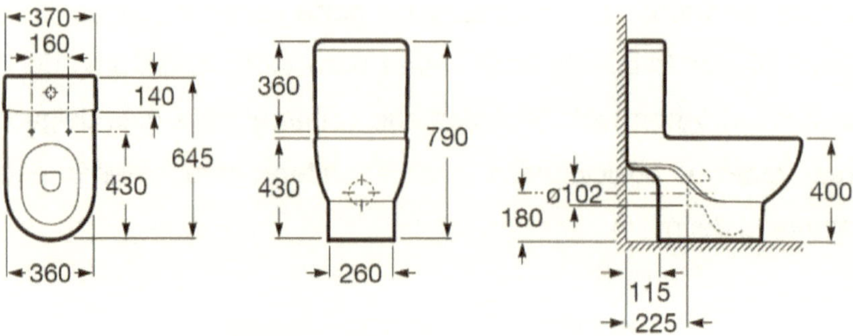

Primero creamos una caja de referencia de 64,5x36x79 cm. Creamos un rectángulo de 43x26 cm. Copiamos este spline y lo subimos 10 cm. Lo copiamos de nuevo y modificamos sus dimensiones: 47x30 cm. Subimos esta nueva copia otros 10 cm. Por último, copiamos de nuevo el último rectángulo y cambiamos las dimensiones: 53x36 cm. Subimos esta última copia 10 cm. Estos rectángulos conformarán la parte inferior del inodoro.

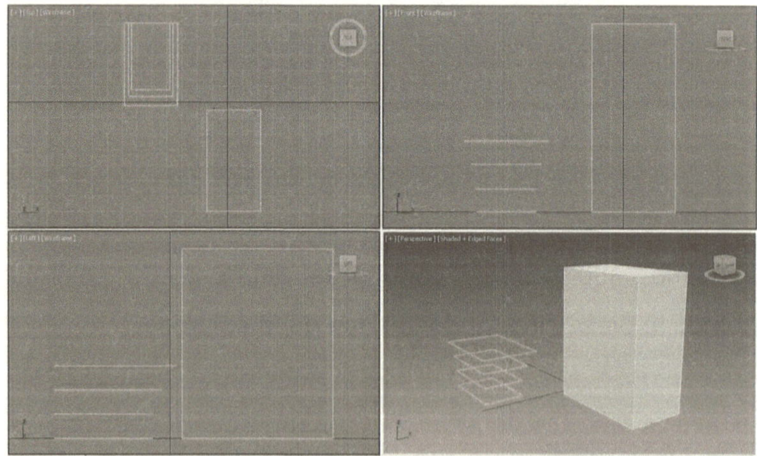

Lo siguiente es redondear los dos últimos rectángulos, empezando por arriba. Convertimos a editable spline, insertamos un punto y le damos la curvatura que más nos guste. Aquí no nos valen medidas precisas, tendremos que hacerlo a ojo. Debería quedarte algo así:

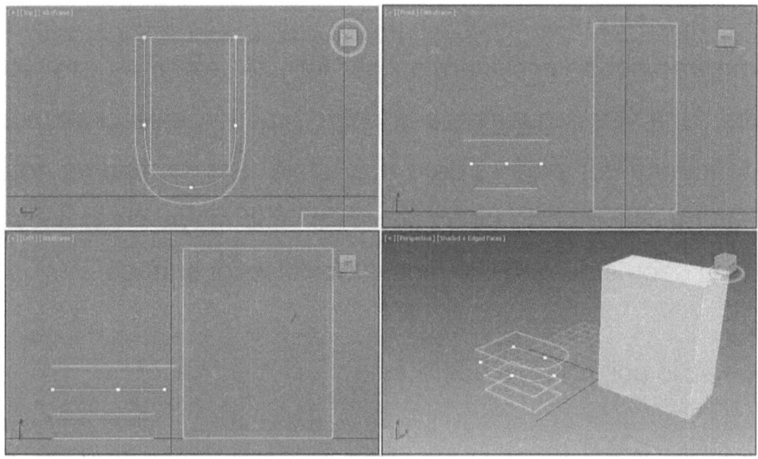

Los dos últimos no los redondearemos, ya que me interesa que veas algo que deberás tener en cuenta si optas por esta forma de modelado.

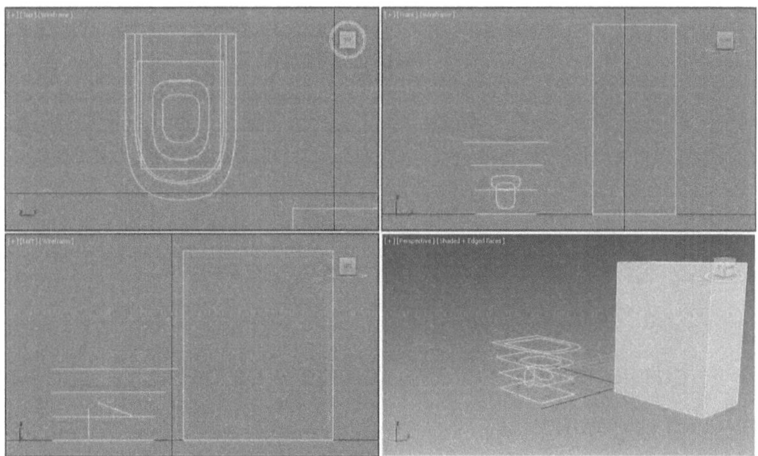

Completamos el desagüe del inodoro copiando dos veces más un rectángulo de los que ya tenemos y los rotamos, simulando la forma y escalando los splines. Convertimos individualmente todos los splines a editable spline. Cogemos una de ellas y atachamos el resto de las formas, de manera que todo pertenezca a un mismo conjunto. Una vez hecho, emplearemos el modificador cross section.

Comenzamos seleccionando las formas externas de abajo arriba. Una vez lleguemos a la parte superior, seleccionamos la parte interna del inodoro de arriba abajo. Seguro habrás notado que el modificador ha dibujado una simple maya. Para convertir esto en geometría necesitamos el modificador surface.

Una vez lo apliques sucederá esto:

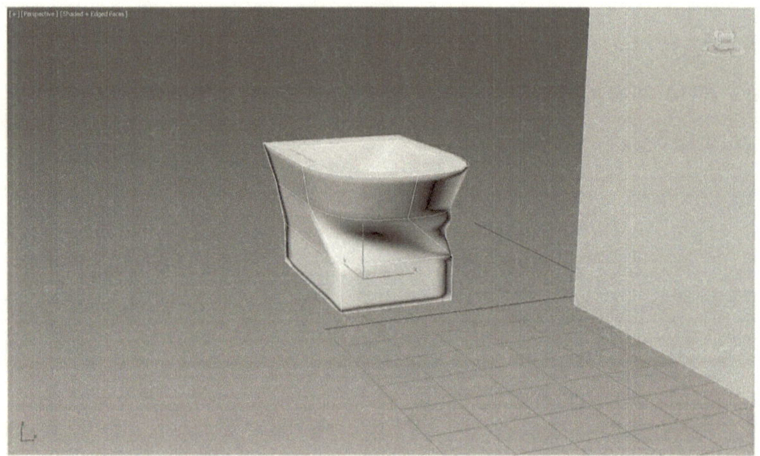

Parece que la geometría está torcida y es debido a que faltan puntos en la geometría.

Seleccionamos editable spline y añadimos puntos desde el visor front en la mitad de los splines.

Este debe ser el resultado:

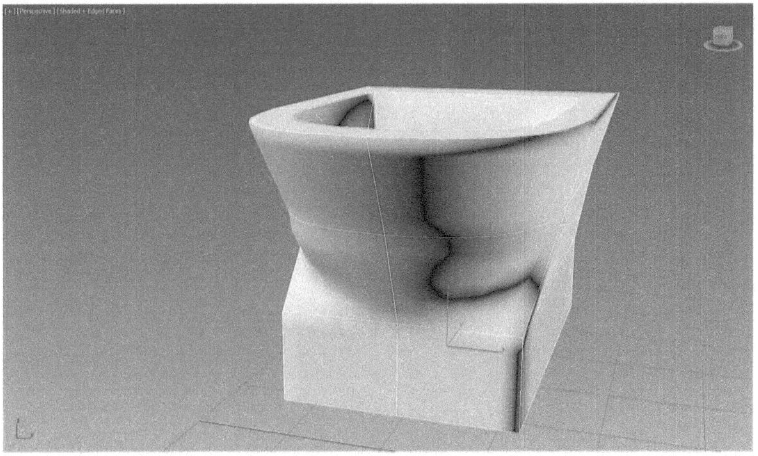

Como ves, el resultado es mejor que el anterior, pero sigue causando que la geometría se vea rara. Esto se debe principalmente a los rectángulos que conforman la base del inodoro. Si estuvieran redondeados como los superiores, la geometría se habría proyectado correctamente. Sin embargo, algunos modelos de inodoros tienen estas formas. Como puedes apreciar, esta técnica es rápida y proporciona un resultado inmediato, pero con el inconveniente de que puede 'arrugar' la geometría si los splines no tienen una forma similar.

Bien, transforma en editable patch, ve al visor left y extruye la geometría donde irá la cisterna. Te recomiendo que vayas al panel a la derecha del monitor en vez de hacer clic derecho con el ratón, ya que en este modificador la función extrude no funciona igual que en editable poly o editable mesh. Sólo tienes que seleccionar la herramienta y pulsar sobre los spines para que se haga la extrusión. Primero, extruye un poco hacia la izquierda y luego hacia arriba para tener la forma de la cisterna. Así:

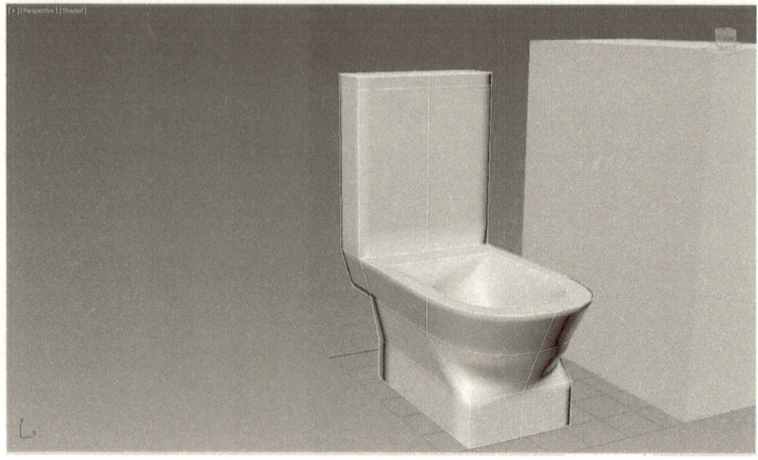

También puedes retocar el interior del inodoro usando el subobjeto nº2, pero dicho interior no se verá puesto que colocaremos una tapa. Ahora, extruye un poco hacia arriba para hacer posteriormente la forma de la tapa de la cisterna, como aparece en la captura de arriba. Convertimos a editable poly, seleccionamos todas las caras que conforman la tapa de la cisterna y extruimos.

Recuerda seleccionar la opción by local normal par que extruya la geometría en todas las direcciones. Aplica el modificador turbosmooth y deja 1 en interations.

Ya podemos eliminar el cubo de referencia. Para la tapa, usaremos un rectángulo, lo convertimos en editable spline y agregamos puntos para redondear y que coincida la tapa con la boca del inodoro. Aplicamos extrude y metemos 3 cm. Transformamos en editable poly y aplicamos bevel tres veces para darle forma a la tapa (usa las medidas que quieras para bevel). Además, usa swift loop en los extremos de la tapa, porque aplicaremos turbosmooth. Así debería lucir la tapa del retrete:

Aplicamos turbosmooth a la tapa del inodoro y listo. Por último, el botón de la cisterna. Insertamos un chamflercyl: 2 cm en radius, 0,5 cm en height, 3 en fillet segs, 24 en sides y 3 en cap segs.

Colocamos el botón en el centro de la tapa de la cisterna y hacemos una copia in situ del mismo. Dejamos las mismas medidas, pero en height metemos 1 cm de altura. Movemos el botón un poco hacia arriba para que sobresalga.

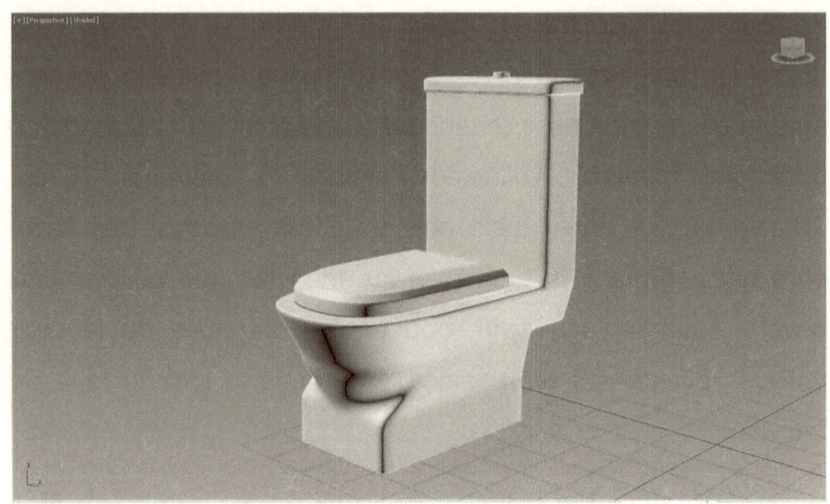
[ + ] [ Perspective ] [ Shaded ]

## Lavabo modelado

Realizamos un cubo de referencia de 40x50x12 cm. Insertamos una elipse de 30x40 cm. Comenzaré de arriba abajo. Insertamos una elipse de 40x50 cm. En total haremos dos copias de la elipse que irán decreciendo gradualmente. De esta manera nos aseguramos de que tenga una forma lo más redondeada posible. La elipse intermedia será menor que la elipse superior, y la elipse inferior será la más pequeña de las tres. Una vez estén hechas las copias, cogemos la elipse superior, la copiamos in situ y le metemos 30x40 cm.

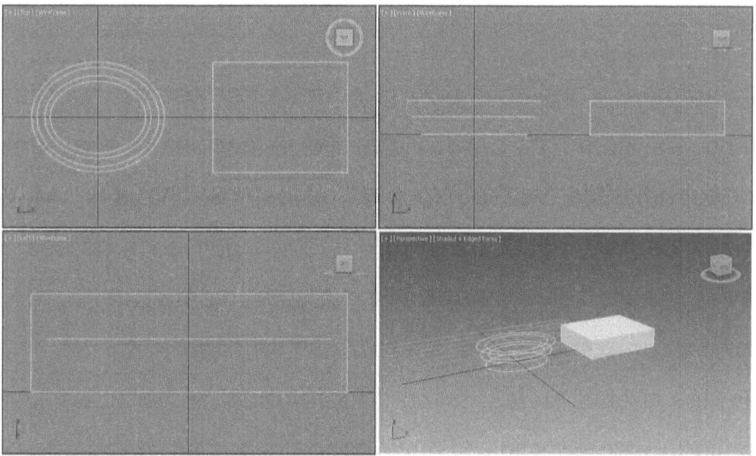

Así hemos creado el borde del lavabo. Realizamos una copia más para delimitar el fondo del lavabo. Convertimos cada elipse en editable spline, aplicamos attach para tenerlas todas en una única spline y metemos el modificador cross section. Por último, usamos el modificador surface.

Como veis, ha generado bastante geometría. De haber metido demasiados splines para dejar más redondeada la geometría se hubieran generado demasiados polígonos.

Convertimos a editable poly. Redondearemos los bordes del lavabo, así como su base. Para ello seleccionamos las aristas correspondientes usando loop y aplicamos chamfler. Mete 3 segmentos para hacer un chaflán y conseguir unos bordes más suaves. Ahora seleccionamos las aristas internas del borde del lavabo y con soft selection las subimos un poco.

Si te das cuenta en la imagen de referencia, el borde del lavabo está ligeramente inclinado hacia arriba. Además, escalaremos el lavabo para reducir el ancho y hacer que parezca algo más redondeado:

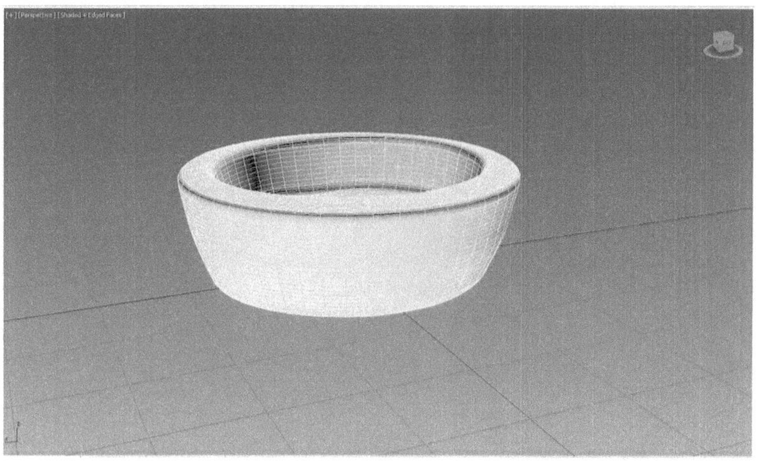

Por último, el orificio de desborde y el tapón. Para el orificio usaremos un chamflercyl: 1,7 cm en radius, 3 cm en height, 0,5 en fillet, 3 en fillet segs y 25 en sides. Copiamos este modelo in situ y a diferencia del original meteremos 1,3 en radius. Colocamos cada objeto en su lugar y listo:

## Modelado de escritorio L

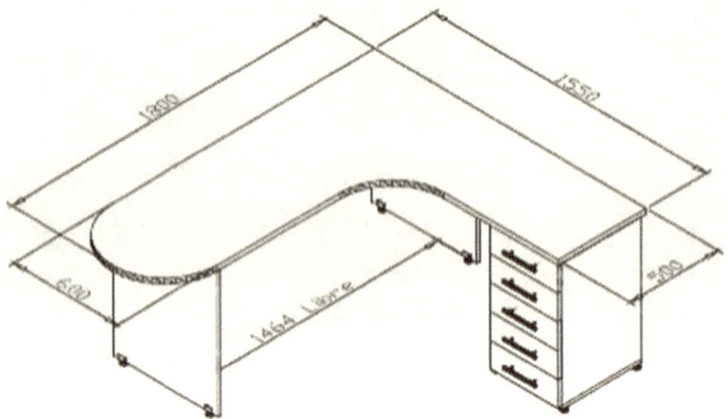

La altura total de la mesa será de 75,5 cm.

Las formas de proceder son iguales que en el ejercicio 2.

Creamos un par de cajas que respondan a las medidas que hay en el plano.

Proyectamos una línea usando el snap para que se ajuste a la forma de las cajas. El fillet nos servirá para redondear la geometría. Podemos acudir a un bezier, pero no seríamos tan precisos con el arco de curvatura. En fillet metemos 20 cm.

Usamos el modificador extrude y metemos 3 cm. Convertimos a editable poly, seleccionamos las aristas de los cantos del tablero y aplicamos un chamfler de 0,1 cm. El resultado debe ser el de abajo.

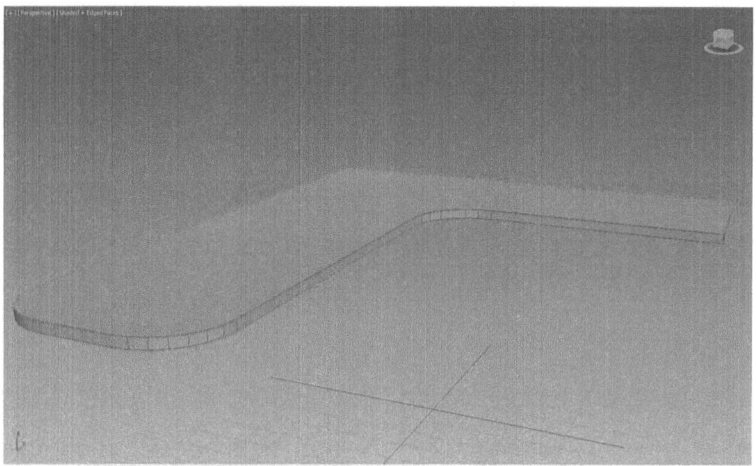

Ya tenemos modelado el tablero, que a priori es lo que nos costaría más modelar. Creamos la pata izquierda usando una caja y la colocamos aproximadamente cerca de la curva del tablero.

Convertimos a editable poly y aplicamos chamfler a todas las aristas, menos a las superiores que entran en contacto con el tablero. Ahora creamos un chamflercyl, que hará de taco.

Debido a la resolución del plano que empleamos como base no se sabe qué clase de taco es, pero este debería bastar.

El radio del taco es de 1,2 cm, la altura es de 2 cm, el fillet es de 0,18 cm y en sides pon 19. Debería quedar algo así.

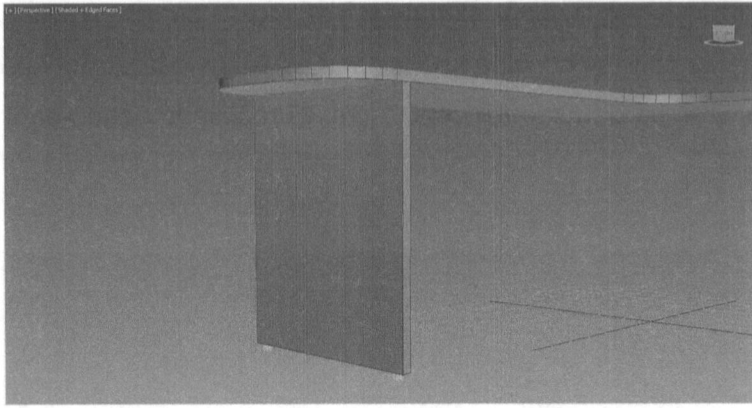

Copiamos la pata entera y la trasladamos al lado derecho. Ya tenemos las dos patas. Solo queda la cajonera. En este caso, realizaremos una caja que representará la cajonera, de 50x50. La altura la ajustaremos convirtiendo el objeto editable poly y moviendo los vértices hasta que toque el tablero. Nuestro objetivo consiste en colocar los cuatro tacos de la cajonera con precisión, y para ello creamos una caja de guía de 10x10 segmentos. Ahora copiamos unos cuantos tacos y los situamos, tal y como ilustro abajo.

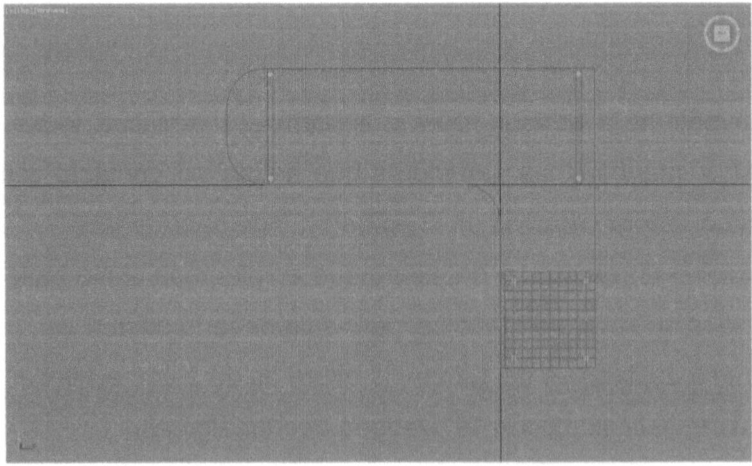

Aprovechamos la caja que hace de guía para establecer las dimensiones de los nuevos cajones y procedemos. Diseñamos el cajón con un chamfler de 0,1 cm y hacemos el asa. No se parece a ninguna de las primitivas que conocemos, así que crearemos una línea que tenga esa misma forma. Aplicamos extrude y le damos 2 cm. Convertimos a editable poly y aplicamos chamfler de 0,1 cm. El resultado debe ser el de abajo.

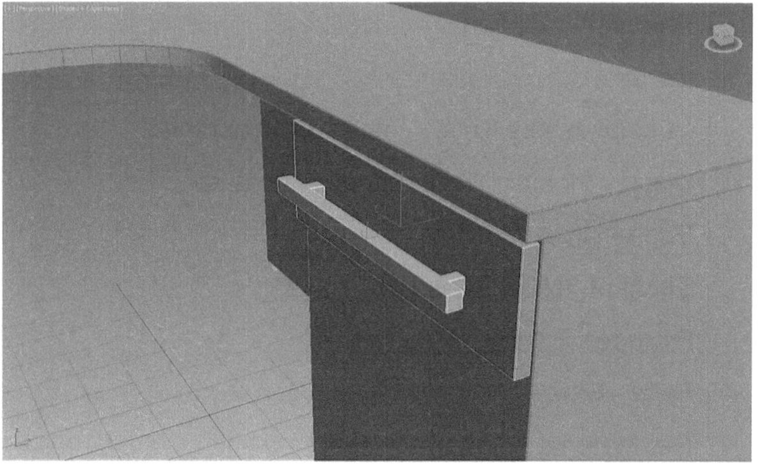

Copiar el resto de los cajones y los situamos en su sitio.

## Glosario inglés / español

- 3D Animation – Animación 3D

- Bevel - Biselar

- Border - Nivel de Borde

- Background - Fondo

- Backlight - Contraluz

- Chamfer - Chaflan

- Cortar - Cut

- Cuestomisable Keys - Teclas Configurables

- Display Floater - Presentacción flotante

- Edge - Nivel de Arista

- Element - Nivel Elemento

- Extrude - Extruir

- Face - Cara

- Get Material Asignar - Material

- Go Backward to Sibling - Anterior

- Go Forward to Sibling – Posterior

- Hide – Ocultar

- Layers – Capas

- Maxscript - Lenguaje de script incorporado

- Mesh – Malla

- Modeling - Modelado

- Move – Mover

- NURMS - Malla Racional No Uniforme Suave

- NURBS - Non-Uniformal Rational B-Spline

- Polygon - Nivel Poligono

- Percent Snap - Ajuste %

- Refresh View - Actualizar Vista

- Snap - Ajustar

- Scene - Escena

- Scale - Escalar

- Show Grid - Mostrar cuadrícula

- Select Children - Seleccionar descendientes

- Surfaces - Superficies

- Unhide - Desocultar

- Viewports - Vistas

- Vista Top - Superior

- Vista Bottom - Inferior

- Vista Left - Izquierda

- Vista Front - Frente

- Vertex - Nivel de Vértice

- Weld - Soldar

- Wireframe - Alámbrico

## Conclusión y Recomendaciones

*Conclusión*

3DS Max es un programa que abarca diversas ramas, por esa razón es bastante extenso y tratar de explicar todas y cada una de las características del mismo sería demasiado tardado y cansado por esta razón este documento debe tomarse como un resumen de los aspectos más importantes que se han considerado para la creación de espacios arquitectónicos. Para llegar a manejar 3ds Max se requiere de práctica constante, y estar actualizándose constantemente en los diversos aspectos del mismo, hoy en día el Internet constituye una gran fuente de información, y en nuestros días existen una gran variedad de foros de discusión y aprendizaje de 3ds Max referentes al ramo de la arquitectura, sería un buen punto.

*Recomendaciones*

-Interfaz 3DS Max: Existen varias formas de acceder a las diferentes opciones, pero a través del documento en general se utilizó la forma abreviada mediante teclas de acceso rápido, aunque no se explicó la configuración de la interfaz, esta se puede configurar de acuerdo a las necesidades del usuario lo cual permite una mayor productividad en las diferentes etapas dentro de 3DS Max.

-Modelado: La definición de las unidades de trabajo es un elemento esencial para un modelo correcto. Las herramientas fundamentales del modelado son: malla editable (EDITABLE MESH), malla polieditable (EDITABLE POLY) y spline editable

(EDITABLE SPLINE), con la combinación de las distintas opciones de: EXTRUDE, BEVEL, CONNECT, INSERT, y BRIDGE, más la ayuda de los modificadores EXTRUDE, SHELL, SURFACE, y LATTICE. El modelado más correcto es aquel que en sus diferentes subdivisiones es más uniforme.

-Materiales: La creación de materiales realistas nace de la observación y documentación de referencias del mundo real. Cuando se aplica un material siempre se debiera aplicar un modificador UVW MAP a los objetos a los que se les aplicó el material para especificar las coordenadas de los mapas con la cuales se compone el material. Una herramienta de gran ayuda son los materiales de composición con los cuales se pueden generar un número determinado de materiales.

-Iluminación: En las escenas exteriores siempre debiera de usarse una luz tipo SKYLIGHT, más la adición de otro tipo de luz para la generación de sombras, y la simulación del sol. Sí se utiliza Mental Ray, basta usar recolección final (FINAL GATHER) para escenas exteriores, una cosa importante es la determinación del radio máximo de la recolección final (FINAL GATHER), así como la determinación de muestras (SAMPLES), la mejor manera es encontrar un equilibrio entre un radio no demasiado grande y uno demasiado pequeño, ya que de esto dependerá el tiempo de render, así como del número de muestras emitidas. En lo referente a la iluminación de interiores, si se puede utilizar iluminación global sería una de las mejores opciones, o si no habría que simular.

-Cámaras: En la mayor parte de las escenas es esencial cambiar el campo visual de la cámara (FOV), para poder apreciar de una forma más amplia las diferentes escenas, sobre todo en las escenas interiores, la aplicación de corrector de cámara debiera de aplicarse a cada cámara

usada en escena.

-Animación: Una de las cuestiones más importantes en la animación es la generación de keyframes, con los cuales se determina el inicio y la finalización de una acción.  El TRACK VIEW representa una herramienta de gran ayuda para modificar una animación. La determinación de la duración de la animación juega un papel preponderante, ya que, a mayor duración de la animación, más fotogramas se tendrán que generar para la recreación de la animación en el tiempo determinado.

-Render: Un aspecto importante es la selección del sistema de renderización, ya que las opciones que presentan cada uno de ellos son diversas y variadas, otro aspecto a considerar es la extensión con la cual se guardan las imágenes generadas con la renderización, así como la resolución de cada renderización ya que a mayor resolución mayor tiempo de renderización.

-Post producción: La posproducción es un aspecto muy importante ya que dentro de ella se pueden corregir y editar las imágenes, así como la composición de imágenes mediante capas, una de las mejores opciones es utilizar Photoshop. La mejor opción de crear un video es a partir de la renderización en secuencias de imágenes para posteriormente generar el video en un programa de edición o posproducción de video.

# 3DS Max
# Modelado

Modelado, animación, tips y ejercicios

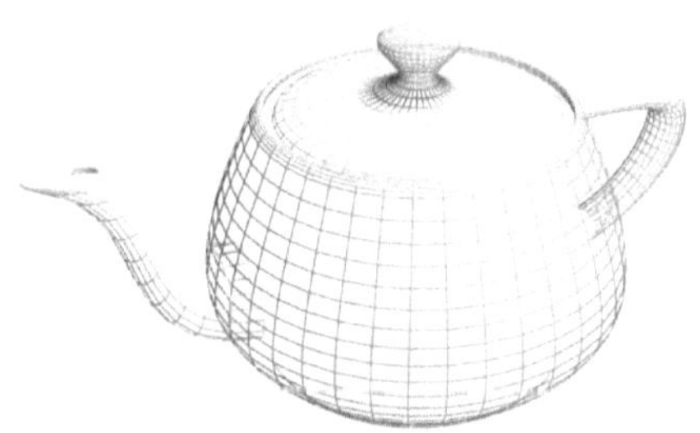

# Ing. Miguel D'Addario

ISBN

Primera Edición

Comunidad Europea

2019

280